《老子》異文
與黃老要論

陳麗桂　著

五南圖書出版公司 印行

自　序

　　中國傳統哲學典籍在後世得到最多推闡，普遍受到廣大應用，迄今依然生意盎然的，首推《周易》與《老子》。《周易》上明天道，下斷吉凶，既入五經，又富玄理，兼跨儒道兩域，周秦之際固已是各階層普遍研論應用的要籍。其後，兩漢崇經，魏晉標三玄，宋明論宇宙、談性理，從來未曾忽略《周易》。《老子》也不多讓，近年來，各類簡帛本《老子》的出土，說明其在戰國時期流行的盛況。戰國以下，各代的治國、養生論、宗教說，都莫不有《老子》的身影。時至今日，《老子》的哲學依然以其特殊的魅力，活躍於中國的學術、文化、宗教各領域。它們之所以能如此歷久彌新、永不褪色，就在其思想理論氣質玄虛、圓融、高妙而脫俗，詮釋和發展空間寬闊，極便於各階層人根據自己的需要，從各角度面向去詮釋、推闡與開展。

　　就版本而言，幾千年來《老子》流傳文本之多與異文狀況之紛歧複雜，在中國典籍文獻中是少與倫比的。近四十多年來，各類出土抄本之面世，為這些原本就已紛歧複雜的流傳與異文狀況，增添了更大的複雜性。而在所有傳世的《老子》文本中，以參探先秦韓非以下三十幾家版本與見解之南宋道教學者范應元的《老子道德經古本集註》時代較後，卻最珍貴；在出土的《老子》版本中，則以北大漢簡本《老子》為最後，卻最精美。本書

第一部分因即以時代較後卻最精詳的傳世本——范本，與最後面世卻最精美的出土本——北大漢簡本爲依據，詳細比對、分析近年各出土簡帛本《老子》，和重要傳世本《老子》之異文狀況，以觀測各版本《老子》在後世的流傳情況與用字特色。

就義理而言，《老子》哲學的面向多元而寬廣，道家的《莊子》，法家的申不害、韓非，雜家的《淮南子》，乃至養生家的《河上公章句》，高士嚴遵的《老子指歸》，宗教的《想爾》，思想理論或以之爲源頭，或和它有一定的淵源。各家站在自己的角度，觀測《老子》，詮釋《老子》，都能各取所需，各顯特色。其中尤以作爲《老子》哲學核心思維的「道」，在後世，不論本體、宇宙、修心、養生各類哲學議題中，都一再得到不同程度的推衍、轉化與開展。「道」及由「道」所衍生出的哲學元素——「氣」、「一」，此後不僅成爲中國哲學中舉世無有的獨特概念，即使是「道」的重要質性——「自然」、「虛無」、「常」、「明」、「復」、「反」等，也成了《老子》哲學所獨有，義涵特別的核心概念。能清楚掌握它們，《老子》哲學大致瞭然無虞。本書第一部分後幾章因全面探索先秦兩漢重要解《老》之作，若《莊子》外、雜篇、《韓非子》、《淮南子》、《河上公章句》、《老子指歸》暨《想爾》等，對《老子》不同向度之思想詮釋，以觀測《老子》哲學在後世寬闊深遠之開展空間，及其歷久彌新之影響力。同時對上述幾個作爲《老子》哲學獨特概念的的核心元素，作全面的思辨，以深入掌握《老子》哲學玄妙、圓融的旨趣。

其次，道家哲學以「黃老」形態入世，影響所及，在中國思想、政治、文化、養生、醫學等各領域，傳衍了兩千多年。從戰

國田齊稷下學宮所推動的黃老學術風潮，到前漢七十年的治術、魏晉南北朝的治身養生術，乃至兩、三千年來中國傳統的政治、養生、數術、方技之學，都和它有密切的關係，它是《老子》哲學的外王應世之用。它以黃帝為招牌，因承轉化《老子》虛無、定靜、自然、柔弱的思想，因天道以論治道，循著天道的規律與軌則去提煉政道與人事之道，「因」是它最重要的核心精神。司馬談〈論六家要旨〉前後三次界定黃老「道家」是一種綜合各家之「術」，入世性質濃厚。這種「術」，以《老子》哲學的「虛無」、「因（循）」為主要精神原則，重視時機的準確拿捏與掌握，強調對所處理事物自然之理的理解與尊重，崇功尚用，積極入世，卻不是現實的功利主義者；它務實、尚實，卻不現實；在乎績效，卻更在乎過程的恰當、品質的理想，與結果的圓滿。希望在諸多不同的需求中，取得一種和諧、穩定的共識，普遍能容受的「宜」、「適」之道，以確保能永世經營。

其實，古傳說中的黃帝，與老子相隔至少2000年，其部族的活動代表中國早期文明的初樸躍進，其躍進的經過與痕跡，經過長期的流傳，尤其是周人的增益、潤飾，更加鮮明、豐富。其增益、潤飾之最大宗，始於戰國時期田齊的稷下學宮，到西漢太史公的〈五帝本紀〉，黃帝終於登上歷史尊位，成為中國歷史第一帝。從馬王堆黃老帛書的理論內容，對應著司馬遷〈五帝本紀〉的記載，可以清楚看到其形象刻劃與演變的歷程與成果。在田齊政權漂白與造祖運動兩大目標下，以黃帝為標籤，田齊鄉先賢老子的哲學思想為理論內容，結合著各家思想，以求經世致用的黃老思想，於稷下學宮的學術工廠被塑造出來，且快速而廣大地傳衍、推展開來，造成了一百多年普遍的學術風潮。

其強大的輻射能量，使各家各類思想都不免受其影響與滲透。莊子後學的思想也無可避免，站在老、莊的觀點，去談政道、論生化、理形神，也交融他家思想。他們以虛靜無爲爲帝道、聖道的最高原則與境界，卻與內七篇不同，崇功尙用、重時變，姑捨萬物平等的「齊物」觀，去定上下、別君臣、分主從、列尊卑、講刑名，也求用，並有限度地容許仁義，也談氣，兼論形神的一致健全，搭上了黃老的時代列車。

班固〈漢志〉與司馬談〈論六家要旨〉都說黃老「道家」是兼採儒、墨、名、法的君「術」。但司馬談說此「術」也兼採陰陽之「術」。其治國之「術」，從《大戴禮・夏小正》、《管子・四時》、〈五行〉、《呂覽》十二紀到《淮南子・時則》都以陰陽五行爲軸線，串配天象、物候、顏色、節令、方位、農事，以迄政令，論其順逆之休咎災眚，構成一年十二個月天人一體的明堂施政總綱。其治身之術也不違「陰陽之大順」。可見，不論治身、治國，黃老道家之「術」向來與陰陽家密切相關。班〈志〉卻一本獨尊的儒家立場，深見秦漢以下陰陽學以強大的滲透與傳衍能量，早成公共資產，非黃老「道家」所獨「因」，即使董仲舒的儒術亦兼採，故將「陰陽」獨立成「家」，不兼入「道家」。

其實，陰陽五行本是傳統中國學術、文化中重要而獨特的成分。對於它們的源起、演變及其結合、發展的狀況，歷來各家有不同的推斷，最早可以追溯到史前時代人類對自然的解釋，及其生活、生產、經驗、模式與巫覡文化的構思。司馬遷認爲，結合陰陽與五行爲一，用以詮釋自然現象，可以推早到黃帝部族時代。儘管有諸多紛紜不齊的說法，學者們的論點，大致仍有一

定的共識與交集，基本上都清楚：（一）陰陽與五行原本各自
獨立，各有來歷。（二）不論何者先萌生，其能量大放，發展最
盛旺的時期，則是春秋以後的戰國、秦、漢之際。盛行於戰國、
秦、漢之際的黃老學術思潮自不可避免，也大量糅入陰陽五行元
素。

　　本書第二部分因藉由對黃老道家思想的起源與理論演變之
深入探討，觀測《老子》哲學在後世如何地廣納百川，吸取各家
思想精髓，以匯為廣大、澎湃的黃老經世治事滔論；並對黃老治
身、治國之論的重要成分之一──陰陽五行的起源、演變，及其
如何衍為明堂政綱，作全面追本索源的探討，以見這影響此下兩
三千年迄今的黃老與陰陽之術，在中國學術、文化史上的重大貢
獻。

　　需特別說明的是，本書多章內容原係科技部數次多年期補
助計畫之成果，曾分別宣讀於兩岸三地各大相關議題之國際學術
研討會上。其後或蒙收入會後論文集，或刊登於國內有嚴格審查
機制之一級學術期刊中。今蒙五南圖書出版股份有限公司之鼎力
相助，得以集結成書，萬分感激。亦對撰寫過程中，一再給予補
助獎勵的科技部，致上最大的謝忱。而集結過程中，五南黃文瓊
小姐所給予的各項協助，以及雨潔小姐的精審校對，尤其感念深
深，一併致謝。惟本書或因個人才智所限，疏漏不免，淵雅大家
或有高見指教，尤所企盼。

　　　　　　　　　　　　　　　陳麗桂　序於台北溫州街寓所
　　　　　　　　　　　　　　　　　　　2020年1月8日

目　次

第一篇　《老子》異文與詮解 ································ 001

壹、范應元《老子道德經古本集註》的異文價值——
　　以范氏注文所及《韓非子》、王弼本、河上公本、
　　指歸本、傅奕本爲討論核心 ······················· 003

　　一、范應元與《老子道德經古本集註》 ············· 004

　　二、今本《韓非子‧解老》、〈喻老〉非全文 ········· 006

　　三、可校補今本《指歸》所殘佚的部分「道經」經文
　　　　 ·· 011

　　四、古、今河上公本差異不大，與范氏古本差異卻甚大
　　　　 ·· 017

　　五、古王弼本多合范氏古本，今傳王弼本多合河上公本
　　　　 ·· 023

　　六、傅奕本保留南宋以前古本最多 ················· 032

貳、從北大本與范氏古本規律用字看各《老子》抄本的
　　異文情況 ··· 041

　　一、北大本、范本規律性用字與各出土、傳世本之
　　　　比對分析 ··· 042

　　二、從規律性用字之使用狀況看各抄本之異同與演變
　　　　 ·· 061

三、各本規律性用字的異同所顯示的可能訊息 ……………065

參、《老子》異文與傳世本定型期商榷 —— 從范應元
　　《老子道德經古本集註》、《老子指歸》注文與
　　《淮南子・道應》引證考察 …………………………069

　　一、「上德無爲而無不爲，下德爲之而無以爲」………070
　　二、《淮南子・道應》的《老子》異文商榷 …………080

肆、《老子》應用哲學的兩大綱領 —— 虛無與對反 …………095

　　一、弔詭的否定表述 ……………………………………096
　　二、虛無與定靜 …………………………………………097
　　三、對反與逆作 …………………………………………102
　　四、柔後與無爲 …………………………………………109
　　五、虛無、對反以自然眞樸爲基礎 …………………113

伍、《老子》詮釋向度與空間的歧出 —— 以〈解老〉、
　　〈喻老〉與〈道應〉爲探討核心 …………………………117

　　一、〈解老〉、〈喻老〉與〈道應〉解《老》模式
　　　　之異同 …………………………………………………119
　　二、〈解老〉、〈喻老〉與〈道應〉之《老子》詮釋
　　　　……………………………………………………………121
　　三、〈解老〉、〈喻老〉與〈道應〉解《老》向度與
　　　　空間的異同 ……………………………………………144

陸、「道」的異稱及其義涵衍化——「一」與「互」 ········· 151

一、《老子》的「道」與「一」、「氣」、「術」、
「恆」 ··········· 151

二、「一」對「道」的因承與衍化 ··········· 159

三、常、互與道 ··········· 172

柒、由《老子》的「常」、「復」到〈互先〉的「恒」、
「復」 ··········· 187

一、《老子》的「常」、「明」、「復」——由回歸本
源到對反相生 ··········· 188

二、〈互先〉的「復」與「恒」 ··········· 192

三、由《老子》的「常」、「復」到〈互先〉的「恒」、
「復」 ··········· 203

第二篇　黃老要論 ··········· 205

壹、黃老思想要義 ··········· 207

一、田齊政治環境與稷下黃老思潮 ··········· 207

二、黃老之學的性質與議題 ··········· 209

三、「道」的「術」化：由天道到政道 ··········· 214

四、「道」的「氣」化：氣化宇宙與精氣養生 ··········· 230

五、餘論：黃帝標幟的轉化與提升 ··········· 241

貳、齊文化與黃老思想的核心精神——因循、時變、宜適
··········· 243

一、因循 ··········· 245

二、時變 ··· 252

三、宜、適 ··· 262

參、黃帝事蹟與黃老法論 ── 以〈五帝本紀〉與馬王堆黃老帛書爲討論核心 ··········· 275

一、古黃帝傳說與歷史形象 ····················· 276

二、〈五帝本紀〉中的黃帝形象與事蹟 ······· 278

三、黃老帛書中的黃帝形象與事蹟 ··········· 281

四、以刑名爲核心的黃老法論 ·················· 293

肆、《莊子》外、雜篇中的黃老理論 ················ 301

一、黃老思想的核心議題 ························· 302

二、《莊子》外、雜篇中的黃老論述 ··········· 304

伍、黃老與陰陽 ··· 335

一、〈論六家要旨〉與《漢書‧藝文志》的「道家」與「陰陽家」 ···························· 336

二、陰陽家的源起 ································· 341

三、黃老陰陽術 ···································· 345

四、〈漢志〉「道家」不「兼」陰陽說 ········· 357

陸、從循環、代勝到主從、尊卑 ── 戰國、秦、漢陰陽五行說的源起與演變 ················· 361

一、陰陽五行的來歷與分流 ····················· 362

二、陰陽、五行的合流與天人配屬 ············ 366

三、陰陽五行的轉變——五行生勝、重德輕刑、

陽尊陰卑 ……………………………………………… 376

徵引書目 ………………………………………………… 393

徵引文目 ………………………………………………… 397

第一篇

《老子》異文與詮解

壹、范應元《老子道德經古本集註》的異文價值
——以范氏注文所及《韓非子》、王弼本、河上公本、指歸本、傅奕本爲討論核心

前　言

　　本章要在從范氏《老子道德經古本集註》經、注文中所呈現的異文現象，檢示學者所不大注意的一些重要學術訊息，而不在探討《老子》的定本或原貌。

　　南宋道教學者范應元的《老子道德經古本集註》，參采了先秦韓非以下三十幾家之版本與見解，爲彌足珍貴之《老子》古本。將其所依據的「古本」《老子》，與其注文中所提及的《韓非子·解老》、〈喻老〉及《老子指歸》、《老子河上公章句》、《老子王弼注》、傅奕本等諸種老子版本相對照，可以明顯看出先秦以下各《老子》異文在流傳過程中的某些轉變狀況。其較明顯者：

1. 范應元古本集註所引韓非之說多有今本〈解老〉、〈喻老〉所無者，顯見今傳《韓非子·解老》、〈喻老〉非全文，亦有改字。

2. 古、今河上公本與范氏「古本」差異皆甚大，古王弼本則多與范氏古本相合，傅奕本與范氏「古本」相合最多，或因同爲道教傳本之故。

3. 今傳王弼本則多與范氏「古本」及古王弼本不同，其歧異之處極可能因據河上公本一系改易之故。

4. 依范應元古本集註注文，可以校補今本《指歸》「道經」之某些佚文。

一、范應元與《老子道德經古本集註》

南宋道教學者范應元的《老子道德經古本集註》雖未收錄於《正統道藏》與《續道藏》，僅見於張元濟所輯《續古逸叢書》之十七中。[①] 道家學者張岱年與道教學者劉固盛卻都認爲，它是研究《老子》版本流傳與異文狀況的珍貴祕笈。

范應元，字善甫，號無隱，蜀順慶人，宋理宗淳祐年間講席。根據集註卷前所自署「前玉隆萬壽宮掌教、南嶽觀長講果山范應元集註直解」，以及卷後跋所署，自稱「湛然堂無隱齋穀神子」，可見他應是南宋道士[②]，生年不詳，其卒年劉固盛根據范氏弟子褚伯秀《南華眞經義海纂微》後序的敘述，推斷范氏死於南宋度宗咸淳六年（庚午，西元一二七〇年），則此書成於度

---

① 本文以下所引論有關范應元《老子道德經古本集註》之經、注文，悉依張元濟所輯《續古逸叢書》之十七討論。（江蘇廣陵古籍刻印社依據壬戌冬日上海涵芬樓假江安傅氏雙鑑樓藏本影印）。

② 參見弓曉敏《范應元《老子道德經古本集註》研究》，華中師範大學碩士學位論文，劉固盛指導（2009年5月），頁1。

宗咸淳六年以前。其所採據之「古本」，「形成時間應該早出南
宋很遠，完全有可能是漢魏六朝舊本或更早的本子」，與傳世的
王弼本、河上公本、嚴遵本、想爾本都存在著相當不小的差異，
卻反而常與出土的兩種馬王堆帛本與郭店本相合，應該保存較多
《老子》早期的版本面貌。③張岱年也認為：它極有可能就是宋
以前漢魏六朝或更舊的本子。然或由於不見於《正統道藏》與
《續道藏》中，因此一向未受到太大的關注，研究者少。

　　根據范氏注文中自己的標示，全書除了以其所謂的「古本」
為據之外，先後共參校了上自先秦韓非，漢代司馬談、劉安、司
馬遷、河上公、嚴遵、揚雄，魏王弼，下迨唐傅奕，宋蘇轍、
司馬光等三十餘家之見解與版本。④內中除眾所皆知的《韓非
子》、河上公、嚴遵、傅奕、王弼諸本之外，亦有王誧、郭雲、
阮咸、楊孚等書志未錄，世所罕見的說法，彌足珍貴。取以比對
各傳世本，可以發現，眾人所常依據的各種傳世本《老子》及其
相關文獻，其實存在著相當多的問題。

　　本文因就范氏古本經文所呈現及注文所標記者，實際對照今
本《韓非子・解老》、〈喻老〉，與四種流行的傳世本——《老
子河上公章句》、《老子指歸》、《老子王弼注》，以及傅奕

---

③ 以上參見劉固盛〈范應元《老子道德經古本集註》考論〉（http：//www.confucius2000.
　com/taoist/fyylzddjgbjzkl.htm）（2013年11月3日）。

④ 這三十餘家，至少包括了：韓非、司馬談、司馬遷、劉安、揚雄、嚴遵、河上公、王弼、阮
　籍、阮咸、楊孚、孫登、馬誕、王誧、郭雲、董遇、陳韶、李奇、梁王尚、應吉父、梁簡文
　帝、張嗣、張玄靜、張君相、朱桃雄、開元御注、李若愚、陳碧虛、蘇轍、司馬光等。

本，比對其異文狀況⑤，以見〈解老〉、〈喻老〉與四種傳世本《老子》，在南宋以後流傳過程中的變化狀況。對於范氏古本集註所未見或標註所不及的《想爾》本與四種出土本，暫不納入討論，只以范氏經、注文所及之《韓非子・解老》、〈喻老〉、《老子河上公注》、《老子指歸》、傅奕本、王弼本爲討論核心。由於范氏古本集註的來歷欠缺明晰的線索，但知范應元爲道教學者，其傳本應爲道教傳本。故下文之探索與論證，要在根據資料所呈現的狀況，試爲分析與探討，而非絕對肯定的論斷。換言之，重在呈現狀況，而非下斷。因爲在《老子》學的大江大海裏，很難說那一個版本是絕對可靠無誤的。但根據范氏古本集註所標註的異文狀況，比對各重要的傳世本《老子》，仍可清楚得知各傳世本《老子》古今的演變狀況。

二、今本《韓非子・解老》、〈喻老〉非全文⑥

在范書所參采各類注老、解老的傳世文獻中，《韓非子》是最早的。今本《韓非子・喻老》例證《老子》第二十六、二十七、三十三、三十六、四十一、四十六、四十七、五十二、五十三、六十三、六十四、七十一各章，共12章。〈解老〉依次詮解《老子》第一、十四、三十八、四十六、五十、五十三、

---

⑤ 有關今傳四種老子版本的比對，日人島邦男曾在《老子校正》一書中作過詳細的比對與校正，卻未提及范應元古注本，更不曾對其彼此之間的異文流變狀況，作過任何探討，這卻是本文的撰寫宗旨所在。島著見《老子校正》（東京：汲古書院，1973年10月）。

⑥ 本文所據《韓非子》版本係依陳奇猷校注：《韓非子集釋》（台北：河洛圖書出版社，1974年9月再版）。

五十四、五十八、五十九、六十、六十七各章，共11章。其中
第一、十四兩章只解了兩句，第三十八章缺「下德不失德，是以
無德」、「下德爲之而無以爲」兩句之解，第四十六章末句「知
足之足常足矣」也缺解，其餘七章都是全章逐句爲解。但從范應
元古集註本看來，《韓非子》不但有兩句關於「下德」的詮解，
其內容且是作「下德不失德，是以無德」、「下德爲之而無以
爲」的。

范氏注古本第三十八章「上德無爲而無不爲」說：

> 此句韓非、王誼、王弼、郭雲、傅奕同古本，……韓
> 非云：「虛則德盛，德盛之謂上德，故上德無爲而無
> 不爲也。」《音辯》云：「韓非出於戰國，必見先秦
> 古書。」

又注「下德爲之而無以爲」說：

> 韓非、王誼、王弼、郭雲、傅奕同古本，……此復釋
> 下德也。謂「下德爲之而無以爲者」，爲其當然也，
> 無私意以爲之。王弼云：「下德爲之而無以爲者，無
> 所偏爲也。」今引韓非、王弼兩家註者，無它焉，姑
> 以證古本也。

兩處注文總共提引韓非四次，可見范應元確實見過古本《韓非
子・解老》，其所見原本〈解老〉：（一）和傳世本一樣，都有
兩句相關於「下德」的論述。今本〈解老〉殘缺。（二）其第
二句對「下德」的論述，和傅奕本同作「下德爲之而無以爲」。
（三）今傳王弼本經文的「下德爲之而有以爲」，據范氏之注文
看來，竟是錯的，本當作「下德爲之而無以爲」。

　　此外，「下德不失德，是以無德」一句，今本〈解老〉無有
詮釋，范氏古本集註雖有詮解，於注文中卻只提及河上公之見，
曰：

　　　河上公曰：「下德爲號論之君，德不及上德，故言下
　　　德也。」

然後述范應元自己的見解，並不曾言及河上公以外他人如韓非
等之見，自無法得知《韓非子・解老》古本究竟有否這一句。依
傳世的王弼本則作「上德無爲而無以爲」、「下德爲之而有以
爲」、「上仁爲之而無以爲，上義爲之而有以爲」，只有「上
德」是「無爲」，其餘「下德」、「上仁」、「上義」皆是「爲
之」；同時，「上德」與「上仁」都是「無以爲」，無特定動
機、目的或對象，「下德」和「上義」皆是「有以爲」，有特定
目的、動機或對象。不僅如此，「下德」竟然和「上義」內容完
全一樣，都是「爲之而有以爲」，較之「上仁」的「爲之而無以
爲」層次顯然低。此於「上義」則可，於「下德」則有欠妥當。

　　依范氏古本，則作「上德無爲而無不爲，下德爲之而無以
爲，上仁爲之而無以爲，上義爲之而有以爲」。只有「上德」是
「無爲」，其餘「下德」、「上仁」、「上義」都是「爲之」；
且只有「上德」是「無不爲」，「下德」和「上仁」都是「無以
爲」，無目的、動機、對象；「上義」則是「有以爲」，有特定
動機、目的、對象，這樣的論述，義理層次較恰當。雖然也會遭
遇「下德」與「上仁」同樣是「爲之而無以爲」的問題。對此，
白奚認爲：「上仁」、「上義」皆是「下德」每況愈下的表述，
「上仁」代表「下德」之極量，與「下德」表述內容相同，應屬

合理。⑦

　　總之，范氏古本「上仁」與「下德」內容表述一致，無論如何要比傳世王弼本將「下德」與「下義」內容重複，要合理。

　　其次，今本《韓非子‧解老》除上述11章外，並無相關於其餘70章的解證，范應元《老子道德經古本集註》第四十七章、五十章注文中，卻仍有關於《韓非子》當句下的版本論述。范注第四十七章「不出戶可以知天下；不闚牖可以見天道」說：

　　　　傳奕、韓非與古本有「可以」字。

今察《韓非子‧喻老》而非〈解老〉，確有第四十七章之經文引證，該兩句也確實有「可以」兩字。同章下文「其出彌遠，其知彌尠」，范注又說：

　　　　尠字，韓非、王弼同古本。

但今本《韓非子‧喻老》與傳世的王弼本該句卻都已改為「少」，而非「尠」了。

　　此外，范氏注第五十章「民之生，生而動之死地，亦十有三」說：

　　　　韓非、嚴遵同古本。

注同章「夫何哉？以其生生之厚也」說：

　　　　「夫何哉」韓非與古本同。

---

⑦ 詳見白奚〈西漢竹簡本《老子》首章「下德為之而無以為」釋義〉，北京大學中國古文字研究中心與文獻研究所合辦《簡帛《老子》與道家思想國際學術研討會論文集》（2013年10月25-26日），頁23-24。後收入《古簡新知：西漢竹書《老子》與道家思想研究》（上海：上海古籍出版社，2017年8月1日），頁38。

根據上述范注，則《韓非子》應亦解過第五十章這幾句。但今本
《韓非子·喻老》，不見第五十章該兩句之解，〈解老〉第五十
章所解，有「出生入死」、「生之徒十有三，死之徒十有三」、
「民之生，生而動，動而皆之死地」、「無死地焉」數句，卻沒
有解「夫何哉？以其生生之厚也」這兩句，顯見今日所見《韓非
子·解老》都已非范氏所見古本原貌，而有了缺改。若范氏所見
古本第五十章的說明係出於〈喻老〉，則今日所見《韓非子》，
不只〈解老〉，連〈喻老〉都非原文，而經過了缺改。今表列如
下，以見其詳：

今本章次	范氏古本經文	范氏所標示古本「韓非」	今本〈解老〉、〈喻老〉	傳世王弼本經文
38	下德不失德，是以無德。	（無標注）	缺	下德不失德，是以無德。
	上德無為而無不為。	此句韓非、王誩、王弼、郭雲、傅奕同古本。	上德無為而無不為。	上德無為而無以為。
	下德為之而無以為。	韓非、王誩、王弼、郭雲、傅奕同古本。	缺	下德為之而有以為。
	上仁為之而無以為。	（無標注）	上仁為之而無以為。	上仁為之而無以為。
	上義為之而有以為。	（無標注）	上義為之而有以為。	上義為之而有以為。

今本章次	范氏古本經文	范氏所標示古本「韓非」	今本〈解老〉、〈喻老〉	傳世王弼本經文
47	不出戶可以知天下，不窺牖可以見天道。	傳奕、韓非與古本有「可以」字。	不出於戶可以知天下，不窺於牖可以見天道。（〈喻老〉）	不出戶以知天下，不窺牖以見天道。
50	民之生，生而動之死地，亦十有三。	韓非、嚴遵同古本。	民之生，生而動，動皆之死地十有三。	人之生，動之死地亦十有三。
	夫何哉？以其生生之厚也。	「夫何哉？」韓非與古本同。	缺	夫何故？以其生生之厚。

三、可校補今本《指歸》所殘佚的部分「道經」經文

　　西漢末嚴遵《老子指歸》，〈隋志〉原著錄十一卷，《經典釋文・敘錄》所載有十四卷，晁公武《郡齋讀書志》與〈宋志〉所載為十三卷。唐宋以前，流傳卷帙儘管有不同，大致都相當完整。元明以後，「道經」殘佚，僅存解「德經」部分，今存有六卷及七卷本兩種，皆殘「道經」。七卷本應是十三卷本的注「德經」部分。殘佚的「道經」部分是六卷。[8] 從今傳嚴遵本卷一為〈上德不德〉篇看來，原本顯然是「德經」在前的。今就王德有點校的《老子指歸》看來，「德經」共40篇，相較於傳

8　參見王德有點校《老子指歸》，〈自序〉（北京：中華書局，1997年10月出版），頁4。

世本，基本上是完整無缺的，唯〈得一篇〉內容包括王弼本的第
三十九、四十兩章；〈以正治國篇〉包含了王弼本的第五十七章
與五十八章前半，第五十八章後半經文則與第五十九章合為〈方
而不割篇〉；第六十七與六十八章合為〈天下謂我篇〉。因此，
就章數而言，雖然較傳世王本「德經」的44章少了4章；就內容
而言，其實只是併入前後篇章中，並無缺少。「德經」之後有
「道經」的「輯佚」，共29篇（章），較之傳世王弼本經文的37
章，少了8章，依次是第十八、十九、二十一、二十七、三十、
三十二、三十四、三十七各章。王德有於該書〈序〉中說：

> 《指歸》所據《老子》的版本與諸本不同，「德經」
> 四十，「道經」三十二，共七十二章。⑨

今核對王氏自己所點校書的實際內容，「德經」部分確為40
（篇）章，輯佚後的「道經」部分卻只有29篇（章），王氏計
數為32章，顯然有誤。

張岱年說：《老子指歸》，《隋書‧經籍志》、新舊《唐
書》皆有著錄，但：

> 今存道藏本殘缺不全，而唐代《老子》注解中引《指
> 歸》文句，頗有在《道藏》本以外的，足證唐代和宋
> 初之時猶有完本。⑩

我們不知道這個唐代與宋初的「完本」是否就是范應元《老子
道德經古本集註》所據的「古本」？但范氏在古本集註注文中確

---

⑨ 王德有點校《老子指歸》，〈自序〉，頁4。
⑩ 王德有點校《老子指歸》，張岱年〈序〉，頁1。

實對照過嚴遵本，至少有21處，都說是「同古本」。這21處分
別見於王弼本的第九、十七、十八、二十、二十一、二十六、
二十七（2處）、二十八、二十九（2處）、三十四、三十八、
四十一、四十二（2處）、四十三、四十八、四十九、五十、
六十一各章中。唯較之傳世之嚴遵本，卻只有3處（第九章、第
二十六、三十八章）相同，其餘皆不同，可見今日所見「道經」
輯佚之七十餘章嚴遵本已非南宋以前古本原貌，而多遭改易。今
表列如下，以見其詳：

今本章次	范氏古本經文	范注所標示嚴遵本	傳世本《指歸》經文（據王德有點校本《老子指歸》及其《輯佚》）[11]
9	金玉滿堂，莫之能守；富貴而驕，自遺其咎。	嚴遵、楊孚、王弼同古本。	金玉滿堂，莫之能守；富貴而驕，自遺其咎。（同范氏古本）
17	猶兮其貴言哉，功成事遂，百姓皆曰我自然。	「兮、哉、曰」三字，嚴遵同古本。	悠其貴言，功成事遂，百姓皆謂我自然。
18	六親不和有孝慈焉，國家昏亂有貞臣焉。	嚴遵、王弼同古本，世本多作「忠」，蓋避諱也。	（佚）

---

⑪ 下表所列三十八章以前各章，今本《指歸》原缺佚，王德有由五十幾種《老子》注本中覓出
《指歸》後六卷佚文百餘條，刪去重贅，合為80則，彙為《輯佚》，附於點校本後，本表所
列三十八章以前各章，係依此輯佚而來。以上詳見王德有點校《老子指歸・點校說明》，頁
19。

今本章次	范氏古本經文	范注所標示嚴遵本	傳世本《指歸》經文（據王德有點校本《老子指歸》及其《輯佚》）
20	儽儽兮，其若不足，似無所歸。	嚴遵作「若無所之」。	儽儽兮若無所歸。
21	自今及古，其名不去，以閱衆甫，吾奚以知衆甫之然哉？以此。	「自今及古」，嚴遵、王弼同古本。一作「自古及今」。	（佚）
26	輕則失本，躁則失君。	「本」字，嚴遵、王弼同古本。	輕則失本，躁則失君（同范氏古本）
27	善數者無籌策。	王弼、嚴遵同古本。	（佚）
27	是以聖人常善救人，故人無棄人；常善救物，故物無棄物，是謂襲明。	嚴遵同古本。	（佚）
28	樸散則為器，聖人用之，則為官長，故大制無割。	「無割」，嚴遵、王弼同古本。	樸散則為器，聖人用之則為官長，故大制不割。
29	故物或行、或隨，或噤、或吹，或彊、或剉、或培、或墮，是以聖人去甚、去奢、去泰。	「噤」字嚴遵同古本。「或彊、或剉、或培、或墮」，嚴遵、王弼、傅奕、阮籍同古本。	故物或行、或隨，或歔、或吹，或強、或羸、或挫、或隳，是以聖人去甚、去奢、去泰。
34	是以聖人以其終不自為大，故能成其大。	嚴遵、王弼同古本。	（佚）

今本章次	范氏古本經文	范注所標示嚴遵本	傳世本《指歸》經文（據王德有點校本《老子指歸》及其《輯佚》）
38	是以大丈夫處其厚，不處其薄；處其實，不處其華。	韓非、嚴遵同古本。	是以大丈夫處其厚，不處其薄；處其實，不處其華。（同范氏古本）
41	夫惟道，善貸且善成。	嚴遵、王弼同古本。	夫唯道，善貸且成。
42	人之所惡，惟孤、寡、不穀，而王侯以自謂也。	嚴遵同古本。	人之所惡，惟「孤」、「寡」、「不穀」，而王公以名稱。
42	故物或損之而益，或益之而損，人之所以教我，而亦我之所以教人，強梁者不得其死，吾將以為學父。	王弼、嚴遵同古本。	損之而益，益之而損，人之所教，亦我教之，強梁者不得其死，吾將以為教父。
43	出於無有，入於無間。	傅奕、嚴遵同古本。	無有入於無間。
48	為學者日益，為道者日損。	傅奕、嚴遵與古本有「者」字。	為學日益，為道日損。
49	聖人之在天下，歙歙焉，為天下渾心焉。	嚴遵、王弼同古本。	聖人在天下，惵惵乎為天下渾心。
50	民之生，生而動之死地，亦十有三。	韓非、嚴遵同古本。	而民生，動之死地十有三。

今本章次	范氏古本經文	范注所標示嚴遵本	傳世本《指歸》經文（據王德有點校本《老子指歸》及其《輯佚》）
61	天下之牝，牝常以靜勝牡，以其靜，故為下也。	「牝」字嚴遵同古本。	天下之牝。牝以靜勝牡，牝以靜為下。

從上述各則范氏所見古本《指歸》經文與今本《指歸》經文的對照，參酌范氏的注文，可以清楚看到，古、今本《指歸》的許多演變狀況：南宋范氏所見「古本」《指歸》至少第九、十七、十八、二十、二十一、二十六、二十七（2處）、二十八、二十九（2處）、三十四、三十八、四十一、四十二（2處）、四十三、四十八、四十九、五十、六十一各章中，有21處關鍵性異文，在宋代原本都與范氏「古本」相同，無有歧異；到了今本，只剩了3處相同（第九、二十六、三十八章各1處），其餘全出現了異文狀況或亡佚。不僅如此，今傳「道經」輯佚本《指歸》所不見的第十八、二十一、二十七、三十四章等4章的部分內容，據范氏注文的標示，原是與范氏所見宋本經文一致的，但今本《指歸》經文卻缺佚，應可據以校補今傳輯佚本之所缺。

唯關於古本《指歸》，有一點必須特別加以說明。李學勤先生說：

陸德明《經典釋文・序錄》於《老子》下著錄「嚴遵注二卷」，並注云：「字君平，蜀郡人，漢徵士，又作《老子指歸》十四卷。」《隋書・經籍志》《老子

道德經》下也有說，梁有「漢徵士嚴遵注《老子》二
卷」，亡，另有「《老子指歸》十一卷」。據此，嚴
遵別有《老子注》，和《指歸》並非一書。……嚴遵
《老子注》，陸氏得見其書，《隋志》遂稱亡佚，其
亡當在陳、隋之間。⑫

依此，則《指歸》之外，嚴遵另有兩卷《老子注》。對此，樊波
成於其〈《老子指歸》當爲嚴遵《老子章句》（代前言）〉一文
中，已從用韻和簡帛中，確證《道藏》本《指歸》經文注就是嚴
遵《老子注》。⑬何況，即使眞如李學勤先生所說，嚴遵另有兩
卷《老子注》，也已經亡於隋、唐之間。因此，南宋范氏古本集
註所見、所稱之「嚴遵」本，應該仍然是指《指歸》，而非亡於
「陳、隋之間」的兩卷《老子注》。消除此疑慮之後，才可據以
推斷上表所比對范氏古本集註中所呈現的古「嚴遵」本經文與今
傳輯佚本《指歸》之異文狀況。范氏集註所稱「嚴遵同古本」，
卻爲今傳輯佚本《指歸》所不見的這十八、二十一、二十七、
三十四章等4章經文，仍有可能可以補今傳輯佚本之所缺。

四、古、今河上公本差異不大，與范氏古本差異卻甚大

有關《老子河上公章句》的作者與成書年代，甚難推斷，

---

⑫ 參見李學勤〈嚴遵《指歸》考辨〉，收入樊波成《老子指歸校箋》（上海：上海古籍出版
社，2013年8月），頁405。

⑬ 參見樊波成〈《老子指歸》當為嚴遵《老子章句》（代前言）〉，收入《老子指歸校箋》
（上海：上海古籍出版社，2013年8月），頁9-31。

最早雖可推至《史記・樂毅列傳》所載，戰國時代的神仙「河上丈人」。但此書〈漢志〉既不著錄，其所采體例亦是漢代所流行的章句體，與「就經爲注」的形式，應該是漢代的著作，幾可斷言。而就其內容充滿養生色彩，甚至刻意把《老子》中許多治國之論詮解爲治身養生之論，卻沒有如《想爾》的宗教色彩，可以合理推測應是東漢中期黃老養生之作。⑭

范應元《老子道德經古本集註》注文中提及「河上公」者，共高達70處，其中有35處是援采河上公的注解，非關異文問題。其餘35處，只有7處（第一章、十章、十七章、五十六章、五十九章3處）與范氏所見「古本」相同，2處與范氏所見「古本」歧異。若以這35處觀察，古河上公本與范氏「古本」，原本似乎就存在著相當大的差異。在上述35處中，若不考慮古、今本《老子》中「无」與「無」之慣常差異，則有25處是相同的。換言之，古、今河上公本在這范氏所注的35處中，只有10處歧異（二十章3處、三十九章2處、三十一章、四十一章、四十二章、四十三章、五十六章各1處），差異並不大。也就是說，河上公本在流傳過程中相對較爲穩定。今對照表列如下，以見其詳：⑮

---

⑭ 詳見陳麗桂《漢代道家思想》（台北：五南圖書出版股份有限公司，2013年11月初版），頁230-233（正體字版）；又見（北京：中華書局，2015年8月），頁174-177（簡體字版）。

⑮ 下表所引傳世本河上公章句內容，悉依王卡點校《老子河上公章句》（北京：中華書局，1997年10月第2次印刷）。

章次	范應元古本經文	范注所標示古河上公本	今傳河上公本	今傳王弼本
1	故常無欲以觀其妙。	河上公、王弼、李若愚、張君相「常無」上並有「故」字。	故常無欲以觀其妙。	故常無欲以觀其妙。（同今傳河上公本）
3	為無為，則無不為矣。	河上公作「無不治」，亦通。	為無為，則無不治。	為無為，則無不治。（同今傳河上公本）
10	天門開闔，能為雌乎？	河上公並蘇皆作「為雌」。	天門開闔，能為雌。（同古河上公本）	天門開闔，能為雌乎？（同范氏古本與古、今河上公本）
17	故信不足焉，有不信焉。	「焉」字河上公同古本。	信不足焉，〔有不信。〕	信不足焉，有不信焉。
20	儽儽兮其若不足，似無所歸。	河上公作「乘乘兮若無所歸」。	乘乘兮若無所歸。	儽儽兮若無所歸。
20	俗人皆昭昭，我獨若昏。	河上公及諸家並作「悶悶」，音同，又省「皆」字、「若」字。	俗人昭昭，我獨若昏。	俗人昭昭，我獨昏昏。
20	澹兮若海，飄兮似無所止。	河上公作「忽」、「飄」字。	忽兮若海，漂兮若無所止。	澹兮其若海，飂兮若無止。
25	寂兮寞兮，獨立而不改，周行而不殆，可以為天地母。	河上公作「寥」。	寂兮寥兮，獨立而不改，周行而不殆，可以為天下母。	寂兮寞兮，獨立不改，周行而不殆，可以為天下母。
25	吾不知其名，故強字之曰道，強為之名曰大。	河上公本上句無「強」字。	吾不知其名，字之曰道，強為之名曰大。（同古河上公本）	吾不知其名，字之曰道，強為之名曰大。（同古、今河上公本）

章次	范應元古本經文	范注所標示古河上公本	今傳河上公本	今傳王弼本
25	故道大、天大、地大、人亦大，域中有四大，而人居其一焉。	河上公本作「王」。	故道大、天大、地大、王亦大，域中有四大，而王居其一焉。（同古河上公本）	故道大、天大、地大、王亦大，域中有四大，而王居其一焉。（同古、今河上公本）
26	是以君子終日行不離輜重。雖有榮觀，宴處超然。	河上公作「燕」。	是以聖人終日行……，燕處超然。（同古河上公本）	是以聖人終日行……，宴處超然。（同古、今河上公本）
26	輕則失本，躁則失君。	河上公作「輕則失臣」。	輕則失臣，躁則失君。（同古河上公本）	輕則失本，躁則失君。（同范氏古本）
27	善數者無籌策。	河上公作「善計」。	善計不用籌策。（同古河上公本）	善數不用籌策。
28	樸散則為器，聖人用之，則為官長。故大制無割。	河上公與世本作「不割」。	樸散則為器，聖人用之則為官長，故大制不割。（同古河上公本）	樸散則為器，聖人用之，則為官長。故大制無割。
29	故物或行或隨，或噤或吹，或彊或剉，或培或墮。	河上公改「噤」作「呴」，改「剉」作「羸」，改「培」作「載」，改「墮」作「隳」。	故物或行或隨，或呴或吹，或強或羸，或載或隳。（同古河上公本）	故物或行或隨，或歔或吹，或強或羸或挫或隳。
31	是以君子居則貴左，用兵則貴右，兵者不祥之器，非君子之器，不得已而用之。	河上公本無「是以」字。	是以君子居則貴左，用兵則貴右。兵者，不祥之器，非君子之器，不得已而用之。	君子居則貴左，用兵則貴右。兵者，不祥之器，非君子之器，不得已而用之。

章次	范應元古本經文	范注所標示古河上公本	今傳河上公本	今傳王弼本
38	上德無為而無不為。	河上公作「上德無為而無以為」。	上德無為而無以為。（同古河上公本）	上德無為而無以為。
	下德為之而無以為。	河上公作「下德為之而有以為」。	下德為之而有以為。（同古河上公本）	下德為之而有以為。（同古今河上公本）
39	其致之一也，天無以清，將恐裂；地無以寧，將恐發；神無以靈，將恐歇；穀無以盈，將恐竭；萬物無以生，將恐滅；王侯無以為貞，將恐魘。	河上公「為貞」下有「而貴高」三字。	其致之，天無以清將恐裂，地無以寧將恐發，神無以靈將恐歇，穀無以盈將恐竭，萬物無以生將恐滅，侯王無以貴高，將恐魘。	其致之。天無以清，將恐裂；地無以寧，將恐發；神無以靈，將恐歇；穀無以盈，將恐竭；萬物無以生，將恐滅；侯王無以貴高，將恐蹶。
	是其以賤為本，非歟？	河上公作「此非以賤為本邪？非乎？」	此非以賤為本耶？非乎？	此非以賤為本耶？非乎？（同古今河上公本）
	故致數譽，無譽。	河上公作「數車無車」。	故致數車無車。（同古河上公本）	故致數譽無譽。
	不欲琭琭若玉，落落若石。	河上公作「如」。	不欲琭琭如玉，落落如石。（同古河上公本）	不欲琭琭如玉，珞珞如石。
41	故建言有之曰……	河上公本無「曰」字。	故建言有之（同古河上公本）	故建言有之（同古、今河上公本）
	明道若昧，進道若退，夷道若纇，上德若穀。	河上公作「纇」。	明道若昧，進道若退，夷道若纇（同古河上公本）	明道若昧，進道若退，夷道若纇（同范氏古本）

章次	范應元古本經文	范注所標示古河上公本	今傳河上公本	今傳王弼本
41	大白若黷，廣德若不足，建德若輸，質真若渝。	河上公作「辱」；「輸」河上公作「揄」，乃草字變「車」為「手」。	大白若辱，廣德若不足，建德若揄，質真若渝。	大白若辱，廣德若不足，建德若偷，質真若渝。（同今傳河上公本）
	夫惟道，善貸且善成。	河上公作「善貸且成」。	夫唯道，善貸且成。（同古河上公本）	夫唯道，善貸善成。（同古、今河上公本）
42	萬物負陰而抱陽，盅氣以為和。	河上公作「沖」。	萬物負陰而抱陽，沖氣以為和。（同古河上公本）	（同古、今傳河上公本）
	人之所惡，惟孤、寡、不穀，而王侯以自謂也。	河上公作「而王公以為稱」。	人之所惡，唯孤、寡、不穀，而王公以為稱。	人之所惡，唯孤、寡、不穀，而王以為稱。
	人之所以教我，而亦我之所以教人，強梁者不得其死，吾將以為學父。	河上公作「人之所教，亦我義教之」。	人之所教，我亦教之。（同古河上公本）	人之所教，我亦教之。（同今傳河上公本）
		河上公作「教父」。	吾將以為教父。（同古河上公本）	吾將以為教父。（同古、今傳河上公本）
43	出於無有，入於無間。	河上公本少「出於」二字。	無有入〔於〕無間。	出於無有，入於無間。
56	不可得而親，亦不可得而疎。	「亦」字，河上公、司馬公同古本。	故不可得而親，亦不可得而竦。	故不可得而親，不可得而疎。
59	治人事天莫若嗇，夫惟嗇，是以早服。	「若」字，河上公同古本。河上公、蘇子由、韓非俱作「服」字。	治人事天莫若嗇，夫唯嗇，是謂早服。（同古河上公本）	治人事天莫若嗇，夫唯嗇，是謂早復。

章次	范應元古本經文	范注所標示古河上公本	今傳河上公本	今傳王弼本
59	無不克則莫知其極，莫知其極，則可以有國。	「則」字，河上公、韓非同古本。	無不剋則莫知其極，莫知其極，〔則〕可以有國。	無不克則莫知其極，莫知其極，可以有國。（同今傳河上公本）
73	默然而善謀。	河上公並開元御註本作「繟」。	繟然而善謀。（同古河上公本）	繟然而善謀。（同古、今河上公本）

　　值得注意的是：在上表古、今本河上公相同的20處經文中，竟有17處與今傳王弼本一致。以上是就古、今本河上公經文與范氏所見「古本」，及今傳王弼本對照的情況。

五、古王弼本多合范氏古本，今傳王弼本多合河上公本

　　其次，我們再據范氏「古本」注文來看古、今王弼本經文的異文狀況。范應元於其《老子道德經古本集註》注文中提及王弼者至少有49處，標注「王弼同古本」的，至少有44處（分見於今本《老子》34章中），只有3處不相合（第二十、四十一、六十七各章），2處雖只是作注，非標注異文問題，事實上仍提供了「王弼同古本」的訊息。若合併計算，則在范氏「古本」注文提及古王弼的49處中，相合者竟高達46處。而這46處中與今傳王弼本經文不相合的，又高達41處，相合的只有5處（分見於第九、十二、十九、二十六、三十八各章）換言之，范氏在南宋時所見王弼本，原多同於范氏「古本」，其後有41處，約佔

87%，在南宋以後遭到更改，形成今日所見王弼本。而這經改易
後的王弼本經文卻有過半，高達20處，與河上公本相合。如此
不免令人懷疑，今傳王弼本是否可能有相當大的比例在宋以後，
遭學者依河上公本改易，故多同於河上公本，而與南宋范應元所
見同於范氏「古本」的王弼本違離？今將此49處參核對照河上
公本，表列於下，以見其詳：⑯

章次	范氏「古本」經文	范氏注文所標示古王弼本	今傳王弼本	今傳河上公本
2	萬物作焉而不為始。	王弼、楊孚同古本。	萬物作焉而不辭。	萬物作焉而不辭。（同今傳王弼本）
9	金玉滿室，莫之能守；富貴而驕，自遺其咎。	嚴遵、楊孚、王弼同古本。	金玉滿堂，莫之能守；富貴而驕，自遺其咎。（同范氏古本與古王弼本）	金玉滿室，莫之能守；富貴而驕，自遺其咎。（同范氏古本、古今王弼本）
10	愛民治國，能无以知乎。	王弼、孫登同古本。	愛民治國，能無以知乎？	愛民治國，能無為乎？
12	五色令人目盲，五音令人耳聾，五味令人口爽。	王弼云：「爽，差失也」。（可見王弼本亦作「爽」）	五色令人目盲，五音令人耳聾，五味令人口爽。（同范氏古本與古王弼本）	五色令人目盲，五音令人耳聾，五味令人口爽。（同范氏古本與古今王弼本）

⑯ 以下所引傳世王弼本之經文內容，悉依魏‧王弼注《老子王弼注》（台北：河洛出版社，1974年10月）。

章次	范氏「古本」經文	范氏注文所標示古王弼本	今傳王弼本	今傳河上公本
14	視之不見名曰幾，聽之不聞名曰希，搏之不得名曰微，此三者不可致詰，故混而為一。	孫登、王弼同古本。	視之不見名曰夷，聽之不聞名曰希，搏之不得名曰微。此三者不可致詰，故混而為一。	視之不見名曰夷，聽之不聞名曰希，搏之不得名曰微。此三者不可致詰，故混而為一。（同今傳王弼本）
15	孰能濁以靖之而徐清？	王弼同古本。	孰能濁以靜之徐清？	孰能濁以〔止〕，靜之徐清？
18	六親不和，有孝慈焉；國家昏亂，有貞臣焉。	嚴遵、王弼同古本。	六親不和，有孝慈；國家昏亂，有忠臣。	六親不和，有孝慈；國家昏亂，有忠臣。（同今傳王弼本）
19	三者以為文，不足也。	王弼同古本。	此三者以為文，不足。	此三者以為文，不足。（同今傳王弼本）
19	故令有所屬，見素抱朴，少私寡欲。	「令」，善也，王弼、司馬公註作平聲，今從古本。	故令有所屬，見素抱樸，少私寡欲。（同范氏古本與古王弼本）	故令有所屬。見素抱朴，少私寡欲。（同范氏古本）
20	儽儽兮其若不足，似無所歸。	王弼同古本。	儽儽兮若無所歸。	乘乘兮若無所歸。
20	俗人皆昭昭，我獨若昏。	王弼同古本。	俗人昭昭，我獨昏昏。	俗人昭昭，我獨若昏。
20	澹兮若海，飄兮似無所止。	王弼作「颺」，今從古本。	澹兮其若海，颺兮若無止。	忽兮若海，漂兮若無所止。

章次	范氏「古本」經文	范氏注文所標示古王弼本	今傳王弼本	今傳河上公本
21	芴兮芒兮，中有象兮；芒兮芴兮，中有物兮。	王弼、司馬公同古本。	惚兮恍兮，其中有象；恍兮惚兮，其中有物。	忽兮恍兮，其中有象；恍兮忽兮，其中有物。
	自今及古，其名不去，以閱眾甫，吾奚以知眾甫之然哉？以此。	「自今及古」，嚴遵、王弼同古本。一作「自古及今」。	自古及今，其名不去，以說眾甫，吾何以知眾甫之然哉？以此。	自古及今，其名不去，以閱眾甫，吾何以知眾甫之然哉？以此。
22	曲則全，枉則正。	「正」字，王弼同古本。一作「直」。	曲則全，枉則直。	曲則全，枉則直。（同今傳王弼本）
25	宋兮寞兮，獨立而不改，周行而不殆，可以為天地母。	「宋」，古「寂」字，「寞」字王弼與古本同。	寂兮寞兮，獨立不改，周行而不殆，可以為天下母。	寂兮寥兮，獨立而不改，周行而不殆，可以為天下母。
	吾不知其名，故強字之曰道，強為之名曰大。	王弼同古本。	吾不知其名，字之曰道，強為之名曰大。	吾不知其名，字之曰道，強為之名曰大。（同今傳王弼本）
26	是以君子終日行不離輜重。雖有榮觀，宴處超然。	王弼同古本。	是以聖人終日行不離輜重。雖有榮觀，宴處超然。	是以聖人終日行不離輜重。雖有榮觀，燕處超然。（同今傳王弼本）
	輕則失本，躁則失君。	嚴遵、王弼同古本。	輕則失本，躁則失君。（同范氏古本與古王弼本）	輕則失臣，躁則失君。
27	善數者無籌策。	王弼、嚴遵同古本。	善數不用籌策。	善計不用籌策。

章次	范氏「古本」經文	范氏注文所標示古王弼本	今傳王弼本	今傳河上公本
28	朴散則為器，聖人用之，則為官長。故大制無割。	嚴遵、王弼同古本。	樸散則為器，聖人用之，則為官長。故大制無割。	朴散則為器，聖人用之，則為官長。故大制不割。
29	故物或行或隨，或噤或吹，或彊或剉，或培或墮。	嚴遵、王弼、傅奕、阮籍同古本。	故物或行或隨，或歔或吹，或強或羸，或挫或隳。	故物或行或隨，或呴或吹，或強或羸，或載或隳。
30	故善者，果而已，不敢以取強。	王弼云：「果，猶濟也。」	善者，果而已，不以取強。	善者，果而已，不敢以取強。
32	始制有名，名亦既有，夫亦將知止，知止所以不殆。譬道之在天下，猶川谷之與江海也。	馬誕、王弼同古本。	始制有名，名亦既有，夫亦將知止，知止所以不殆。譬道之在天下，猶川谷之與江海。	始制有名。名亦既有，天亦將知之。知之，所以不殆。譬道之在天下，猶川谷之與江海。
34	萬物恃之以生而不辭，功成不名有，衣被萬物而不為主。	「衣被」，王弼、馬誕同古本。	萬物恃之而生而不辭，功成不名有，衣養萬物而不為主。	萬物恃之而生而不辭，功成〔而〕不名有。愛養萬物而不為主。
34	故常無欲，可名為小矣；萬物歸之而不知主，可名為大矣。	「萬物歸之而不知主」，王弼、司馬公同古本。	常無欲，可名於小矣；萬物歸焉而不為主，可名為大矣。	常無欲，可名於小；萬物歸焉而不為主，可名為大。

章次	范氏「古本」經文	范氏注文所標示古王弼本	今傳王弼本	今傳河上公本
34	是以聖人以其終不自為大，故能成其大。	嚴遵、王弼同古本。	以其終不自為大，故能成其大。	是以聖人終不為大，故能成其大。
35	樂與餌，過客止。道之出言，淡兮其無味，視之不足見，聽之不足聞，用之不可既。	「出言」，王弼同古本。	樂與餌，過客止。道之出言，淡乎其無味，視之不足見，聽之不足聞，用之不可既。	樂與餌，過客止。道之出口，淡乎其無味。視之不足見，聽之不足聞，用之不可既。（同今傳王弼本）
36	將欲翕之，必固張之；將欲弱之，必固強之；將欲廢之，必固興之；將欲取之，必固與之，是謂微明。柔之勝剛，弱之勝強……。	翕，斂也；合，聚也。王弼同古本。	將欲歙之，必固張之；將欲弱之，必固強之；將欲廢之，必固興之；將欲奪之，必固與之，是謂微明。柔弱勝剛強。	將欲噏之，必固張之；將欲弱之，必固強之；將欲廢之，必固興之；將欲奪之，必固與之，是謂微明。柔弱勝剛強。
38	上德無為而無不為。	此句韓非、王詡、王弼、郭雲、傅奕同古本。	上德無為而無以為。	上德無為而無以為。（同今傳王弼本）

章次	范氏「古本」經文	范氏注文所標示古王弼本	今傳王弼本	今傳河上公本
38	下德為之而無以為。	韓非、王誗、王弼、郭雲、傅奕同古本。 王弼云：「下德為之而無以為者，無所偏為也。」今引韓非、王弼兩家注者，無它焉，姑以正古本也。	下德為之而有以為。	下德為之而有以為。（同今傳王弼本）
	上禮為之而莫之應，則攘臂而扔之。	「扔」字，王弼與古本同。	上禮為之而莫之應，則攘臂而扔之。（同范氏古本與古王弼本）	上禮為之而莫之應，則攘臂而仍之。
39	昔之得一者，天得一以清，地得一以寧，神得一以靈，穀得一以盈，萬物得一以生，王侯得一以為天下貞。	貞，正也。王弼、郭雲同古本。	昔之得一者，天得一以清，地得一以寧，神得一以靈，穀得一以盈，萬物得一以生，侯王得一以為天下貞。	昔之得一者，天得一以清，地得一以寧，神得一以靈，穀得一以盈，萬物得一以生，侯王得一以為天下為正。
	故貴以賤為本，高以下為基。是以王侯自稱孤寡、不穀，是其以賤為本也，非歟？	王弼同古本。	故貴以賤為本，高以下為基。是以侯王自謂孤、寡、不穀。此非以賤為本耶？非乎？	故貴〔必〕以賤為本，高〔必〕以下為基。是以侯王自稱孤、寡、不穀，此非以賤為本耶？非乎？

章次	范氏「古本」經文	范氏注文所標示古王弼本	今傳王弼本	今傳河上公本
39	故致數譽，無譽。不欲琭琭若玉，落落若石。	王弼同古本。	故致數鬱，無譽。不欲琭琭如玉，珞珞如石。	故致數車，無車。不欲琭琭如玉，落落如石。
	故建言有之曰……	王弼、孫登、阮咸同古本。	故建言有之……	故建言有之（同今傳王弼本）
41	大白若入，廣德若不足，建德若輸，質真若渝。	王弼作「偷」。	大白若辱，廣德若不足，建德若偷，質真若渝。	大白若辱，廣德若不足，建德若揄，質真若渝。
	夫惟道，善貸且善成。	嚴遵、王弼同古本。	夫唯道，善貸且成。	夫唯道，善貸且成。（同今傳王弼本）
	故物或損之而益，或益之而損。人之所以教我，而亦我之所以教人。強梁者不得其死，吾將以為學父。	王弼、嚴遵同古本。	人之所教，我亦教之，強梁者不得其死，吾將以為教父。	人之所教，我亦教之。強梁者不得其死，吾將以為教父。（同今傳王弼本）
46	大滿若盅，其用不窮；大直若詘，大巧若拙，大辯若訥。	「大滿若盅」郭雲、王弼同古本。	大盈若沖，其用不窮，大直若屈，大巧若拙，大辯若訥。	大盈若沖，其用不窮，大直若屈，大巧若拙，大辯若訥。（同今傳王弼本）
47	其出彌遠，其知彌尠。	「尠」字，韓非、王弼同古本。	其出彌遠，其知彌少。	其出彌遠，其知彌少。（同今傳王弼本）

章次	范氏「古本」經文	范氏注文所標示古王弼本	今傳王弼本	今傳河上公本
48	損之又損之，以至於無為，無為則無不為。	陳韶、王弼同古本。	損之又損，以至於無為，無為而無不為。	損之又損，以至於無為，無為而無不為。（同今傳王弼本）
49	聖人之在天下，歙歙焉為天下渾心焉。	嚴遵、王弼同古本。	聖人在天下，歙歙為天下渾其心。	聖人在天下，怵怵為天下渾其心。
51	故道生之、蓄之、長之、育之、亭之、毒之、蓋之。	王弼、李奇同古本。	故道生之，德畜之；長之、育之、亭之、毒之、養之、覆之。	故道生之，德畜之、長之、育之、成之、孰之、養之、覆之。
57	民多智惠，而衺事滋起。	王弼同古本。	人多伎巧，奇物滋起。	人多技巧，奇物滋起。
64	其安易持，其未兆易謀，其脆易判，其微易散。	王弼、司馬公同古本。	其安易持，其未兆易謀，其脆易泮，其微易散。	其安易持，其未兆易謀，其脆易破，其微易散。
65	知此兩者，亦稽式也；知此稽式，是謂玄德。	傅奕、王弼同古本。	知此兩者，亦稽式；常知稽式，是謂玄德。	知此兩者，亦楷式。常知楷式，是謂玄德。
67	我有三寶，持而寶之。	韓非、王弼、傅奕同古本。	我有三寶，持而保之。	我有三寶，持而保之。（同今傳王弼本）
73	默然而善謀。	河上公並開元御註本作「繟」，王弼、梁王尚、孫登、張嗣作「坦」。	繟然而善謀。	繟然而善謀。（同今傳王弼本）

　　從上表范氏「古本」與古、今王弼本的比對可知：范氏所
見王弼本原來至少有46處合於范氏「古本」，其中有41處可能
在南宋以後遭到了改易。這遭改易的41處，卻有近半的20處
（48%）與河上公經文一致。就這河上公經文與今傳王弼本經文
一致的情況看來，我們是否可以推斷：河上公本自南宋迄今，變
化並不大；而王弼本至少有48處在南宋以後遭到改易，其中一
大部分極可能是依據河上公本而來的。對於這一點，我們更可以
從范應元「古本」第七十三章注文中找到一個有力的證據。

　　范應元注第七十三章經文「默然而善謀」說：

> 河上公並開元御註本作「繟」，王弼、梁王尚、孫
> 登、張嗣作「坦」。⑰

依此，范氏所見古王弼本與古河上公本此句原本一作「坦然而善
謀」，一作「繟然而善謀」，區分得很清楚。但今傳王弼本卻不
與古王弼本同作「坦然」，而與河上公本同作「繟然」，極有可
能是南宋以後的人依據河上公本改易。其改易可能和宋代疑經、
改章句之學風有關。以此類推其餘二十處，或許也有類似的情
況。

六、傅奕本保留南宋以前古本最多

　　最後，我們再來看傅奕本的情況。劉笑敢曾說：傅奕本「沒
有見過新出土的簡帛本《老子》……傅奕本以項羽妾塚本為底

本，因而保留較多古本特點」。[18]其所謂「保留較多古本特點」的「古本」雖未必即是范應元的「古本」；但傅奕本接近較早的本子，應是劉教授之意。今將范氏「古本」經文與注文中所提及的古傅奕本暨今傳傅奕本[19]相對照，以見其詳：

章次	范氏古本經文	范氏注文所標示傅奕本	今傳傅奕本
1	道可道，非常道。	傅奕云：「大也，通也。」	道可道，非常道。（同范氏古本與古傅奕本）
2	生而不有，為而不恃，功成而不處；夫惟不處，是以不去。	傅奕云，古本皆是「處」字。	生而不有，為而不恃，功成不處，夫惟不處，是以不去。
3	為無為，則無不為矣。	傅奕、孫登同古本。	為無為，則無不為矣。（同范氏古本與古傅奕本）
5	天地之間，其猶橐籥乎！虛而不屈，動而俞出。	傅奕引《廣雅》云：「益也。漢史有民俞病困。」（古傅奕本顯然同作「俞」，且釋為「益」。）	天地之間，其猶橐籥乎！虛而不詘，動而俞出。

---

[18] 參見劉笑敢〈北大漢簡《老子》的文獻思想、價值芻議（初稿）〉，《「簡帛《老子》與道家思想」國際學術研討會論文集》，頁74（北京大學中國古文字研究中心與北京大學出土文獻研究所合辦，2013年10月25-26日）。

[19] 下表所引今傳傅奕本經文係依嚴靈峰《無求備齋老子集成初編》第十七冊《道德經古本篇》（台北：藝文印書館，1965年）。

章次	范氏古本經文	范氏注文所標示傅奕本	今傳傅奕本
14	視之不見，名曰幾……	傅奕云：「幾者，幽而無象也，今本作夷。（可見古傅奕本作「幾」）	視之不見，名曰夷
	是謂無狀之狀，無物之象，是謂芴芒。	淮南子、揚雄、傅奕同古本。	是謂無狀之狀，無物之象，是謂芴芒。（同范氏古本與古傅奕本）
16	凡物芸芸，各歸其根。歸根曰靜，靜曰復命。復命曰常。	「凡物芸芸」，傅奕云：「古本如此。」	凡物芸芸，各歸其根，歸根曰靖，靖曰復命。復命曰常。
20	俗人皆察察，我獨若閔閔。	古本與傅奕本作「閔閔」。	俗人皆詧詧，我獨若閔閔。（同范氏古本與古傅奕本）
25	故道大，天大，地大，人亦大。域中有四大，而人居其一焉。	傅奕同古本。	道大、天大、地大、人亦大，域中有四大，而人處其一尊。
27	善閉者無關楗，善結者無繩約。	楗，傅奕云：古字作「闌」。	善閉者無關楗而不可開；善結者無繩約而不可解。
29	故物或行或隨，或噤或吹，或彊或剉，或培或墮。	嚴遵、王弼、傅奕、阮籍同古本。「培」，……傅奕引《字林》云：「益也。」	凡物或行或隨，或噤或吹，或彊或剉，或培或墮。（同范氏古本與古傅奕本）
36	魚不可悗於淵，邦之利器不可以示人。	傅奕云：「別本作脫」。（可見傅奕本亦作「悗」）	魚不可悗於淵，邦之利器不可以示人。（同范氏古本與古傅奕本）

章次	范氏古本經文	范氏注文所標示傅奕本	今傳傅奕本
38	上德無為而無不為。	此句韓非、王誗、王弼、郭雲、傅奕同古本。	上德無為而無不為。（同范氏古本與古傅奕本）
	下德為之而無以為。	韓非、王誗、王弼、郭雲、傅奕同古本。	下德為之而無以為。（同范氏古本與古傅奕本）
41	大白若黰；廣德若不足；建德若輸；質真若渝。	傅奕云：古本作「輸」，……河上公作「揄」，乃草字變「車」為「手」。傅奕云：手字之誤，動經數代，況「辱」字少「黑」字乎。傅奕當時必有所據。（可見傅奕本應同范氏古本作「輸」）	大白若黰；廣德若不足；建德若婾；質真若輸。
43	出於無有，入於無間。	傅奕、嚴遵同古本。	出於無有，入於無間。（同范氏古本與古傅奕本）
47	不出戶，可以知天下；不闚牖，可以見天道。	傅奕、韓非與古本有「可以」字。	不出戶，可以知天下；不闚牖，可以知天道。
48	為學者日益，為道者日損。	傅奕、嚴遵與古本有「者」字。	為學者日益，為道者日損。（同范氏古本與古傅奕本）
51	故道生之、蓄之、長之、育之、亭之、毒之、蓋之。	傅奕引《史記》云：「亭」，凝結也。（可見傅奕本亦作「亭」）	道生之，德蓄之，長之、育之、亭之、毒之、蓋之、覆之。

章次	范氏古本經文	范氏注文所標示傅奕本	今傳傅奕本
55	含德之厚者,比於赤子也。	傅奕與古本同。	含德之厚者,比之於赤子也。
	毒蟲虺蛇不螫,猛獸攫鳥不搏。	傅奕與古本同。	蜂蠆不螫,猛獸不據,攫鳥不搏。
	未知牝牡之合而脧作。	「脧」傅奕與古本同,今諸本多作「峻」。	未知牝牡之合而脧作。(同范氏古本與古傅奕本)
57[20]	以正治國,以奇用兵,以無事取天下。	「正」字,傅奕、陳若虛並云:「古本作政。」	以政治國,以奇用兵,以無事取天下。
58	其政閔閔,其民倬倬;其政詧詧,其民缺缺。	傅奕同古本。	其政閔閔,其民倬倬;其政詧詧,其民缺缺。(同范氏古本與古傅奕本)
59	有國之母,可以長久;是謂深根固柢,長生久視之道。	「柢」字,傅奕引古本云:「柢,本也。」(可見傅奕本亦作「柢」)	有國之母,可以長久;是謂深根固柢,長生久視之道。(同范氏古本與古傅奕本)
60	治大國若亨小鱗。	傅奕、孫登同古本。	治大國若烹小鮮。
65	知此兩者,亦稽式也。知此稽式,是謂玄德。	傅奕、王弼同古本。傅奕云:「式,今古之所同式也。」(可見古傅奕本亦作「稽式」)	知此兩者,亦稽式也。能知稽式,是謂玄德。

---

[20] 此條帛甲、乙、郭店,北大王、河、嚴本卻作「正」,只此古今傅奕本作「政」。

章次	范氏古本經文	范氏注文所標示傅奕本	今傳傅奕本
67	天下皆謂吾大，似不肖。夫惟大，故似不肖。若肖，久矣其細也夫！	「吾大」，傅奕與西晉本同古本。	天下皆謂吾大，似不肖。夫唯大，故似不肖。若肖，久矣其細也夫！（同范氏古本與古傅奕本）
	我有三寶，持而寶之。	韓非、王弼、傅奕同古本。	我有三寶，持而寶之。（同范氏古本與古傅奕本）
68	古之善為士者，不武；善戰者，不怒。	傅奕同古本。	古之善為士者不武也，善戰者不怒。
70	吾言甚易知，甚易行；而人莫之能知，莫之能行。	傅奕同古本。	吾言甚易知，甚易行；而人莫之能知，莫之能行。（同范氏古本與古傅奕本）
73	默然而善謀。天網恢恢，疏而不失。	「默」字，傅奕同古本。	默然而善謀。天網恢恢，疏而不失。（同范氏古本與古傅奕本）
80	至治之極，民各甘其食，美其服，安其俗，樂其業。鄰國相望，雞狗之聲相聞，使民至老死，而不相往來。	（傅奕注「俗」字引鄭玄之說）謂土地所生習也。（可見傅奕本亦作「俗」）	至治之極，民各甘其食，美其服，安其俗，樂其業。鄰國相望，雞狗之聲相聞，使民至老死，不相與往來。

　　由上表之比對可以得知：范應元在《老子道德經古本集註》注文中提及傅奕者總共有33處，分見於28章中。其中引傅奕注解者有6處，6處中只有第一章是純粹的注解，非關異文問題，

其餘5處仍可知其應該是相關於異文之討論，且同於范氏「古本」；其明白標示傅奕與范氏「古本」相同者則有25處，合同前5處，則古傅奕本與范氏「古本」相同者應有30處，佔了總提及33處的90%。反之，傅奕本異於范氏「古本」者只有2處（第二十七、三十七章）。若將全部81章逐一對照，相信傅奕與范氏「古本」相同者，應該不只這25處或30處，范氏注文所標示，比起實際情況，肯定少了許多。但光是上述的這些對照狀況，已可見在傳世各《老子》版本中，傅奕本是最接近南宋范氏所見「古本」的。

總之，就較具代表性的四種傳世本──王弼本、河上公本、嚴遵本、傅奕本《老子》經文看來，傅奕本保留最多南宋古本原貌。而傅奕，根據《舊唐書》本傳的記載，一生經歷北周、隋、唐三朝。隋開皇年間，以儀曹事漢王楊諒，唐高祖、太宗時曾多次上疏，極力反佛，力請廢佛，精天文、陰陽、曆算，卒於太宗貞觀十三年（西元639年）。其所據本，雖遠自「項羽妾塚本」，然傅奕在當官之前，據說曾做過道士。若果如此，則其傳本與道教學者范應元的「古本」高密度的吻合，也就不足為怪了，或可視為道教學者的傳本。

結　論

南宋范應元《老子道德經古本集註》參照了至少三十幾家戰國至宋代的《老子》版本與經說，其所據本，張岱年認為，極有可能就是宋以前漢魏六朝或更早的舊本。范氏以其所見「古本」為依據，不憚其煩地於注文中比校、標引南宋以前各家注老之

異、同說，與各版本之異、同情況。依循范氏之比對、標示，我們不但可以清楚看到《韓非子‧解老》、〈喻老〉與傳世的河上公本、《指歸》本、傅奕本、王弼本在南宋時的部分情況；據之以與今本對照，更可以看出各傳世本在宋以後流傳變化的某些狀況。據前文的比對，我們至少可以看出幾個狀況：

（一）在南宋時，王弼本和范氏所見「古本」相當接近，傅奕本亦不多讓；河上公本則與范氏「古本」差異甚大。

（二）南宋時范氏所見的《韓非子‧解老》、〈喻老〉經文，至少仍存在著第三十八章的「下德不失德，是以無德」、「下德為之而無以為」兩句，也有對第五十章的解證，此為今傳〈解老〉、〈喻老〉所無，可見今傳〈解老〉、〈喻老〉已非全文。

（三）范應元所見嚴遵本，與范氏集註「古本」有更多的相同。其所存「道經」，至少也比今傳本輯佚所得者多了4章。

（四）宋以後，王弼本可能多遭學者依河上公本一系改易，以致形成今傳王弼本甚多違異范氏「古本」，而與河上公本一致的情況。嚴遵本亦然，在宋以後有了較大的改易。

（五）相較之下，河上公本與傅奕本雖然前者多異於范氏「古本」，後者多同於范氏「古本」；但在宋以後，變化似乎不大，仍然與范氏「古本」集註所標注者大致吻合。

如此，我們是否可以推測，在南宋范應元時期，《老子》的傳本極可能至少就已有范氏所據的「古本」，和與之相當歧異的河上公本兩系存在？原本與范氏「古本」相當一致的傅奕本，基本上仍保留與范氏「古本」原本較同的原貌，少有改易；反之，與范氏「古本」原本也相當一致的古王弼本，其後可能受到河上

公本一系的影響，而多所改易，造成今日王、河兩本相當近同的狀況。

　　以上所論，只是個人就范氏「古本」集註注文所提供的線索，試爲推測四種傳世本《老子》經文在南宋以後的某些變化情況。由於范氏注文所提供的線索，也仍然不夠全面而澈底，比如范氏注文標示四種今傳本之古本與范氏「古本」相合者，亦有少數僅爲其關鍵性之語詞作注，令人知其相同，並沒有明說全句（段）「與范氏古本同」，個人推測注解之意，知其全句（段）經文應是相同，故仍歸入論證。但對這些極可能的推測，都只能「知之爲知之，不知爲不知」，無法，也不可能有更進一步的斷定。

　　總之，本文只是在范氏所提供的有限線索下，盡可能地整理出其所呈現的異文狀況，從中理解其爲一般學者所忽略的價值。

（2016年6月10-11日，復旦大學中華文明國際研究中心主辦「疑古思潮與出土文獻：百年老子研究之反思」國際學術研討會中宣讀的論文，後刊登於輔仁大學哲學系《哲學論集》第49期）

貳、從北大本與范氏古本規律用字看各《老子》抄本的異文情況

前　言

　　作爲出土本《老子》抄寫較後，也是介於出土本與傳世本之間的北大漢簡本《老子》，與多參采極可能是漢魏六朝以前「古本」的南宋道教學者傳本──范應元《老子道德經古本集註》，都是研究《老子》版本流傳與異文狀況的重要文本。按理說，它們所依據的版本，時代既然都是漢魏六朝乃至先秦以前的「古本」，或許可以見證一些「古本」之類同；其實不然。經仔細比對，整整81章中，除第五十九章「是謂重積德」與「謂之重積德」算是最小的差異外，其餘80章，竟然沒有一章兩種版本完全相同。但其間許多用字的歧異，卻是各自相當穩定而規律，彼此呈現出涇、渭分流的傾向，而使兩種版本隱然顯現相當的定本狀態。以下我們便以居出土本之末的北大漢簡本《老子》與居傳世本之末的范氏古本集註，涇渭分流的規律性用字爲據點，參照前此三種簡帛本，比對流行的傳世本，以觀測各本《老子》或異或同的規律性用字在流傳演變過程中的某些訊息。唯北大漢簡本與范氏古本章次不同，下文爲便於記憶起見，章次悉依「道經」在前的范氏古本。

一、北大本、范本規律性用字與各出土、傳世本之比對分析

　　大致說來，抄寫時間居出土本之末的北大本，與參采南宋以前三十多種古本的范氏本，除了「其」字的運用有共識外，其餘各有其自我的用字規律與習慣，而且81章相當穩定一致。在四種出土本之中，北大本與郭店本這些規律性用字的使用情況較爲一致，馬王堆兩帛本雖同是出土本，但這些規律性字的使用卻較爲分歧，而依違於北大本與范本之間。范本則與王弼、河上公等傳世本，較爲一致。尤其是北大本與范本的區隔，相當清楚明顯，一定程度凸顯出古今本異流的狀況。儘管如此，其間仍有許多分歧交錯的情形，有待分析討論。

（一）「其」與「亓」

> 帛甲本、北大本與范本皆作「其」，四種傳世本亦作
> 「其」；郭店本與帛乙本則作「亓」，帛甲本在不同
> 章次中，亦分用「其」、「亓」。

　　相較於范氏古本與北大簡本諸多規律性用字涇、渭分明的情況，「其」字是唯一的例外。兩種版本對於第三人稱代詞很難得地，一致都作「其」，傳世本也悉作「其」。反之，郭店簡本與帛乙本則都作「亓」，全書81章一致無例外，只有帛甲本「亓」、「其」並用。帛甲本不殘缺而相應處有13章作「其」，23章作「亓」，第五十六章且是「其」、「亓」交用。這用「其」的13章依次是：第一、三、四、七、十一、

十四、十六、二十、二十一、二十四、二十六、二十八、二十九各章,悉在「道經」中;用「亓」的23章依次是:第十五、十七、三十四、三十五、三十八、三十九、四十七、五十、五十二、五十八、六十、六十一、六十四、六十五、六十六、六十七、七十一、七十二、七十二、七十四、七十六、七十八、八十各章。內中除第十五、十七、三十四、三十五4章外,悉在「德經」中。而第五十六章「塞亓閔,閉亓□,□其光,同亓塵,坐亓閱,解亓紛……」則「亓」、「其」交用,共用了5個「亓」,1個「其」。

除了「其」之特例外,北大本與范本許多規律性用字,不論形容詞、副詞、動詞,還是語助詞,幾乎都呈現涇、渭分流的狀況。比如:

(二)「智」與「知」

> 郭店本悉作「智」,北大本只第二十、二十一兩章作
> 「知」,其餘悉同郭店本作「智」。兩帛本、傳世的
> 傅奕本與范本悉作「知」,王弼本與河上本則動詞用
> 「知」,名詞用「智」。

北大漢簡本出現「智」字至少有62處,分見於32章中,依次是第二、三、四、十、十四、十六、十七、十八、十九、二十五、二十七、二十八、三十二、三十三、四十三、四十四、四十六、四十七、五十二、五十三、五十五、五十六、五十七、五十八、五十九、六十五、七十、七十一、七十二、七十三、七十八、八十一各章;但第二十一章「吾何以知眾父之然哉?」與第五十四章「吾何以知天下之然哉?」卻作「知」。郭店簡本

與之有相應內容的只有第二、十九、二十五、三十二、四十四、
四十六、五十五、五十六、五十七等9章，也都作「智」。兩
帛本與范氏古本卻都作「知」。傳世本中傳奕本同於兩帛本與
范本，也作「知」。王弼本與河上公本則凡動詞或知道、知曉
義作「知」（如第二、十四、十六、十七、二十一、二十五、
二十八、三十二、四十三、四十四、四十六、四十七、五十二、
五十五、五十六、五十七、五十九、七十、七十一、七十二、
七十三、七十八、八十一各章）；名詞、形容詞或智慧義作
「智」（如十八、十九、六十五各章），區分得相當清楚。尤其
是第三、三十三章與第六十五章，同一章中同時出現知曉、知道
與智慧義的內容時，王、河兩本「智」、「知」並用，卻各依義
涵、詞性所需而區分，運用得相當清楚。第三章王、河兩本都
說：

> 常使民無知無欲，使夫智者不為也。

《想爾》與傳奕本則全作「知」，與范本同。

三十三章王、河兩本皆曰：

> 知人者智，自知者明……知足者富。

《想爾》本同王、河本，「知」、「智」交替並用，傳奕本基
本上都作「知」，和范本一致。第三十三章卻說：「知人者智
也。」和王、河本一樣名詞、形容詞用「智」，動詞用「知」。

第六十五章說：

> 民之難治，以其智多。故以智治國，國之賊；不以智
> 治國，國之福。知此兩者亦稽（河、嚴本作「楷」）
> 式，常知稽（楷）式，是謂玄德。

這六十五章也是王、河本「智」、「知」分明並用，嚴本、傳本則悉作「知」，與范本同。

（三）「无」與「無」

> 郭店本甲乙組簡中悉作「亡」，六十四章則甲組簡作「亡」，丙組簡卻作「無」；兩帛本與范本皆作「无」（唯帛甲本二十章作「無」），北大本作「無」；傳世本則河、王、嚴遵、傅奕本同於北大本，都作「無」；《想爾》本最不穩定，既同於范本與兩種帛書本，作「无」，又混用「无」、「無」兩者。

北大漢簡本凡「有、無」義，字皆作「無」，無例外，至少有91處，分見於第一、二、三、七、十一、十三、十四、十九、二十、二十一、二十二、二十四、二十七、二十八、二十九、三十二、三十四、三十七、三十八、三十九、四十、四十一、四十三、四十六、四十八、四十九、五十、五十七、五十八、五十九、六十三、六十四、六十五、六十六、六十九、七十、七十五、七十八、七十九、八十、八十一等41章中。其中除第六十六章，北大本作「無爭」，郭店本作「不靜」、范氏古本作「不以其爭」外，其餘至少90處，北大本均作「無」，范本皆同帛書甲、乙本作「无」，郭店本在與之相應的第二、十九、二十、三十二、三十七、六十三、六十四（甲組）、六十五等8章中，悉作「亡」；但在內容唯一出現重複的第六十四章（丙組）中，卻作「無」。換言之，在第六十四章重複的內容中，甲組作「亡」，丙組作「無」。六十四章說：

為之者敗之，執之者遠之。是以聖人亡為古亡敗，亡
執古亡遊。臨事之紀，訢冬女門，此亡敗事矣。聖人
谷不谷，不貴難尋之貨；孝不孝，遠眾之所述。是古聖
人能尃萬勿之自肰，而弗能為。（甲組簡10-13）

為之者敗之，執之者遊之。聖人無為古無敗也，無執
古□□□訢冬若訂，則無敗事壹。人之敗也，互於亓
戲成也敗之。是以□人欲不欲，不貴難尋之貨；學不
學，遠眾之所述。是以能槫壃勿之自肰，而弗敢為。

（丙組簡11-14）

本章是郭店三種本中唯一內容重複的一章，除此一例「亡」、
「無」並見外，其餘作「亡」的第二、十九、三十二、三十七、
六十三、六十五各章均在甲組簡中，第二十章則為乙組簡。換
言之，郭店本凡甲、乙組簡均作「亡」，丙組簡則作「無」。足
證至少丙組簡與甲、乙兩組簡來自不同抄本。四種傳世本王、
河、嚴本皆作「無」，與北大本同；只有《想爾》基本上多用
「无」，但第二十章、二十七章與則混用「无」、「無」，說：

善行无轍迹，善言無瑕適，…善閉無關捷不可開，善
結无繩約不可解，是以聖人常善救人而無棄人，常善
救物而無棄物。（二十七章）

絕學无憂，……魌无所歸，……忽若晦，（宎寂）無
所止。（二十章）

就「无」、「無」少部分亦作「亡」的使用情況看來，各本中，
《想爾》本也是較不穩定的。

（四）「弗」與「不」

兩帛本皆作「弗」，北大本大致上作「不」，少部分
作「弗」，郭店本有相應處亦皆作「弗」，傳世本與
范本都作「不」。

　　表示否定義的字，傳世本同范本都作「不」。北大本也大
致都作「不」，但仍有41處，可能爲了刻意凸顯其義，除了用
「不」之外，也雜用「弗」，分別見於第二、四、十、十四、
二十二、二十三、二十四、三十一、三十四、四十七、五十一、
五十五、五十六、六十、六十四、六十六、七十二、七十三、
七十七、七十八、八十一等21章中。它們依次是：

萬物作而弗辭，爲而弗侍，成功而弗居，夫唯弗居，
是以弗去。（二章，北大本四十六章）

道，沖而用之，有弗盈。（四章，北大本四十八章）

生而弗有，長而弗宰。（十章，北大本五十三章）

視而弗見，⋯⋯聽而弗聞，⋯⋯搏而弗得⋯⋯。
（十四章，北大本五十七章）

弗矜故長。（二十二章，北大本六十三章）

天地弗能久，而況於人乎？（二十三章，北大本
六十四章）

有欲者弗居。（二十四章，北大本六十五章）

有欲者弗居，⋯⋯，恬傸爲尚，弗美。（三十一章，
北大本七十二章）

萬物作而生弗辭，成功而弗名有，愛利萬物而弗爲主。（三十四章，北大本七十四章）

聖人弗行而智，弗見而命，弗爲而成。（四十七章，北大本十章）

生而弗有，爲而弗持，長而弗宰。（五十一章，北大本十四章）

蠭蠆虺蛇弗赫，猛獸攫鳥弗搏。（五十五章，北大本十八章）

智者弗言，言者弗智。（五十六章，北大本十九章）

聖人亦弗傷。（六十章，北大本二十三章）

以輔萬物之自然而弗敢爲。（六十四章，北大本二十八章）

居上而民弗重，居前而民弗害也，……天下樂推而民弗厭也。（六十六章，北大本三十章）

夫唯弗厭，是以不厭（七十二章，北大本三十六章）

弗召自來。（七十三章，北大本三十七章）

爲而弗有，成功而弗居。（七十七章，北大本四十一章）

天下莫弗智。（七十八章，北大本四十二章）

天之道利而弗害，人之道爲而弗爭也。（八十一章，北大本四十四章）

這21章41處「弗」字，范本與四種傳世本都作「不」，無例

外。郭店本第二、三十一、五十五、五十六、六十四、六十六共6章有相應的內容，關鍵字雖有不同，相應處卻與北大本一致，都作「弗」，兩帛本除第三十一章有一處作「勿美」，在同一章中有分歧外，其餘亦悉作「弗」，與北大本同。

（五）「居」與「處」

郭店本、北大本都作「居」，兩帛本也大致作「居」，偶一作「處」。范本則一律作「處」，傳世本多同范本作「處」，王、河本交錯並用「居」、「處」。

北大本凡「處」義皆作「居」，共16處，分別見於第二、二十四、三十、三十一、三十八、六十六共6章中。

聖人居無爲之事，……成功而弗居；夫唯弗居，是以弗去。（二章，北大本第四十六章）

有欲者弗居。（二十四章，北大本第六十五章）

師之所居，楚棘生之。（三十章，北大本第七十一章）

有欲者弗居……便（乙本作「偏」）將軍居左，上將軍居右，言以禮居之……戰勝，以喪禮居之。（三十一章，北大本第七十二章）

大丈夫居其厚，不居其薄；居其實，不居其華。（三十八章，北大本第一章）

居上□民弗重，居前而民弗害。（六十六章，北大本第三十章）

郭店本第二、三十一兩章，共3處，與之相應，均作「居」；兩帛本凡不缺漏者大致同於北大漢簡本作「居」，唯第三十一章末句「以喪禮處之」兩帛本一致作「處」，與范本同。范本這16處悉作「處」。傳世本除嚴遵本第六十六章作「居民之前」外，其餘悉同范氏古本作「處」。唯帛書甲本第三十一章稍前「便（乙本作『偏』）將軍居左，上將軍居右，言以喪禮居之」，除傳奕本作「處」之外，王、河、《想爾》本都作「居」。換言之，四種出土本只有兩帛本除第三十一章本句偶作「處」外，其餘大抵皆同北大本作「居」。反之，傳世本則較爲參差，傳奕本與嚴遵本都作「處」，與范氏古本同；王弼本與河上公本則交錯用「居」與「處」。比如第二章作：

> 聖人處無爲之事，……功成而弗居；夫唯弗居，是以不去。（王、河本同）（北大本第四十六章）

第三十一章作：

> 有道者不處……偏將軍居左，上將軍居右，言以喪禮處之……戰勝，以喪禮處之。（王、河本同）（北大本第七十二章）

第三十八章作：

> 大丈夫處其厚，不居其薄；處其實，不居其華。（王本）（河上本皆作「處」）（北大本第一章）

其餘皆同於范本作「處」。可見以北大本爲代表的出土本作「居」，和以范本爲代表的傳世本作「處」的大分界，基本上還是清楚的。只是部分傳世本或許殘留了古本的某些痕跡，也或許是刻意地交替使用，以求變化。

（六）「命」與「名」

北大本動詞作「命」，名詞作「名」，郭店本相應處
皆缺，帛甲本相應處與范本、傳世本同作「名」，帛
乙本則多同北大本作「命」，偶作「名」。

凡屬名詞的「稱謂」義，不論北大本、帛書本或范氏古本、
傳世本，一律都作「名」。但北大本除第三十四章外，凡動詞的
「稱謂」義皆作「命」，范氏古本與傳世本則全都作「名」。北
大本共5處用了「命」字，分見於第一、十四、四十二、四十七
等4章中。這四章郭店本皆缺，帛甲本一律作「名」；帛乙本則
3處作「命」，2處作「名」。第一章說：

名可命，非恆名也。（北大本四十五章）

名可名也，非恆名也。（帛甲本）

名可名，非恆名也。（帛乙本）

范本與傳世本皆作「名」。第十四章說：

搏而弗得，命之曰微……臺臺微微不可命，復歸於無
物。（北大本五十七章）

捪之而弗得，名之曰夷……尋尋呵不可名也，復歸於
無物。（帛甲本）

捪之而弗得，命之曰夷……臺臺微微不可命也，復歸
於無物。（帛乙本）

傳世本與范本皆作「名」。第四十二章說：

王公以自命也。（北大本第五章）

王公以自名也。（帛甲本）

王公以自□也。（帛乙本）

傳世本與范本亦皆作「名」。第四十七章說：

聖人弗行而智，弗見而命，弗爲而成。（北大本第十章）

□□□□□□□□□□□□弗爲而□。（帛甲本）

□□□□□□□□□而名，弗爲而成。（帛乙本）

但第三十四章北大本卻與帛甲本、傳世本、范本同樣都作「名」，帛乙本卻「名」與「命」交用，說：

故恆無欲矣，可名於小矣；萬物歸焉而弗爲主，可名爲大矣。（北大本第七十四章）

則恆無欲也，可名於小；萬物歸焉□□爲主，可名於大。（帛甲本）

則恆無欲也，可名於小；萬物歸焉弗爲主，可命於大。（帛乙本）

（七）「恆」與「常」

北大本、帛書甲、乙本除第十六、五十二、五十五等3章保留《老子》原本特殊哲學義涵，作「常」外，其餘悉作「恆」，郭店本作「亙」；范本與各傳世本全改作「常」。

在范氏古本第一、三、十六、二十七、二十八、三十二、三十四、三十七、四十六、四十八、四十九、五十一、五十二、五十五、六十一、六十四、七十四、七十九，共18章中都出現了「常」字，計有27處。北大漢簡本與兩種帛書本除第十六、五十二、五十五共3章6處作「常」外，其餘21處一律作「恆」，這6處是：

第十六章：

> 復命，常也；智（知）常，明也。不智（知）常，忘（妄）作兇；智（知）常容，容乃公……（北大本第五十三章）

> 復命，常也；知常，明也。不知常，芒（妄）作兇；知常容，容乃公……（帛書甲、乙本）

第五十二章：

> 用亓光，復歸亓明，毋遺身殃，是謂襲常。（北大本第十五章、帛書甲、乙本）

第五十五章：

> 和曰常，智（知）和曰明。（北大本第十八章）

> 和曰常，知和曰明。（帛書甲本）

> □□常，知常曰明。（帛書乙本）

清楚地呈現《老子》原本具特殊哲學義涵的「常」，與一般形容性語「恆」的嚴明區分。郭店簡本於上述20章中缺了16章，只有第三十二、三十七、四十六，共3章可與相應，都作「亙」。換言之，三種簡帛本「常」、「恆」（或「亙」）義涵有別，各

種傳世本與范本則一律作「常」，泯除了《老子》原本「恆」的特殊哲學義涵。①

(八)「虖」與「兮」、「乎」、「耶」、「邪」、「吾」

> 句中、句末語氣詞，郭店本作「虖」，帛書本分作「呵」或「與」、「輿」，北大本則除第二十、二十一章作「旖」外，其餘一律作「虖」；傳世本除《想爾》多省虛字外，其餘各本作「乎」、「兮」、「於」、「耶」、「邪」、「吾」不等，與范本一致。

在北大漢簡本與范氏古本涇渭分流的規律性用字中，狀況比較紛歧的是「虖」字。在北大本中，語氣詞「虖」的使用穩定而一致。不但用以表示句中語氣停頓，或句末語氣完結，也用以稱代「吾」，只有第二十、二十一章替換了12個「旖」。總計北大簡出現「虖」字，至少有23處，分見於第五、六、七、十、十五、十七、二十、二十三、四十九、六十二、六十三等11章中。但第二十章北大本則是「虖」、「旖」交用，用了2次「虖」，4次「旖」；二十一章則全章共用了8次「旖」字：

> 芒虖未央哉……袙旖為佻……參旖臺無所歸……屯屯虖猷人昭昭…沒旖其如晦，芒旖其無所止。（二十章）

---

① 這十六、五十二、五十五章等3章，共7處，北大本與范本同作「常」者，是保留了《老子》「常」的重要哲學義涵原貌。無涉於慣用字的異文問題，詳見本書第一篇〈陸、「道」的異稱及其義涵衍化──「一」與「互」〉中討論。

道之爲物，沒旖訑旖，中有象旖，訑旖沒旖，其中有物，幽旖冥旖，其中有請旖。（二十一章）

這12個「旖」字爲各本之所無，北大本或另有來源依據。范氏古本與之相應之經文，情況較爲紛歧，有通作「乎」、「兮」、「邪」等句中、句末語氣詞，也有通作稱代詞「吾」的。郭店本作「虐」，帛書甲、乙本則或作「呵」，或作「與」、「輿」。而這「旖」與「虖」，范本皆作「兮」，兩種帛本皆作「呵」，郭店本兩相應處作「虐」。第十、二十三兩章，范本與兩帛本亦皆作「乎」。第七與六十二章范本作「邪」，兩帛本則分別作「輿」或「與」。第六十三章作介詞的「虖」，范本與兩帛本同作「乎」。第四十九章作主詞的「虖」，范本直接改作「吾」。今表列如下，以清眉目：

章次	郭店	帛甲	帛乙	北大	傳世本	范本
6		呵	呵	虖	（無）	（無）
7		輿	輿	虖	邪	邪
10		乎	乎	虖	乎（河上、想爾本無）	乎
15	虐	呵	呵	虖	兮（想爾本無）	兮
17	虐		呵	虖	兮（想爾本無）	兮
20		呵	呵	虖、旖（二十、二一章）	兮（想爾本無）	兮
23		乎	乎	虖	乎（想爾本無）	乎
49				虖	吾	吾
62		輿	與	虖	邪、耶（河上作「耶」）（嚴遵本無）	邪
63		乎	乎	虖	（無）	乎

　　由上表可見：凡帛本原作「乎」的，范本亦作「乎」；帛本原作「呵」的，范本作「兮」，郭店本則作「虖」；帛本原作「輿」或「與」的，范本則作「邪」，王、河本作「耶」。看似紛亂錯雜當中，仍有一定的對應理路可尋。北大本則除二十、二十一兩章用「旖」外，其餘一律用「虖」，對應於帛本的「呵」與范本的「兮」。傳世本除了《想爾》本爲了便於教徒背誦，多省虛字，故刪除這些語氣詞與介詞外，其餘三種版本與范本幾乎完全對應性地一致。

　　換言之，兩帛本慣用的「乎」、「呵」、「輿」、「與」，郭店本慣用的「虖」，到了北大本，則除了第二十、二十一兩章多出一個「旖」之外，竟都統一作「虖」。反之，范本則除六十三章外，與前此各傳世本一致。

（九）「毋」與「弗」、「無」、「勿」、「不」

> 郭店本作「弗」，北大本作「毋」，帛書甲、乙本作「毋」、「勿」，范本多作「無」，亦作「勿」。

　　北大本否定詞多作「不」，但在第十、三十、三十九、七十二共4章中卻用了15個「毋」字。這15處「毋」依次是：

> 載熒魄抱一，能毋離虖？……脩除玄鑑，能毋有疵虖？愛民活國，能毋以智虖？……明白四達，能毋以智虖？（十章）
>
> 果而毋矜，果而毋驕，果而毋發，果而毋不得已。（三十章）
>
> 天毋已精，將恐死；地毋已寧，將恐發；神毋已靈，

將恐歇；谷毋已盈，將恐渴；侯王毋已貴以高，將恐
厥。（三十九章）

毋枸其所居，毋厭其所生。（七十二章）

郭店本相應處作「弗」。帛書甲、乙雖有多少不等的殘缺，基本
上也可以看出是作「毋已」或「毋」，只有第三十章作「毋以取
強焉，果而毋驕……勿矝……毋得已居。」三作「毋」，一作
「勿」，較爲參差。范本除第三十章作「勿」，同於北大本外，
其餘各章都作「無」或「無以」，范本說：

……能無離乎……能無疵乎……能無以知乎……能無
以爲乎？（第十章）

天無以清……地無以寧……神無以靈……穀無以
盈……萬物無以生……王侯無以爲貞（第三十九章）

果而勿矝……勿伐……勿驕……勿彊……（第三十
章）

無狎亓其所居，無厭亓所生。（第七十二章）

第八十章更爲參差，北大本與帛乙本皆作「使有什伯之器而勿
用」，用的是「勿」字，帛甲本卻仍作「毋用」，范本作「不
用」。傳世本則悉同范本，作「不用」。這些參差的用字情況是
否代表「毋」、「無」、「勿」、「不」的運用尚在各自發展，
未趨一致，也是各本彼此交叉影響，尚未完成定本的演變階段。
但范本對「無」字的堅持卻是很明顯的。

（十）也

除了上述較具規律性的用字狀況外，北大本較之范本，還有一個很明顯的差異現象，那就是句末語氣詞「也」字的大量使用。「也」字的大量使用，是出土本用字的明顯特徵。據初步統計，帛乙本共用了160個「也」字，帛甲本用了140個，北大本則有96個。[②]「也」字的大量使用，或許是早期本《老子》的重要特徵。個人初步估計，在全書81章中，北大本至少在20個章節中比范本多出了61個句末語氣詞「也」（包括「殹」），用以舒緩、停頓語氣，讓句意較爲分明。這61個「也」當然包含在上述的96個中。這61處20個章次依序是：第一（4次，包括「殹」）、七（1次）、十六（2次）、二十七（2次）、三十一（4次）、三十五（1次）、四十（2次）、四十九（2次）、五十（3次）、六十（1次）、六十一（4次）、六十四（9次）、六十五（5次）、六十六（5次）、七十（6次）、七十二（2次）、七十四（2次）、七十七（3次）、七十八（2次）、八十一（1次）各章。茲舉次數較多的章節進行比對，以見其詳。第六十四章共多了9處「也」字，外加一個「矣」字，共用了10個語氣詞；北大本說：

> 其安易持也，其未兆易謀也，其脆易判也，其微易散也。爲之其無有也，治之其未亂也，……是以聖人無爲，故無敗也，無執故無失也，民之從事也，恆於其成事而敗之，故愼終如始，則無敗事矣。

---

② 據張沐一的初步估算。見《漢簡本《老子》與郭店本、馬王堆簡帛本之用字比較研究》，頁41正文及注92，臺灣師大國文系碩士論文，2016年12月，陳麗桂指導。

郭店本也不多讓，同樣用了9個「也」字：

> 亓安也，易柒也；亓未菲也，易悔也；其霝也，易畔也；亓幾也，易後也；爲之於亓亡有，絧之於亓未亂也……。

范本則悉去「也」字，作：

> 其安易持，其未兆易謀，其脆易泮，其微易散。爲之其無有，治之於亂。……聖人無爲故無敗；無執故無失。民之從事……則無敗事。

文氣短促，簡潔凝鍊許多。再舉第七十五章的6處者爲例，北大本在王本第七十五章說：

> 人之飢也，以其取食脫之多也，是以飢。百姓之不治也……民之輕死也，以其生生厚也……夫唯無以生爲者，是賢貴生也。（北大本第三十九章）

帛甲本也用了4個「也」字，說：

> 人之飢也，以其取食之多也……百姓之不治也，……以其求生之厚也…。

帛乙本則有5個「也」字，說：

> 人之飢也……百姓之不治也，以亓上之有爲也……民之輕死也，以亓求生之厚也……。

四種出土本多了許多「也」字，文氣有舒緩搖曳的效果。范本則一律減去「也」字，作：

> 民之飢……民之難治，以其上之有爲……民之輕死，

以其求生之厚⋯⋯。

有學者認爲，早期老子之流傳，應該是由口述、口誦進入到文字的記載。若果如此，則這種逐句大量使用語氣詞的情況所反映的，會不會就是這種口述、口誦的狀態保留？它可以舒緩文氣，也接近口語，能更清楚切割句意，讓聽者聽起來更爲清楚。而抄寫較後的北大本較之帛書本，顯然處理得更爲完備整齊。反之，范本或因時代最後，故虛文去淨，顯現出簡練潔整之修整樣貌，「文」的意味濃厚了起來。總之，三種出土本多虛字，其所反映的，或許是《老子》較早期的樣貌。但與此相反，范本第三十三章卻出現迥異於他章之反常現象，幾乎句句有「也」字；反之，北大本則悉去這些「也」字。范本第三十三章說：

> 知人者知也，自知者明也。勝人者有力也，自勝者強也。知足者富也，強行者有志也。不失其所者久矣，死而不亡者壽也。

本章句句有「也」，共用了7個「也」字，語氣雖舒緩，卻肯定而堅強，帛書甲、乙本雖有殘缺，內容大致同范本，每句末尾也都有「也」字。反之，北大本則悉去「也」字，作：

> 故智人者智，自智者明。勝人者有力，自勝者強。智足者富。強行者有志。不失其所者久。死而不亡者壽。（七十三章）

文氣當然顯得端謹嚴肅，說教的「文」味卻濃厚了起來。

二、從規律性用字之使用狀況看各抄本之異同與演變

　　從上述北大本、各出土本、范本與傳世本之比對情形看來，北大本與范本比起前此各出土本與傳世本，用字明顯較爲一致而穩定。郭店本雖然內容不多，這些規律性用字基本上還算穩定，兩帛本也大致有自己一致的用字堅持，尤其是某些特定語氣詞，如呵、與、興的使用，呈現出相當程度的獨特風味，爲它本之所無。范本較之傳世本，顯然也穩定許多。傳世本中，傅奕本變動性尤少，穩定性相對較好。《想爾》本最不穩定，爲其宗教目的，常刪語氣詞或改字，混用與雜用的情況較多，王、河本則變動性亦大，今表列如下，以見其詳：

郭店	帛甲	帛乙	北大	傳世本	范本
亓	亓（共有23章）、其（共有13章）（第56章「亓、其」混用）	亓	其	其	其
智	知	知	智、知（21、54章作「知」）	知（傳本作「知」，王、河本第2、30、38各章「知、智」兼用）	知

郭店	帛甲	帛乙	北大	傳世本	范本
亡（無）（35章用「無」）	無	無	無	無（想爾混用「无、無」）	无
居	居（31章一例作「處」）	居（31章一例作「處」）	居	處（王、河本交錯用「居、處」）	處
／	名	命、名（47章作「名」）	命、名（34章作「名」）	名	名
弗	弗	弗	弗	不	不
虐	乎、呵、與	乎、呵、與、輿	虖、旖（20、21章作「旖」）	乎、兮、邪、耶、於、吾	乎、兮、邪、於、吾
亙	常、恆	常、恆	常、恆	常	常
弗	毋、勿（30章「毋、勿」混用）	毋、勿（30章「毋、勿」混用）	毋（80章作「勿」）	無、勿（30章「無、勿」混用）	無、勿（30章作「勿」）

　　從上表的比對看來，抄寫時間居出土本之末的北大本，與參采南宋以前30多種古本的范氏本，除了「其」字有共識外，其餘都各有其自我的用字規律與習慣，在各本之中特別顯得涇渭分明，不相干涉。北大本與抄寫於其前的3種出土本，有自己早期的用字堅持：郭店與兩帛本的「亓」，郭店與北大本的「智」，郭店本的「亡」，四種出土本的「居」與「弗」、「毋」等，都顯示了與稍後的傳世本、范本有相當大的不同。而三種出土本所呈現的獨特用字，如郭店本的「虐」，兩帛本的「呵」、「與」、「輿」，所顯示的，或許是傳抄者地域性的用字習慣。而范本自稱多采「古本」，其所采之古本不知有否與兩帛本同

源？「無」字與「知」字的使用同於兩帛本，尤其是對「無」字使用的堅持，應該就是明顯的例證。反之，傳世本中，王、河本第二、三十、三十八各章中有交錯用「居」、「處」的現象，或許顯示其尚處於過渡性的交互影響階段。迨「知」、「智」並用，卻依詞性不同而有清楚嚴明區分的狀況出現時，顯示其演變已進入較爲穩定而展現自性的階段。儘管就范氏《老子道德經古本集註》的注文看來，范氏所參考的古王弼本與河上公本和今傳的王、河本仍有不少差異；但今傳王、河本不但一致性高，上述規律性用字，乃至內容，也都和范本高度近同，顯示傳世本的演變也經由交互影響，而漸趨穩定一致。③這就造成了從整體看來，北大本與范本彷彿壁壘分明的兩系統代表，除了「其」是唯一的共識外，其餘規律性用字往往對立歧分：北大本用「智」，范本用「知」；北大本用「無」，范本用「无」；北大本用「弗」，范本用「不」；北大本用「居」，范本用「處」；北大本動詞用「命」，名詞用「名」，范本動詞、名詞一律都用「名」；北大本用「虖」（旖），范本或「兮」、或「乎」、或「邪」、或「吾」不等；北大本用「毋」，范本一律用「無」；北大本「恆」、「常」各有不同義涵與功能，范本一律用「常」。相較之下，傅奕本常有與傳世本不同的堅持，有學者認爲，正是因爲它保留較多古本原貌的關係。④個人曾據范氏古本所援引的古傅奕本內容，比對今傳傅奕本，知其變化不大，

---

③ 參見本書第一篇〈壹、范應元《老子道德經古本集註》的異文價值——以范氏注文所及《韓非子》、王弼本、河上公本、指歸本、傅奕本爲討論核心〉，頁9-34。

④ 參見劉笑敢〈北大漢簡《老子》的文獻思想、價值芻議（初稿）〉，《「簡帛《老子》與道家思想」國際學術研討會論文集》，頁74。

顯示傅本在傳世本中不僅保留古本較多，穩定性也較好。⑤

再取北大本與范本，看三種出土本與多種傳世本，觀其異同情況：郭店本作「智」，北大本基本上相同，第五十四、二十一章卻仍有2處作「知」；兩種帛本與傳世本則用「知」，范本同。兩種帛書本作「弗」，北大本同；傳世本則作「不」，范本同。兩種帛書本除帛甲本二十章之外，大致作「无」，范本同；傳世本作「無」，北大本同；郭店則用「亡」，獨樹一幟。兩種帛書作「居」，北大本同；但帛乙本偶一作「處」，范本同。四種傳世本悉作「處」，范本同，但傅奕本一作「居」，北大本同。郭店本兩作「虐」，北大本與之相近，兩帛本或作「呵」，或作「與」、「輿」，獨樹一幟，傳世本作「乎」、「兮」、「耶」、「邪」、「吾」不等，范本悉與之同，北大本則統一作「虖」。總之，三種出土本除了「知」、「无」爲范本一系所因承之外，大多數時候還是與北大本較爲一致；傳世本則除了「其」與「無」之外，極少同於北大本，而偏同范本。我們若就各本出現時代先後的角度來觀察，就不難了解，後出的北大本與范本是如何在對於諸多較早版本的選擇中，作自己較爲穩定的呈現。

整體看來，北大本與范本在各本中用字最爲穩定而一致，錯落交雜使用的情況較少，北大本只有「常」、「恆」與第二十、二十一兩章所異出的「旈」字。但「常」、「恆」一例只是保存《老子》原本「恆」、「常」不同義的本貌，而非眞正雜用。「旈」字的歧出或是某種古本用字的保留。

---

⑤ 亦可詳參張沐一《漢簡本《老子》與郭店本、馬王堆簡帛本之用字比較研究》，頁15-16。

三、各本規律性用字的異同所顯示的可能訊息

　　從前文的歸納分析與表列用字情況看來，我們或許能得到一些訊息：

　　（一）北大本與范本規律性用字的一致與分明狀態，各自代表著出土本與傳世本較穩定階段的典型。出土本中，郭店本或因篇幅短少，時代又早，異本干擾的可能性低，上述規律性用字因此較為穩定一致。相形之下，兩帛本較為參差，用字分歧不統一，交雜並用或混用的情況較多。除了「呵」、「與」、「輿」等語氣詞之多元使用外，如第三十、三十一、三十八各章「毋」與「勿」、「居」與「處」、「弗」與「勿」混用與並用，所顯示的，除了地域性的用字歧異外，似乎也反映了出土本傳抄過程中的紛紜狀況。反之，各傳世本中，《想爾》本的特殊宗教目的與功能，固是導致其與他本經常不一致的主因；然類似上述王、河本第二、三十一、三十八各章「居」、「處」參差交用的情況，是否也顯示，傳世本也同樣處於交互影響的演變階段？然至第三、三十三、六十五各章，「智」、「知」雖然交替使用，卻各依其詞性、語意清楚區分，其所傳遞的訊息，應該是後期王、河本編抄者有意的整飭與安排。個人曾為文比對范氏古本集註所見古王弼本與今傳王弼本經文多有不同，今傳王弼本經文多有向河上公本趨同的傾向，頗足以說明傳世的王、河兩本較之范本，這些規律性用字分歧參差的原因，內中不但有過渡期混抄的參差，也有後期編抄者明晰的自性選擇。

　　（二）各出土本時代較早，往往各自有其獨特的用字，

「𣥐」與「亡」是郭店本的獨特用字,「亓」字爲郭店與兩帛本所特用,「无」字則爲帛甲、乙本的一致用字(除二十章帛甲本用「無」外),其後卻成爲范本的堅持。以「𧱦」統一前此各語氣詞與介詞則是北大本的獨有。但第二十與二十一章北大本仍然多用了12處他本所無的「旖」字,或者別有古本來源。也或許因爲保留了《老子》原本口述、口誦的流傳方式,故各出土本如「也」字之類語氣詞特別多,應該和舒緩語氣,俾便清楚切割文意的口語流傳方式有關。

　　(三)就各版本「其」、「亓」兩字之運用情況看來,從郭店本、帛乙本都用「亓」,到帛甲本的「亓」、「其」並用,到北大本、傳世本與范本的一致用「其」,似乎顯示了「亓」、「其」兩字運用的消長歷程。早期《老子》版本如郭店本、帛乙本是用「亓」的,從帛甲本「其」、「亓」並用以後,「亓」字的使用在帛甲本中雖仍以23:13佔了優勢,第五十六章的「亓」、「其」交叉並用,也用5個「亓」,一個「其」;但「其」字即將取而代「亓」的態勢已然形成,其時間下限或可提至帛甲本抄寫時間的西漢初期以前。西漢以後,「亓」字之用已逐漸消退,爲「其」所取代了。

　　(四)從帛書甲本13章用「其」,23章用「亓」的各章次看來,作「其」的13章全都在「道經」中;作「亓」的23章則只有十五、十七、三十五、三十四4章在「道經」中,其餘19章都在「德經」中,兩部分用字大致楚河漢界、壁壘分明。即使是「其」、「亓」雜用,5處用「亓」,1處用「其」的第五十六章,也仍是在用「亓」的「德經」中。也就是說,「道經」中全用「其」,「德經」中多用「亓」。這不免令人懷疑,帛甲本的抄寫,「道經」、「德經」是否爲不同一人所爲?但就字跡看

來，「道經」、「德經」筆跡一致，顯係出自同一抄手，只不知爲何各章「亓」、「其」分抄如此壁壘分明？莫非兩帛本所依據，原本也非同一源？

（五）從范本所用「知」、「无」兩字同於帛書本而異於北大本與郭店本的情況看來，范氏古本集註所采「古本」，或許不只其注中所提及的傳世30幾家，帛本一系的古本或許也在參采之列。

（六）而傳世本與范本相當一致的「兮」、「乎」、「邪」、「耶」等語氣詞較之出土本更多樣的使用，其所反映的，會不會是語氣詞在西漢以後，多元衍化與開展的狀況？

（七）「亡」字本爲郭店本獨特的用字，然郭店本卻在唯一有重複內容的第六十四章中，保留了用「無」（丙組）與用「亡」（甲組）兩種不同版本的重出情況，更可以證明，郭店本各組或不只字跡、抄手不一，所依據的版本也不一致。

結　論

由各本規律性用字之歧異現象，分析歸納出各抄本之穩定性，可以觀測、評定該版本傳抄之成熟度和嚴謹品質。就這點而言，北大本與范本在各本中，堪稱典範。我們如果逆過來看：北大本作爲出土本末代大成之作，與范本作爲傳世本後出之版本，其所擷擇與參采各不相同，因此形成兩本規律性用字多壁壘分明的態勢。經由上列較具代表性的各種出土與古今本《老子》某些規律性用字的比對分析，可以看出，北大漢簡本無疑是各古本《老子》中不但最完備、精美，也是最穩定、嚴謹的善本。介於

古今本之間的范氏古本，用字也相當規律、一致，相對也穩定、
齊整。本文之所以以抄寫與出書時代居後的北大簡與范本作為比
對基點，正是這樣的緣故。其餘各出土本，如帛書本參差的情況
較多，郭店本雖有自己特殊的用字，也穩定，但篇幅不大，只有
五分之二，難以依據。而各傳世本則嚴本與《想爾》本各有所
缺，《想爾》本為便於教徒誦習，還常大刪虛字，以適其用，交
雜混用的情況也較為嚴重。王、河兩本則南宋范氏所見古本與今
本也存在不少差異。可見各古今本中，能綜集前此各家，卻又完
整一致的，北大本與范本足為典式，故取以為比對之據點，藉以
觀測前此各家規律性對應用字之穩定程度，以顯示《老子》文本
在歷代傳抄過程中之規律與紛歧狀況之一斑。然因歷代《老子》
版本眾多，時代久遠，演變情況複雜，相形之下，能引據的資料
甚為有限，個人能力與時間也都不夠充足，上文所述只是劃定範
圍，就其所知見，及各文本所呈現之狀況，略作整理表述，目的
在呈現事實。故對於能透露出意義與訊息者，則申述之；其難以
遽定因由者，則呈現事實，不妄下斷，所謂疑者闕疑，權作野人
獻曝、拋磚引玉而已。

（2016年12月15-17日，香港中文大學「中國哲學與文化研究中
心」所主辦的「先秦諸子的哲學與交鋒」國際學術會議論文，已
刊登於《中國哲學與文化》第15期中，2018年7月）

參、《老子》異文與傳世本定型期商榷
——從范應元《老子道德經古本集註》、《老子指歸》注文與《淮南子·道應》引證考察

前　言

　　作爲道家哲學文本之源，幾千年來《老子》流傳文本之多與異文狀況之紛歧複雜，在中國典籍文獻中是少與倫比的。近三、四十年來，各類出土抄本之面世，更爲這些原本就已紛歧複雜的流傳與異文狀況，增添了更大的複雜性。歷來對於各傳本《老子》異文的考索、辨證研究成果不少，近代馬王堆帛本、郭店簡本，尤其是精美的善本——北大漢簡《老子》的面世，更一次又一次，一波又一波掀高其研究熱潮。下文僅擬就漢人解老的幾種著作——《淮南子·道應》、《老子指歸》、《老子河上公章句》乃至《老子想爾注》中幾處疑慮較明顯的異文情況，綜合參校各傳世、出土本，與方家之高見，提出商榷。

一、「上德無爲而無不爲，下德爲之而無以爲」

王弼本《老子》第三十八章說：「上德不德，是以有德；下德不失德，是以無德。上德無爲而無以爲，下德爲之而有以爲」，河上公本與嚴遵本亦同；郭店簡本無此章，帛書甲、乙本皆無「下德」兩句，北大漢簡本（第一章）與傅奕本「下德」第二句卻作「下德爲之而無以爲」。

王中江以今本《韓非子・解老》無「下德不失德，是以無德」、「下德無爲而無以爲」兩句，帛書甲、乙本也無，而「《韓非子・解老》中所見《老子》很多都是整章的」，因此推定這兩句「非常有可能是增溢的」。[①] 今查《韓非子・解老》，依次解證《老子》第三十八、五十八、五十九、六十、四十六、十四、一、五十、六十七、五十三、五十四，共11章，其中除第一章與十四章只解說兩句，第四十六章末句「知足之足常足矣」缺解，第三十八章缺此「下德」兩句外，其餘6章確實如王中江所言，是整章逐句詮解。依今本〈解老〉觀之，王中江說有一定的理據，而且可以一併解決若改作「下德爲之而無以爲」，將與其下「上仁爲之而無以爲」重複的困擾。

---

① 詳見《漢簡《老子》中的「異文」和「義旨」示例及考辨》，《「簡帛《老子》與道家思想」國際學術研討會論文集》，頁47。北京大學中國古文字研究中心與北京大學出土文獻研究所合辦，1913年10月25-26日。後收入《古簡新知：西漢竹書《老子》與道家思想研究》（上海：上海古籍出版社，2017年8月1日），頁97。

（一）從范本經、注文看「上德无為而无不為」、「下德為之而无以為」

范應元《老子道德經古集註》前句作「上德无爲而无不爲」，並於句下注曰：

此句韓非、王�、王弼、郭雲、傅奕同古本。河上公作「上德无爲而无以爲」（今從古本）。此復釋上德也，謂上德不言而信，不動而化，无爲而无不爲也。韓非云：「虛則德盛，德盛之謂上德。故上德无爲而无不爲也」《韻辯》云：「韓非出於戰國，必見先秦古書」。[2]

後句作「下德爲之而无以爲」，並於句下注說：

韓非、王note、王弼、郭雲、傅奕同古本，河上公作「下德爲之而有以爲」，今從古本。此復釋下德也，謂「下德爲之而无以爲」者，爲其當然也，无私意以爲之。王弼云：「下德爲之而无以爲者，無所偏爲也。」今引韓非王弼兩家註者，无它焉，姑以證古本也。[3]

可見宋代范應元所見古本《韓非子·解老》和王弼本，經文都有關於「上德……」「下德……」的論述，其「上德」且都是作「无不爲」，和今本《韓非子·解老》同，而和今本王本、何本、傅本的「无以爲」不同。「下德」則與傅奕本同，作「无以爲」。

---

② 范應元《老子道德經古本集註上》，頁39。
③ 范應元《老子道德經古本集註上》，頁39。

　　而范氏所引王弼當句下注文既說：「下德爲之而无以爲者，無所偏爲也。」顯見范應元所見古王弼本，和傳世王弼本不大一樣。不只經文，即使注文，原本也都是作「无以爲」的。白奚因以爲：今日所見王弼本經文與注文的「有以爲」是後代的衍誤。今本王弼注文說：

> 故下德爲之而有以爲也。無以爲者，無所偏爲也。凡
> 不能無爲而爲之者，皆下德也。④

白奚認爲：第一句「有以爲也」是衍文，其後的「無以爲者」當順接在上文「下德爲之而」之後，構成：

> 下德爲之而無以爲者，無所偏爲也。凡不能無爲而爲
> 之者，皆下德也。

始文承意順，且與范應元所引王弼注文一致。否則以「無以爲者，無所偏爲也；凡不能無爲而爲之者，皆下德也」來解釋「有以爲也」，不合行文邏輯，⑤其見甚爲的當。可見王弼本不論經文、注文原來都應是作「下德爲之而无以爲」的。如此「上德」與「下德」對照，一者「無爲」，一者「爲之」；一者「无不爲」，一者「无以爲」，兩相對應，「上」、「下」自明。

　　值得注意的是：范應元本注文四次提及韓非，其中兩次都與「下德」的論述有關，可見范應元所見《韓非子·解老》古本確

---

④ 魏·王弼《老子王弼注》，頁52。
⑤ 詳見白奚〈西漢竹簡本《老子》首章「下德為之而無以為」釋義〉，《「簡帛《老子》與道家思想」國際學術研討會論文集》，頁23-24。北京大學中國古文字研究中心與北京大學出土文獻研究所合辦，2013年10月25-26日。後收入《古簡新知：西漢竹書《老子》與道家思想研究》（上海：上海古籍出版社，2017年8月1日），頁38。

實有「下德不失德，是以無德。」、「下德無爲而無以爲」的論述。其論「上德」，也與今本同作「上德不德是以有德」、「上德无爲而无不爲」。換言之，「上德」是作「无不爲」，「下德」是作「无以爲」的。

　　不僅如此，根據范應元《老子道德經古本集註》的說法，《韓非子》所引證的《老子》經文，除了前述的第一、十四、三十八、四十六、五十、五十三、五十四、五十九、六十、六十七共10章外，另有第四十七章，卻爲今本《韓非子・解老》所不見，范氏古本集註第四十七章：「不出戶，可以知天下；不闚牖，可以見天道。」說：

　　　傅奕、韓非與古本有「可以」字。⑥

又注同章「其出彌遠，其知彌尠」說：

　　　尠字，韓非、王弼同古本。

可見，除了前述10章之外，古本〈解老〉至少另有第四十七章之解，今本卻不見。更可證今本〈解老〉非南宋范應元所見古本原貌，內中所解有改易古本《老子》如第三十八章處，也就是極可能之事了。因此，據今本〈解老〉無「下德」說解以證《老子》三十八章原無兩句「下德」的相關論述之說法，自然不攻而自破了。

_____

⑥ 范應元《老子道德經古本集註上》，頁47。

（二）從《老子指歸》本注文看「下德為之而无以
為」

今撇開古王弼本與〈解老〉本、王中江說與白奚說不談，再看另外兩種同作「下德爲之而有以爲」的河上公本與嚴遵本。先說嚴遵的《老子指歸》本。

《老子指歸》此章經文雖作「下德爲之而有以爲」，但其注文卻全是對「無以爲」的鋪敍，而非「有以爲」。嚴遵注「下德爲之而有以爲」說：

下德之君，性受道之正氣，命得一之下中，性命比於自然，情意幾於神明，動作近於太和，取舍體於至德。託神於太虛，隱根於玄冥，動反柔弱，靜歸和平。載規履矩，鏡視太清，變化惚恍，因應無形。希夷茫昧，幾無號謚，方地隨天，與化爲常，德盛澤流，洋溢萬方。美德未形，天下童蒙，四海爲一，蕩蕩玄默，與民俯仰，與物相望。當此之時，大道未分，醇德未剖，六合之內，一人獨處。其務損而不益，其事修而不作，所爲者寡，所守者約。民敦厚而忠信，世和愼而寂泊，水草爲稸積，裘褐爲盛服，巨木爲廊廟，巖穴爲室宅。主如天地，民如草木，被道合德，恬淡無欲。陰陽和洽，萬物蕃殖，無有制令，宇內賓伏。嘉禾朱草，勻藥而生，神龍鳳凰，與人相託。甘露降而不霽，祥風動而不息。無義無仁，六合之內，和合天親。無節無祀，四海之內，親爲兄弟。

　　親而不和，敬而不恭，天地人物，混沌玄通。⑦

這些「自然」、「神明」、「太和」、「太清」、「太虛」、
「玄冥」、「變化惚恍」、「希夷茫昧」、「無號謚」、「與化
爲常」、「美德未形，天下童蒙」、「蕩蕩玄默」、「大道未
分，醇德未剖」、「損而不益」、「修而不作」、「敦厚而忠
信」、「和愼而寂泊」、「巨木爲廊廟，巖穴爲室宅」、「恬淡
無欲」、「無義無仁」、「無節無祀」、「親而不和，敬而不
恭」、「天地人物，混沌玄通」的大篇幅鋪寫，不可能是「有以
爲」的狀態，而應是「無以爲」的情境才合理。顯見《指歸》本
句經文原本也應當是作「無以爲」的，否則經、注文便會呈現矛
盾不合的現象。

（三）從今本王弼注文看「下德」、「上仁」的重複　　內容

　　但如此一來，卻同時留下了一個學者們共同焦慮的疑點，
亦即：如依范應元之說與嚴遵注文，「下德」作「爲之而无以
爲」，則會與其下「上仁」同作「爲之而無以爲」，相重複。對
於這個問題，今本王弼注文說得很清楚：

　　　　凡不能無爲而爲之者，皆下德也，仁、義、禮節是
　　　　也。將明德之上下，輒舉下德以對上德，至於無以
　　　　爲。⑧

可見：1.「上德」與「下德」是相對、相較地區分的說法。

---

⑦ 王德有點校《老子指歸》，頁4-5。

⑧ 魏‧王弼《老子王弼注》，頁52。

2.「下德」的內容含包了仁、義、禮三項。王注並解釋「『上仁』為之而無以為」說：

> 極「下德」之量，上仁是也。足及於無以為，而猶為之焉，為之而無以為，故有為為之患矣。……不能不為而成，不興而治，則乃為之，故有宏普博施仁愛之者，而愛之無所偏私，故「上仁」為之而無以為也。⑨

注文不但清楚為「上仁」的「為之」和「無以為」作了界定的詮釋，同時也標示了，「上仁」是「下德」的「極量」（最高表現）；「上仁」既是「下德」的內容之一，又是其中的最高表現，則依王弼之意，以「上仁」代表「下德」的極致，有和「下德」一樣的表述內容，也是很合理的。白奚因此為「下德」與「上仁」之重複下斷說：

> 這種重複是出於論述上的需要，而不是思想意義的重複，……或邏輯上的自相矛盾。「下德」與「上德」對舉是表明「德」有上下之分，及其差異所在：「上仁」、「上義」、「上禮」相次而列，則是闡明具體的道德觀念與規範之效用的差序性及其原因所在。⑩

　　總之，不論就漢代《老子指歸》本注文、今本王弼注文，還是宋范應元所見古本《韓非子》與王弼本經文，乃甚至是范應

---

⑨ 魏・王弼《老子王弼注》，頁52-53。

⑩ 詳見白奚〈西漢竹簡本《老子》首章「下德為之而無以為」釋義〉，頁23-24。後收入《古簡新知：西漢竹書《老子》與道家思想研究》（上海：上海古籍出版社，2017年8月1日），頁41。

元的注文，《老子》第三十八章的經文，顯然原本就有關於「下德」的論述，其內容且都是作「下德爲之而無以爲」的；「上德」則同於今本《韓非子·解老》作「上德無爲之而無不爲」。

（四）《老子河上公章句》的「下德無為而有以為」

最後，我們再來看另一個和嚴遵本一樣，也作「上德無爲而無以爲，下德爲之而有以爲」的《河上公章句》本。⑪《河上公章句》先注「上德無爲」說：「謂法道安靜，無所施爲也。」注「而無以爲」說：「言無以名號爲也。」注「下德爲之」曰：「言爲教令，施政事也。」注「而有以爲」曰：「言以爲己取名號也。」很清楚地以「安靜無所施爲」和「爲政令，施政事」區分「上德」與「下德」之不同；又以「無以名號爲」和「爲己取名號」區分「無以爲」和「有以爲」。這樣的區分和定義，旨意相當清楚，和它對首章「常道」與「非常道」、「常名」與「非常名」的義界區分相當一致。《河上公章句》一本《老子》「自然無爲」的基本教義，很反對「經術、政教」的調教和管理。它在開宗明義注解「道可道」說：「謂經術、政教之道也。」注解「非常道」說：

> 非自然常生之道也，常道當以無爲養神，無事安民，
> 含光藏輝，滅迹匿端，不可稱道。

注「名可名」說：「謂富貴尊榮，高世之名也。」注「非常名」說：

---

⑪ 以下本文所引《河上公章句》之文悉依王卡點校《老子道德經河上公章句》（北京：中華書局，1997年10月）。

　　非自然常在之名也。常名當如嬰兒之未言，雞子之未
　　分，明珠在蚌中，美玉處石間，內雖昭昭，外如愚
　　頑。

換言之，《河上公章句》認爲，「常道」、「常名」的「常」，
指的都是韜隱不顯，眞樸未開，雖有而若無的狀態，這是對《老
子》「自然無爲」教義的遵循。「可道」之「道」，「可名」之
「名」，則是指透過人爲的經術、政教陶塑、界定出來的價值
和尊榮。「爲政令」、「施事」、「取名號」，甚至「爲己取名
號」當然是絕對的「有以爲」，而非「無以爲」。《河上公章
句》注此章，經、注文相當吻合，也和全書旨趣一致不忤，這應
是各傳世與出土本《老子》中唯一作「下德爲之而有以爲」的，
看來是刻意改字。目的就像其論養生一樣，習慣在現象事物中落
實詮釋《老子》之旨，區分「上德」與「下德」的不同。

　　以東漢黃老養生家的觀點注解《老子》是《河上公章句》極
其明顯的宗旨與思想方向。爲此，它常常將《老子》許多原本是
「治國」的理論或哲理的道論，都轉向養生的詮釋，這是不爭的
事實，許多《老子》形上的玄理因此也都被作了治術或養生術的
詮釋。[12]其改易《老子》「下德爲之而無以爲」爲「有以爲」，
並做了政事、名號的轉向詮釋，也就不足爲怪了。其後傳世的王
弼本經文可能受嚴遵本一系經文訛誤或《河上公章句》本經文改
易的影響而生誤。今就范應元所見古本《韓非子》、古本王弼
本經、注文，與嚴遵本注文的內容看來，上句原應作「上德無爲

---

⑫ 有關《河上公章句》解《老》轉化《老子》旨意的論述，個人早於〈從哲學、養生到宗
　　教——《河上公章句》解〉中討論過，故不贅述。參見《漢代道家思想》（台北：五南圖書
　　出版股份有限公司，2013年11月出版），頁271-290。

而無不為」、下句應作「下德為之而無以為」才是。《老子》之
意是：你不必有任何作為，只需讓開，聽任萬物自生自作，則萬
物自能各依自己的生命軌道與模式生生不息、運作無已，日出日
落、潮去潮來，一切如斯。如是，則我雖無所作為，萬物卻能各
自作，各自為，無物不能作、無物不能為，此之謂「無為而無不
為」，此之謂「上德」，故曰：「上德無為而無不為」。

　　所謂「下德為之而無以為」者，依照范本王弼注與今本王
弼注的說法，是：既不能「無為」地聽任萬物自作自為，故不得
已而「為之」；但其「為」，卻仍是「宏普博施」、「無所偏
私」。換言之，此種「為」雖「為」，卻無聚焦、無特定、無
偏選，如嚴遵《指歸》所謂「自然」、「玄冥」、「茫昧」、
「渾沌」、「玄通」。雖有「務」，卻「損而不益」；雖有
「事」，卻「修而不作」，此之謂「為之而無以為」。因為不
是「無為」，而是已「為」，故不足以稱為「上德」，而歸為
「下德」。這「上德」的「無為而無不為」是老子之所推崇；
這「為之而無以為」正是黃老的運作與要求，因為黃老要求入世
的功效，故不能不有所作為，但這種作為卻仍是「宏普博施」、
自然玄昧、無形無跡、順物而為，故雖屬「下」，卻仍不失其
「德」，此之謂「下德無為而無以為」。王弼因此曰：

　　不能不為而成……則乃為之，故有宏普博施仁愛之
　　者，而愛之無所偏私。[13]
　　無以為者，無所偏為也。凡不能無為而為之者，皆下
　　德也。[14]

---

[13] 魏・王弼《老子王弼注》，頁53。
[14] 魏・王弼《老子王弼注》，頁52。

二、《淮南子‧道應》的《老子》異文商榷

漢人解《老》有四大著作：《淮南子》、《老子指歸》、《老子河上公章句》、《老子想爾注》。後三種大致都採取以注隨經，逐句爲解的方式解老。只有《淮南子》全書以老莊思想爲主軸，參采各家，依循黃老思維，作哲學性推闡，卻另有〈道應〉一篇，全篇援引57則史實與事例，逐一印證《老子》經文43章，共57則，[15]《莊子》之文一則，《愼子》之文一則。《淮南子》成書時間遠在西漢武帝初期，抄寫時代早於各傳世本與北大漢簡本。其所引證《老子》雖散見於今本43章，各則列序較之傳世本，卻相當參差，有一章分割數則者。然其所引各則文例，除語氣詞「之」、「也」、「者」，連接詞「而」，介詞「之」之省減、有無，與否定詞「無」、「不」，稱代詞「吾」、「我」等小有歧異外，整體文句、文義與以王弼本爲代表的各傳世本，尤其是王弼本，吻合度高達53則，約佔九成五左右。反之，與抄寫年代相近的帛書本與漢簡本，卻有較大的歧異，顯見王弼本一系成型相當早，至少在西漢初期《淮南子》成書之前就已經大致完成，不待曹魏。李若暉曾把《老子》的成型期推定在戰國末至漢初，基本上是不錯的。[16]從《淮南子‧道

---

[15] 這43章57則依章次是：1.3.5.7.13.14.15.16.18.19.20.22.23.25.36.37.38.39.44.45.47.53.54.55.56.57.62.66.70.71.73.74.75各章各一則，第2.4.9.10.43.58各章各二則，第27.28.52.78各三則，合共57則。本文以下所引《淮南子》之文悉依漢‧劉安撰，劉文典集解《淮南鴻烈集解》（台北：文史哲出版社，1985年9月翻印版）。

[16] 參見李若暉《郭店竹書老子論考》（濟南：齊魯書社，2004年），頁98。

應》的引證情況看來，確是如此，絕對不必等到《指歸》、《河上公章句》、《想爾》、王弼本以後。丁四新說：「北大漢簡本已經屬於定型化的標準本」，又說：「《老子》的定型期當從景帝立經開始」[17]。今從《淮南子‧道應》與今本王弼本相當程度的一致性看來，極可能比北大漢簡本更早，至少早在《淮南子》成書的武帝初期，甚至景帝立經以前，就已有出土本一系，與類似《淮南子‧道應》與王弼的傳世本一系，兩種以上內容穩定的本子在流傳了，唯其間仍不免存在著一些相互影響的複雜性。

今觀〈道應〉所引各則經文內容，並不依傳世本、漢簡本或兩種帛書本之章次，而是隨例引證，和《韓非子‧解老》一樣，例證卻較多，因此呈現出相當參差的資料組合形態，尤其所引又僅57則，散見於43章中，很難看出其所據文本之章序安排是否已經完成。今姑依〈道應〉所舉各則先後次序，取其出入、依違於各傳世本與出土本之間者論述之，以見《老子》版本在流傳過程中某些交互影響的複雜狀況。

（一）「法令滋彰」與「法物滋章」

《淮南子‧道應》舉惠子為惠王為國法，翟煎以為雖「善」而不可行，理由是「治國有禮，不在文辯」。因歸結於王弼本五十七章的「法令滋彰，盜賊多有」。從所舉事例看來，確是引證相關於「法令」的事件。除《淮南子‧道應》外，傳世的王本、嚴本、傅本該句亦都作「法令滋彰，盜賊多有」。唯河上公

---

⑰ 參見丁四新〈早期《老子》文本之篇章演變及其思想主題的呈現〉，《「簡帛《老子》與道家思想」國際學術研討會論文集》，頁97。北京大學中國古文字研究中心與北京大學出土文獻研究所合辦，2013年10月25-26日。

本與漢簡、郭店兩種出土本作「灋（法）物滋（茲、慈）彰」，帛書甲此句糊去，帛書乙作「□物滋彰」，顯然也是作「法物」，而非「法令」。換言之，三種出土簡帛本與河上公本都作「灋（法）物」。河上公本注此並曰：

> 法物，好物也。珍好之物滋生彰著，則農事廢，飢寒並至，故盜賊多有也。[18]

今察各作「法令滋（茲、慈）彰」的傳世本，除傅奕本外，上文都作：

> 民多利器，國家滋昏，人多伎巧，奇物滋起。

然後下接這兩句。可見本節講的原本就是相關於器物、技巧的精緻化，會引發競尚奢靡的不良風氣問題，並無涉及法令問題，下接「法物」，較之「法令」，意旨更能順承。各出土本亦然，上文都作：

> 民多利器而固家茲昏，人多智而苛物茲起。（漢簡本）

> 民多利器而邦慈昏，人多智而戉勿慈记。（郭店本）

> 民多利器而邦家茲昏，人多知而何物茲□。（帛書甲）

> 民多利器□□□□昏，□□□□□□□□□。（帛書乙）

再下接「法（灋）物茲（滋）章，而盜賊（覛側）多有

---

[18] 王卡點校《老子道德經河上公章句》，頁221。

（又）。」《說文》說：「苛，小草也。」段注：「引申為凡瑣碎之稱。」漢簡本的「苛物」因此就是指瑣碎不急需之物。《說文》又說：「何，儋也。」段注說：「謂擔負……凡經典作『荷』，皆後人所竄改。」可見「苛」為「荷」之本字，帛書甲的「何物」即「荷物」，謂累贅多餘，徒增負擔之物。「哦」字《說文》無，《玉篇》謂「擊舟弋也」。《正字通》說：「哦」為「哦」之譌文。《集韻》以為「亦通作舸、柯」，自然也可與「苛」、「何」相通。可見郭店本的「哦勿慈起」通漢簡本的「苛物滋起」、帛書甲的「何物茲□」，都是指不急無用之物增多之意。這些「苛物」、「哦物」或「何物」，都是瑣碎、累贅、不急無用之物，正是河上公本注文所謂「珍好之物」。兩句論的也都是人民多重利器，則國不寧；民智多開發，則華巧無用之事物將因此而增生，都是憂慮民性一旦去樸生智，將導致國家不寧，人心競逐華巧無用之事物，與《老子》尚樸、尚儉、自然真純之旨相符，故下文順接「法物滋彰，盜賊多有」。河上公注說：將導致農事廢、飢寒至、盜賊多，正補充說明了上文「國（邦）家茲（滋）昏」的原因。如果由上文的「技巧」、「奇物」，突然轉接下文的「法令滋章」，意思將顯得突兀，河上公注文適合本段的旨趣。

然而，同作「法令滋章」的傅奕本上句卻作「民多智惠，而衺事滋起」，並不是「人多伎巧，奇物茲起」。范應元所見古本亦然。范氏該句下注並說：

> 王弼同古本。……智惠出，有大僞；民多智惠，則不
> 正之事益起。[19]

---

[19] 范應元《老子道德經古本集註上》，頁58。

可見，同樣作「法令滋章」，范應元所見王弼古本與今本不同，「法令……」前句並不是作「人多伎巧，奇物茲起」，而是作「民多智惠，而衺事滋起」與傅本同，然後下接「法令滋章」兩句。范氏注「法令滋章」兩句因此說：

> 司馬遷與古本同。夫民窮則濫，民多利則凶，民多智則詐，在上者不能无爲无事，而使之自化，方且嚴刑法以誅之，明號令以禁之，而貪官滑吏則異法以爲姦；智詐窮民則相率而爲盜，故法令滋章，盜賊多有矣。[20]

上文值得注意的是：范注說「法令滋章」兩句，「司馬遷與古本同」。司馬遷的時代和《淮南子‧道應》成書時代極相近，都在西漢武帝早年，其所見、所據古本都作「法令滋章」，和前此抄寫的郭店簡本、馬王堆帛本，乃至後此（武、宣之際）的北大漢簡本作「法勿滋章」不同。可見，至遲在西漢初，《淮南子》、司馬遷以前，就已存在有「法物滋章」與「法令滋章」兩種文本在流傳了。其作「法物滋章」者，上句作「人多伎巧，奇物滋起」；作「法令滋章」者，上句則原應和范應元古本、傅奕本一樣，作「民多智惠，而衺事滋起」。今日所見之王弼本、嚴遵本上文既作「人多伎巧，奇物滋起」，下文作「法令滋章，盜賊多有」，疑似混兩種抄本爲一。只有河上公本和傅奕本各自保留了兩種抄本的原貌。

---

[20] 范應元《老子道德經古本集註上》，頁58。

（二）「天大」抑或「道大」？

王弼本、河上本，乃至帛書乙本，相當於王弼本的第二十五章都作：

> 道大、天大、地大、王亦大，域（兩帛本皆作「國」）中有四大，而王居其一焉。

傳奕本「焉」作「尊」，「王亦大」作「人亦大」，其餘同。范應元本作「人亦大，……人居其一焉。」且注曰：「傳奕同古本」，顯見今日所傳傳奕本的「人亦大，……而王居其一焉。」應是混訛的結果，范應元所見傳本原作：「人亦大，……人居其一焉。」帛書甲作：

> □□、天大、地大、王亦大，國中有四大，而王居其一焉。[21]

□□兩字雖然糊缺，依上下文之意看來，顯然也是作「道大」。《想爾》本作：

> 道大、天大、地大、生大，域中有四大，而生處一。[22]

注文並曰：

> 四大之中，何者最大乎？道最大也。四大之中，所以令生處一者，生，道之別體也。[23]

---

[21] 河洛圖書出版社編輯部編《帛書老子》，頁25。

[22] 饒宗頤《老子想爾注校箋》（香港：自印，1956年），頁35。

[23] 饒宗頤《老子想爾注校箋》，頁35。

　　顯然站在道教「重身養生」的角度，刻意改「王」為「生」，意圖甚為明顯。這類竄改，在《想爾》不只一例；王弼本第十六章：

> 知常容，容能公，公能王，王能天，天能道，道能久，沒身不殆。㉔

郭店本無此節，其餘三種出土本與各傳世本極難得的，除「能」皆作「乃」外，此節完全一致。只有《想爾》本改作「……公能生，生能天，……」，注文說：「能行道公政，故常生也；能致長生，則副天也。」經、注文一致改「王」作「生」，顯然也是刻意的篡改，以求符合其道教長生旨趣，情況與二十五章「四大」旨趣一致，都以「道」為高於「天」。《河上公章句》注此句說：「道大者，包羅天地，無所不容也。」總之，傳世本與帛書甲、乙本都以「道大」居首。

　　唯北大漢簡本、《淮南子‧道應》和郭店本以「天大」居首，說：

> 天大、地大、道大、王亦大，或（郭店本作「固」，〈道應〉作「域」）中有四大（郭店本多「安」字），而王居（郭店本作「處」）其一焉（郭店作「安」）。

這是《淮南子‧道應》少有的現象：和各傳世本不同，而和出土的北大漢簡本與郭店本同，很特殊。因為除帛書甲本字多殘缺外，不論傳世本或三種出土本，這「四大」之下緊接著一致作：

㉔ 饒宗頤《老子想爾注校箋》，頁22。

人法地、地法天、天法道、道法自然。

四「大」之中都以「道」爲最終所「法」。即使在《淮南子》全書的論述中，「道」也是先天地而高於天地的。《淮南子》全書第一篇〈原道〉開宗明義便說：

> 夫道者，覆天載地，廓四方，柝八極，高不可際，深不可測，包裹天地，稟授無形……其德優天地而和陰陽，節四時而調五行。呴諭覆育，萬物群生。[25]

「道」能「覆天載地」、「包裹天地」，當然大過「天」、「地」了。〈原道〉所鋪衍的「道」正是《老子》「玄牝」、「天地根」之意。范應元古本此節除改「王」爲「人」外，並注曰：「道包羅天地，生成萬物」，與《淮南子・原道》及《河上公章句》同旨，卻沒有首列「天大」，而是和傳世本一樣，以「道大」爲首。我們看〈道應〉這一則所舉的事例：

> 寧越欲干齊桓公，困窮無以自達，於是爲商旅，將任車，以商于齊，暮宿于郭門之外。桓公郊迎客，夜開門，辟任車，爝火甚盛，從者甚眾，甯越飯牛車下，望見桓公而悲。擊牛角而疾商歌。桓公聞之，撫其僕之手曰：「異哉！歌者非常人也。」命後車載之。桓公及至，從者以請。桓公贛之衣冠而見，說以爲天下。桓公大說，將任之，君臣爭之曰：「客，衛人也。衛之去齊不遠，君不若使人問之，問之而故賢者也，用之未晚。」桓公曰：「不然。問之，患其有小

---

[25] 漢・劉安撰，劉文典集解《淮南鴻烈集解》（台北：文史哲出版社，1985年9月），卷一，頁1。

惡也。以人之小惡而忘人之大美，此人主之所以失天下之士也。凡聽必有驗，一聽而弗復問，合其所以也。且人固難合也，權而用其長者而已矣。」當是舉也，桓公得之矣。故老子曰：「天大、地大、道大、王亦大，域中有四大，而王處其一焉。」以言其能包裹之也。㉖

就旨趣而言，〈道應〉這一則事例所強調的重點確實是「王亦大」，而非「道大」或天、地「大」。唯北大漢簡本既抄寫於《淮南子》與帛書乙之後，所據本同於《淮南子》，異於帛書乙本，亦有可能。然迄今所見抄本最早的郭店本亦以「天」、「地」在先，「道」列後，便不由得不令人另有考量：極可能不僅漢初，在先秦時期就已存在以「天大」爲首與以「道大」爲首兩種抄本，故戰國即有與其下文意不同的郭店本存在，而同爲西漢抄本的帛書乙與《淮南子・道應》、北大漢簡本卻歧異地分別承抄了兩種不同的本子。

（三）「從事於道者同於道」

〈道應〉又舉事例說：

大司馬捶鉤者年八十矣，而不失鉤芒。大司馬曰：「子巧邪？有道邪？」曰：「臣有守也。臣年二十好捶鉤，於物無視也，外鉤無察也。」是以用之者必假於弗用也，而以長得其用，而況持無不用者乎？物孰

㉖ 劉文典集解《淮南鴻烈集解》，卷十二，頁85。

不濟焉？故老子曰：「從事於道者同於道。」⑳

此句見王弼本第二十三章。然王本、河上公本、范應元所見宋本
都同作：

> 故從事於道者，<u>道者</u>同於道，德者同於德，失者同於
> 失。

傅奕本則作：

> 故從事於道者，道者同於道；<u>從事於得者</u>，得者同於
> 得；<u>從事於失者</u>，失者同於失。⑳

《想爾》本則簡略為：「故從事而道德之」語意欠完順。郭店
本缺此章，其餘三種出土本很難得地，皆與《淮南子》大致同作
「故同事而道者同於道，德者同於德，失（帛書甲缺「失」字）
者同於失」，異於各傳世本。

　　今細察〈道應〉所引上列事例，本以申論「伎」之超越，須
由「虛無」入「道」。王、河、傅等三種傳世本重在對「道」、
「德（得）」、「失」之功能層次區分。《淮南子・道應》則斷
章取義，重在推闡虛無入道之理，故僅提挈旨趣，作「從事於道
者同於道」，不續引其餘，這是一種可能。另一種可能是：帛書
甲、乙本寫成都早於《淮南子》與北大漢簡本，〈道應〉與北大
漢簡本這幾句所據，可能同於帛書一系抄本。果真如此，則亦可
見《淮南子・道應》所據原非單一版本，當時確已有不只一種抄

---

⑳ 劉文典集解《淮南鴻烈集解》，卷十二，頁93。

⑳ 唐・傅奕《道經古本篇上》，《道藏》，上海書店等編：《道藏》第11冊（上海：上海書
　　店，1988年3月），頁482。

本在流傳。

　　劉笑敢曾歸納分析《老子》文本演變情況的一致性說，其中之一是：「語言的趨同」，包括句式的整齊化，排比與對偶句式的明顯增強，重複的句子和短語逐步增加。㉙本例恰足以印證這種現象。在本則難得趨同於三種出土本的〈道應〉中，為應合事例，只提挈此「從事於道者同於道」一句；三種出土本則其下續接「德者同於德，失者同於失」，道、德、失三層句式排比已相當明顯，河上公本與王弼本還要重複一次「道者」兩字，形成「從事於道者，道者……，德者……，失者……」，以增強道、德、失狀況之排偶強度。到了傅奕本，增益更甚，還在「德者……；失者……」之前，比照「道者……」之前有「從事於道者」句，逐一添加「從事於德者，……」、「從事於失者，……」形成「從事於道者，道者……；從事於德者，德者……；從事於失者，失者……」的繁複現象。意思其實與《淮南子》及三種出土本，完全一致，句式的排比與句數卻刻意增添許多。

　　至於《想爾》本，為了教徒傳誦之便，幾近全部刪去虛字、介詞，以致短促文氣，簡約內容是常態，因此在各傳世本中，文字常是最短少的。因其將三句略省為「故從事而道德之」一句，致語意拙混不良，也是可以想見的事。這和《淮南子‧道應》的解證法，仍然是不同的。

――――――――――

㉙ 參見劉笑敢〈北大漢簡《老子》的文獻思想、價值芻議（初稿）〉，《「簡帛《老子》與道家思想」國際學術研討會論文集》，頁73。後修訂更名為〈簡帛本《老子》的思想與學術價值――以北大漢簡為契機的新考察〉，收入《古簡新知：西漢竹書《老子》與道家思想研究》（上海：上海古籍出版社，2017年8月1日），頁117。

在上述三種可能的疑慮當中，個人以爲這最末一種最能充分說明其歧異之演變現象。

（四）「大制無割，致數輿無輿」

〈道應〉舉薄疑以「王術」說衛嗣君，和杜赫對周昭文君論「安天下」之道，嗣君應之曰：

> 「予所有者，千乘也。願以受教。」薄疑對曰：「烏獲舉千鈞，又況一斤乎？」杜赫以安天下說周昭文君，文君謂杜赫曰：「願學所以安周」。赫對曰：「臣之所言可，則不能安周；臣之所言可，則周自安矣。」此謂弗安而安者也。故《老子》曰：「大制無割，故致數輿無輿也。」㉚

本則所證《老子》之言見於傳世王弼本第三十九章。此句郭店本無，今傳王弼本、帛書乙本與北大漢簡本同於〈道應〉，亦作「輿」，河上公本作「致數車無車」。就義涵而言，河上公本的「車」與「輿」，字異而意同。帛書甲本作「致數與無與」，南宋范應元本與傅奕本均作「故致數譽無譽」。各本很明顯地，可分成兩大系：一系是《淮南子·道應》、王弼本、出土帛乙本與北大漢簡本的「輿」，（河上公本的「車」，就義涵言，較偏屬「輿」一系）；另一系是傅奕本與范應元所見古本的「譽」。今就〈道應〉所舉事例與上文「大制無割」之文並觀，本句應是推闡「虛無」爲大、爲上之理。作「輿」者謂：車子急速奔馳時，如飆風之迅疾，不見其形。作「譽」者意謂：至高之譽，非一般

㉚ 劉文典集解《淮南鴻烈集解》，卷十二，頁84。

稱譽所可言道，所謂「蕩蕩乎民無能名」，意皆可通。至於帛甲本之「與」，不論通假於「譽」或「輿」，意皆可通。

　　值得注意的是，第一系作「輿」者，不論傳世的《淮南子·道應》本、河上公本，還是出土的帛乙本，北大漢簡本，時代都在東漢以前，即使是王弼本，至遲也在魏代，時間都應早於范應元與傅奕的時代。然范氏所見本，依劉固盛之說，時代極可能「早至漢、魏、六朝或更早」，而范應元爲南宋道士[31]、與傅奕爲南北朝至唐初人，爲官之前亦曾爲道士[32]的經歷與背景看來，本章范本與傅本同作「譽」，是否有可能顯示著道教傳本的狀況？如若是，則范本與傅本之形成時期最早可推至東漢末或魏、晉初，至遲也在隋、唐傅奕以前。

結　論

　　傳世的王弼本《老子》第三十八章「下德爲之而有以爲」近代學者置疑者多，或視其前有關「下德」兩句論述爲後世的

---

[31] 范應元生平事蹟不見載於史籍，其《老子道德經古本集註》，《正統道藏》與《續道藏》亦不收，只收入張元濟等輯《續古逸叢書（子）》中。根據劉固盛的考證，范應元應是南宋度宗咸淳六年（西元1270年）以前的道教學者。參見劉固盛〈范應元《老子道德經古本集註》考論〉（http://www.confucius2000.com/taoist/fyylzddjgbjzkl.htm）。

[32] 根據《舊唐書·傅奕列傳》的記載，傅奕（西元555-693）爲唐初精天文、曆法，極力反佛的學者，生於北周，卒於唐太宗貞觀十三年，一生經歷北周、隋、唐三朝。唐高祖武德年間一再上疏，力求廢佛。參見後晉·劉昫《舊唐書》卷七十九〈傅奕列傳〉（台北：臺灣商務印書館影文淵閣《四庫全書》第269冊），頁772-773。

添加，非《老子》所本有，甚至推北大漢簡本爲始作俑者。[33]今由作「有以爲」的嚴遵本以「無以爲」的狀態鋪寫詮解「有以爲」，和范應元所見古本韓非說與古王弼本經、注文觀之，當作「上德無爲而無不爲，下德爲之而無以爲」，正與「下德」的最高表現「上仁」論述相同。

其次，《淮南子・道應》所引證的《老子》之言56則，有百分之九十以上與以王弼本爲代表的傳世本近同，反遠於時代與之相近的帛書本、稍後的北大漢簡本，或更早的郭店本。顯見以王弼本爲代表的傳世本《老子》內容成型甚早，至少在西漢早期的《淮南子》之前就已存在並流行。然由其與各出土本歧異的情況看來，早在《淮南子》之前，至遲景帝立經前後，至少就已有兩種以上相當穩定的《老子》版本在並行流傳了。然從《淮南子・道應》所引證三、四則依違於出土本的《老子》異文狀況，仍然可以清楚看到，其流傳過程中交錯影響的複雜性。

（2016年4月7-9日，耶魯——新加坡國大學院陳振傳基金漢學研究委員會主辦「出土文獻與中國古典學國際學術研討會」論文修補稿，收入《出土文獻與中國古典學》，2018年3月）

---

[33] 參見劉笑敢〈北大漢簡《老子》的文獻思想、價值芻議（初稿）〉，《「簡帛《老子》與道家思想」國際學術研討會論文集》，頁84。

肆、《老子》應用哲學的兩大綱領
——虛無與對反

前　言

　　中國傳統哲學典籍在後世得到較多推闡，普遍受到較廣大的應用，迄今依然生意盎然的，首推《周易》與《老子》。《周易》當年以卜筮之用，躲過秦火之阨。它上明天道，下斷吉凶，既入五經，又富玄理，兼跨儒道兩域，周秦之際固已是各階層普遍研論應用的要籍，從多處出土文獻中都有《周易》置列其中可以想見。其後兩漢崇經，魏晉標三玄，宋明論宇宙、談性理，從來未曾忽略《周易》。其思想理論迄今猶是雅俗共賞，普為中外學術、文化、宗教各階層所推廣與應用。

　　《老子》也不多讓，近年來，各類簡帛抄本《老子》的出土，說明了其在戰國時期流行的盛況。戰國以下秦漢的黃老治國、養生論、宗教說，魏晉的三玄學，隋唐的禪宗，都莫不有《老子》的身影。時至今日，《老子》的哲學依然以其特殊的魅力，活躍於中國的學術、文化、宗教各領域。《周易》與《老子》之所以能如此歷久彌新、永不褪色，就在其思想理論之圓融、玄妙、脫俗。因為它們理論圓融，氣質玄虛，詮釋和發展空間寬闊，極便於各階層人根據自己的需要，從各個角度，作各面

向的詮釋、推闡與開展；尤其因其理論之玄虛、脫俗，特別令人感覺風姿獨具，魅力常在。特別是《老子》，為掃除陳言俗論，空前絕後地運用正言若反的表述方式，去造成大家的心靈地震，頭腦體操，震垮過去的思維習慣與判斷方式，重新接受它的新思維、新體系。俗論尚實，它崇虛；俗論標正，它推反。這使它的風貌顯得獨特而新穎，散發著與眾不同的魅力。

一、弔詭的否定表述

《老子》崇尚自然無為，反對干預，反對約束，反對管理，反對世俗的設定與形式。認為它們違反自然，圈窒自然，不真實。但是，因了它寬闊的思維與圓融的特質，自先秦的戰國時期起，黃老道家與法家的申、慎、韓都已將之轉化而大用於政治管理之上了。

整部《老子》八十一章、五千言的內容，我們可以用「虛無」與「對反」兩個綱領將它全部提挈起來。《老子》講「虛無」，從道體的虛無性徵、道用運作的自然無為，到修養的虛靜放空，待人接物的多元尊重與開放，都是根源於一個「虛無」的概念。由「虛無」再連結著「定靜」，構成了《老子》乃甚至是先秦道家哲學穩固不移的礎石。《老子》講「對反」，基本上是其反俗、離俗性格之開展與實踐。它從「道」的周流往復、名言價值的對立相生，俗言、俗論之反向思索、轉向開展，治事理物之逆向操作，事物價值之多元尊重，到雌後、柔弱勝強之理論推闡，終於讓負面事物的價值翻轉上去，贏得了應有的尊重。這一部分，《老子》是以其正言若反的表述方式，奇譎萬分地架構了

它反俗、叛俗的弔詭哲學。這是「老子」思想中最為豐富精彩的部分。以下我們基本上循著這兩大綱領,來觀測《老子》哲學在處理事務方面的應用狀況。

我們如果約略地翻查一下五千言的遣詞用字,可以很清楚地發現,《老子》運用了大量的否定語詞,去敷論其對反思想,建構其背反俗論的弔詭哲學。在《老子》裏出現次數最多的字就是「不」、「無」兩字。據個人初步估算,短短五千言,共用了298個否定語詞,其中「不」字就佔了192次,「無」字佔了83次,其他依次為「莫」的9次,「非」有7次,「末」、「勿」各有3次,「弗」有一次。這些否定語詞的運用,不但形成了《老子》「正言若反」的特殊表達方式,使其哲學強烈地散發著反俗、背俗的性格,在先秦諸子中獨樹一幟,在中國思想史上也是空前絕後、獨一無二的,更開出了以「虛無」與「對反」為兩大主軸的哲學體系來。值得注意的是,這大量的「不」和「無」的否定聲明與叮囑,絕大部分都是針對侯王和聖人等有位者開說的,從中我們可以清楚了解《老子》的管理思維。

二、虛無與定靜

《老子》崇尚「虛無」,是由「道」體的不可知見啓悟的。就根源上看,《老子》說,至高至廣的道體是無形無跡,不可捉、摸、聞、見的非感官知覺對象,因此它能靈妙萬端,神奇無比。《老子》說:

視之不見,名曰夷;聽之不聞,名曰希;搏之不得,

名曰微。此三者不可致詰，故混而爲一。其上不皦，其下不昧，繩繩不可名，復歸於無物。是謂無狀之狀，無物之象，是謂惚恍。迎之不見其首，隨之不見其後。（十四章）①

道之爲物，惟恍惟惚。恍兮惚兮，其中有物；惚兮恍兮，其中有象；窈兮冥兮，其中有精；其精甚眞，其中有信。（二十一章）②

就現象事物來看，也是虛無始成其用。《老子》十一章說：

三十輻共一轂，當其無，有車之用；埏埴以爲器，當其無，有器之用；鑿戶牖以爲室，當其無，有室之用。故有之以爲利，無之以爲用。③

不論形上的「道」，還是形下的現象事物，都以虛無成就其功能。《老子》說：

善行無轍跡，善言無瑕讁，善數不用籌策，善閉無關楗而不可開，善結無繩約而不可解。（二十七章）④

最快速的行走如飛如馳，無影無蹤；最高妙的交流不假言詞，一個交會的眼神，一個含義的表情，勝過千言萬語；善於籌算者，順理推物，心自妙得，不用籌碼，卻準確不失；善於關閉者，質樸自然，無私無藏，本無可盜，故無須栓楗。善於約盟者，心堅意誠，無須立約，卻永誌弗忘。此皆超乎其形，直探本源，故能

---

① 魏・王弼《老子王弼注》，頁15-16。
② 魏・王弼《老子王弼注》，頁27-28。
③ 魏・王弼《老子王弼注》，頁13。
④ 魏・王弼《老子王弼注》，頁37。

虛「無」不「用」，而成其大用。總之，「道」以虛無而靈妙，吾人處理事情若能循道，掌握虛無的根源，必能如道之不假形式，自然靈妙，這是《老子》虛無的第一義。

其次，中國先秦的思想家不論儒、道、墨、法，都把管理的焦點置於「人」上，開展出以人為主要處理對象的管理哲學。這其中又分為自我管理與管理他人兩項，並分別各給予堂皇盛大的名稱，叫做「內聖」與「外王」。這兩個語詞原本出自《莊子·天下》篇⑤，其後卻為儒學所大用，成為儒門立身處世的兩大輪軌。「內聖」是自我管理，「外王」是管理群眾，管理人、事、財、物。不論自我管理，或管理群眾，《老子》都認為，越是無形無跡，少動作，省資源，越是靈妙高明，而且特別重視管理者的個人條件。認為管理者的品質最是管理事件成敗、管理成效好壞的關鍵，尤其是管理者的精神心靈。一個成功的管理者，必須有清明的頭腦與高度的智慧，才能圓滿處理紛繁的人、事、物。而清明的頭腦與高度的智慧，《老子》認為，來自放空的心境與穩定的情緒。放空心境叫作「虛」，穩定情緒需要「靜」。「虛」與「靜」是道家心靈管理的兩種重要工夫。放空心靈需要排除雜念與成見，無使有積留，包括了解放壓力，敞開心靈，接受外來訊息，也包括了打破形式，不拘執定式與規範。「靜」是沉穩淡定，不驚慌、不浮躁，判斷不隨紛亂的情緒起伏。

《老子》說：

> 致虛極，守靜篤，萬物並作，吾以觀復，凡物芸芸，
> 各復歸其根，歸根曰靜，是謂復命，復命曰常，知常

---

⑤ 參見郭慶藩《莊子集釋》（台北：木鐸出版社，1982年），頁1069。

日明。（十六章）⑥

天地事物各有一定的軌則，這些軌則各有其式，紛歧不一。然而，在紛歧不一中，仍有其固定的「常」式。它往復循環，卻必然各自回返原點，這是萬物紛歧中的一致。掌握住這一致的「常」式，便能掌握住所有紛歧事物，這是處理事物最精簡省力原則。只是，這樣透澈的觀察和體悟，必須在處理者心靈精神最清明的狀態下，才能辦到。而心境要能清明，必須放空，必須淡定。《管子》很寫實地把這種放空淡定工夫比擬爲心靈、精神的大掃除，〈心術上〉說要「潔其宮」，⑦〈內業〉也說：「敬除其舍，精將自來。」⑧〈心術上〉又說：

> 靜則精，精則獨立矣。獨則明，明則神矣。神者至貴也，故館不辟除，則貴人不舍焉。⑨

上文的宮、舍、館指的都是「心」，貴人、精、明、神指的都是靈明的智慧。靈明的智慧由心源生，心念雜亂，則心舍、心館、心宮皆如塞滿雜物的倉庫，靈明的智慧無有源生入駐的空間。只有如大掃除般地淨空這些零亂，靈明的智慧才有源生、活動的餘地。只有沉穩、淡定、不毛躁、不焦慮，讓混亂的思緒沉澱，清晰的理路才會浮顯，判斷、應對才能精確無誤。這種淨空、沉澱的工夫且必須達到相當澈底而深入的程度，功能效果才會顯現。《老子》因此說要「極」，要「篤」，要「損之又損」

---

⑥ 魏·王弼《老子王弼注》，頁18-19。

⑦ 以下所引《管子》內文，參見〔日〕安井衡纂詁《管子纂詁》（台北：河洛圖書出版社，1197年3月），卷十三，頁2、卷十六，頁5、卷十三，頁4。

⑧ 安井衡纂詁《管子纂詁》，卷十六，第四十九，頁5。

⑨ 安井衡纂詁《管子纂詁》，卷十三，頁4。

（〈四十八章〉），清了又清。這樣的工夫和儒家正相對反。

在儒家，孔子要人「學而時習之」，「溫故以知新」；孟子要人「求放心」，收攝其心，使歸禮義而不狂野；荀子勸學，教人積蹞步以致千里，積小流以成江海，銖積寸累，孜孜矻矻地下學，始克上達。《老子》則相反，要人掃盡雜質塵埃，淨空精神，開放心靈，使心有寬闊的運作空間，思緒才能自在地飛揚，創造力才能源源不斷地湧現。這是《老子》虛無哲學的第二教。

其次，就應對外物而言，《老子》說，只有「虛」與「靜」，才能全面地體察到萬物的「動」態，只有「虛」與「靜」，才能在沒有預設立場、預存成見的干擾下，一任事物的真實狀況，如如地盡情展現。我則不主觀、不專斷、公正無私地如實回應。這樣的交流，自然自在、通暢無礙，這才是理想的應物方式。這在其後黃老法家管、申、韓的術論中都有極精采的推論，終而成為其「術」治理論中，最為厲害的靜因、刑名術。[10]

就現代人而言，快速、忙碌、高壓是多數人生命和生活的常態，過度的工作質、量所造成的壓力，塞爆了從事者的心靈，形成精神上沒有運作周轉餘地的窘狀。《老子》的虛靜提醒我們，給予心靈一些蘇活再作的空間，讓它能夠再度靈活運轉，不斷接受外來訊息，才能不斷源生再創造的能量。而更重要的，「道」的運轉需要「歸根復命」，才能再生能源，運作不息，《老子》因此提醒我們，不論在塵世如何翻滾，心靈不要忘了回家。五十二章說：「用其光，復歸其明，無遺身殃。」這個「光」，

---

[10] 相關論述見於本人《戰國時期的黃老思想》（台北：聯經出版社，1991年4月），此不贅述。

應視同「和光同塵」之「光」，亦即外表之炫美，「明」則同於「知常日明」、「是謂微明」之「明」，指內藏之靈明智慧。五十二章意謂，不論如何在塵世裏追逐炫華的名利，最終仍要有洞察一切，回返本源的清明，才能免禍。

總之，從「虛無」中，《老子》為我們開拓出一個可以無限運作、開展的世界；從「定靜」中，《老子》為我們指引出一條可以精準洞澈各類生態，適切回應的平坦大道。它清靜了紛擾的形、聲世界之虛無哲學，其實是為世人開出另一個氣度宏闊，格局褒大，寬敞無比的空間，完全實踐了它自己有無一體、動靜相容的哲學理趣。

三、對反與逆作

《老子》哲學的第二個綱領是對反思維。道家察人之所不細察，見人之所不常見，一開始就帶著孤傲與離俗、反俗的姿態出現，不論思想、語言都如此。楊朱一句「拔一毛以利天下不為也」，兩、三千年來已經引起許多想當然爾的誤解。《老子》的正言若反與《莊子》的「墮肢體、黜聰明，離形去智」也一樣奇特。因為文獻保存較完整，幸運地得到了被深度了解的機會。但反俗、離俗、超俗始終是先秦道家的基本特質，《莊子》對於超俗論述特別精采，違離俗論則是他們的共同特質，這種現象到黃老才有所轉化。《老子》說：

有無相生，難易相成，長短相較，高下相傾，音聲相

和，前後相隨。（第二章）⑪

世人對現象事物價值的批判，往往黑白二元、正反對立、優劣隔分。《老子》卻認爲，它們其實往往相反相成，共構互依。高或下，正或反，前或後，只是片面切割地稱說，一時局部的判斷。整體看來，正面價值往往是從反面價值映襯、推構出來的：沒有低，如何映襯出高？沒有賤，如何映襯出貴？排除解構了反面，正面也自然失據消亡。三十九章因此說：「貴以賤爲本，高以下爲基」。《老子》提醒人，觀末以知本，睹委而索源，要全面了解事物價值相反相成、共構互依的道理，才是整全的理解。《老子》說：

善人者，不善人之師；不善人者，善人之資。
（二十七章）⑫

物或損之而益，或益之而損。（四十二章）⑬

這種共構互依的事物道理，相當弔詭，輕率的匆忙瀏覽，無法立即了然，必得深心思索，才能體悟有得。

更何況，大道質樸，世間事物的眞價值往往如璞玉之未斲、嬰兒之未孩，拙樸質實，光華內斂，了不吸睛。觀察者要能夠穿透形式，深入內質，才能夠體物不失，沒有誤判的過錯。從反面事物中，《老子》確實常看到可貴的正面價值。輕易地否定反面價值，正面價值也陪同消亡。《老子》說：

⑪ 魏·王弼《老子王弼注》，頁2-3。

⑫ 魏·王弼《老子王弼注》，頁38。

⑬ 魏·王弼《老子王弼注》，頁61。

明道若昧，進道若退，夷道若纇，上德若谷，大白若
辱，廣德若不足，建德若偷，質眞若渝，大方無隅，
大器晚成，大音希聲，大象無形，道隱無名。夫唯
道，善貸且成。（四十一章）⑭

大成若缺，其用不弊；大盈若沖，其用不窮；大直若
屈，大巧若拙，大辯若訥。（四十五章）⑮

形式與內質之間沒有必然的關聯。世俗所推崇的美好價值，往往
潛藏在負面的形式之下，美好的事物固未必有吸引人的外表，反
之，炫麗的外表之下，同樣未必蘊涵著美好的內質。《老子》
說：

知者不言，言者不知。（五十六章）⑯

信言不美，美言不信；善者不辯，辯者不善；知者不
博，博者不知。（八十一章）⑰

沒有揭去形式的外衣，內裏的優質難能彰顯，此卞和之所以枉失
兩條腿。人們常說，雋永的人生須從苦難中去體悟，究竟什麼是
雋永？什麼是苦難？沒有穿透形式，直入核心的洞鑑力，難能體
會事物的美好情味，這是較爲表層的詮說。較爲深入地說，內涵
越是深厚的人，越是知道眞正的深度有多少，也越清楚自我的不
足，因此在處理事物上，不會浮淺，自我膨脹。反之，越是膚淺
的人，由於所知有限，自我感覺良好，自覺豐厚有餘，那才是眞

---

⑭ 魏・王弼《老子王弼注》，頁58-60。

⑮ 魏・王弼《老子王弼注》，頁64。

⑯ 魏・王弼《老子王弼注》，頁79。

⑰ 魏・王弼《老子王弼注》，頁108。

正的大問題。《老子》說：

> 知不知，上；不知知，病。聖人不病，以其病病，是
> 以不病。（七十一章）⑱

聖人能洞澈癥結之所在與自我之不足，有效對治，因此行事少瑕疵。常人以不知為知，錯把愚蠢當智慧，大惑大愚而終身不解不靈，這才是《老子》真正的憂慮，反向思考因此成了《老子》思想的重點。

《老子》說：「反者道之動」。這個「反」字，應該是相反、相對之意，王弼注此說：「高以下為基，貴以賤為本，有以無為用，此其反也。」⑲其下又曰：「弱者，道之用。」依《老子》與王弼之意，道的運作常常從反面啟動，要經營正面價值，往往須先從反面事物著手。在妥善處理反面問題之前，事物的運作無法邁入正軌，正面的價值也無由建立。有效解決了反面問題，正面的價值也就不建而自顯了。

而既然(1)事物的正面價值是由負面映襯出來的，(2)負面更為基礎和根源，(3)同樣的空間負面由於少人問津，顯得更為寬闊等等因由，《老子》再三提醒人反面運作的便捷和妙用。《老子》說：

> 圖難於其易，為大於其細。天下難事必作於易，天下
> 大事必作於細。是以聖人終不為大，故能成其大。
> （六十三章）⑳

---

⑱ 魏・王弼《老子王弼注》，頁100。

⑲ 《老子王弼注》四十章「反者道之動」句「有以無為用」下，頁57。

⑳ 魏・王弼《老子王弼注》，頁91。

聖人後其身而身先，外其身而身存，非以其無私耶，
故能成其私。（七章）㉑

天之道：不爭而善勝，不言而善應，不召而自來，繟
然而善謀。（七十三章）㉒

以其不爭，故天下莫能與之爭。（六十六章）㉓

反之，正面大動作的管理、指揮、規定、要求，弄得人人疲於應
付，驚魂始終不定，天下動盪，人心不堪，這樣的管理肯定不會
久長，四十八章說：

取天下常以無事，及其有事，不足以取天下。㉔

一個優雅高明的處理要低調、收斂、節制，最好是無形無跡、不
驚不擾，平和而順成，《老子》說：

我有三寶，持而保之，一曰慈，二曰儉，三曰不敢為
天下先。（六十七章）㉕

慈是身段柔軟，儉是收斂、節制，不敢為天下先是審慎、退讓，
甚至是寬容、褒大。針對「儉」，《老子》說：

聖人方而不割，廉而不劌，直而不肆，光而不耀。
（五十八章）㉖

㉑ 魏‧王弼《老子王弼注》，頁8。

㉒ 魏‧王弼《老子王弼注》，頁102-103。

㉓ 魏‧王弼《老子王弼注》，頁95。

㉔ 魏‧王弼《老子王弼注》，頁67。

㉕ 魏‧王弼《老子王弼注》，頁96。

㉖ 魏‧王弼《老子王弼注》，頁83-84。

這些方、廉、直、光,《老子》並不排斥;只是提醒人,分寸拿捏要適當,不要過了頭,弄得美感盡失,甚至欲益反損。更嚴重的,還可能滋生禍根。可見《老子》的對反與收斂,不是故意唱反調,務在搞破壞,而是要提供一種大不同於俗的新方案。某些重要的核心質素,《老子》仍是在乎,而且努力維護的。

此外,天下事物並不盡然就是一個模式、一種款式,俗話說,條條大路通羅馬,又說:「咫尺天涯,天涯咫尺」,什麼叫做近?什麼叫做遠?到得了就是近,到不了就是遠,兩點間的距離,直線未必最短,曲線未必較長。繞一下彎路,多走一點距離,或許能夠更快到達終點。包容一些小缺失,或許更能成就大圓滿。這是《老子》哲學的弔詭,無法用數學公式推算,必須靠心靈智慧裁決。《老子》說:

> 曲則全,枉則直,窪則盈,敝則新,少則得,多則惑。……不自見,故明;不自是,故彰;不自伐,故有功;不自矜,故長。夫唯不爭,故天下莫能與之爭。(二十二章)[27]

總之,《老子》提醒人,處理任何事物,要懂得逆向思索,不要輕易忽略反面事物的意義與價值。要能常常換一個角度,轉一個方向去觀測,將會有更開闊的視野,更靈活的思維,察知事物的多面性,領略價值多元的道理,引發多方的應對策略。

唐代大詩人王維在他的詩作〈終南別業〉裏說:

> 中歲頗好道,晚家南山陲;興來每獨往,勝事空自

---

[27] 魏・王弼《老子王弼注》,頁29-30。

　　知；行到水窮處，坐看雲起時；偶然值林叟，談笑無
　　還期。

第五、六句「行到水窮處，坐看雲起時」最堪玩味。試想原本一
派閒適，順水信步，至水盡步止，再無可行，依然自在地轉眼入
雲，無痕無跡，持續其閒適。同樣是在迷絕處開展新機，陸游
說：「山重水複疑無路，柳暗花明又一村。」（〈遊西山村〉）
前境已迷，後境旋生，雖亦展現新機，猶不免情緒起伏。王維則
說：「行到水窮處，坐看雲起時」，覽盡了周遭的山路、水路、
陸路，前方空間確實已再無可進，王維卻自然而不加思索地將視
線移向了在上的空間——天。而那「天」，比起山、水、路來，
都更寬闊；那「雲」，比起前此之山、水、路，也都更奇炫莫
測。而這些轉換，王維自始一式地閒適寧靜，轉換自如，持續美
好，一如本能。相較之下，王詩更高。

　　人生的路上不免有瓶頸，一旦遇上了隘口，不要焦慮、沮
喪，《老子》說，要記得嘗試轉換角度或逆向思考，此路不通，
彼道或許更開闊！而「夫物紜紜」，自生自化，雖各有其則，
卻沒有一樣事物被規定非要以什麼樣的形式或狀態存在，每一種
存在的狀態與形式，都應該有其意義與根由，其彼此也常互有關
聯，《老子》的理論將焦點定著在對立事物的價值統一問題，至
《莊子·齊物論》才全面而普遍地解放萬物，但兩家呼籲多元尊
重的旨意卻是一致的。

四、柔後與無為

　　將這種對反哲學結合著虛無思維，推闡到極致，《老子》建構起其獨一無二的柔後與無為哲學。《老子》從觀察現象事物，不但發現事物價值正反相成、一體共構之理；也發現，「道」的運行軌跡不是直線，而是環周的，起點和終點之間，順接無痕，渾成一體。甚至可以說，《老子》是先體悟「道」的運行環周無跡，才推知事物價值正反相成，一體共構的道理。《老子》說「道」：「周行而不殆」（二十五章）。既然「道」是「不殆」地「周行」，又須「歸根」，其軌跡當然是圓的。既然事物現象是正反相生、一體共構，那麼任何一面的高度發展，必然導致另外一面的快速來臨，高峰過盡，勢必下滑，這是循環的定律。高峰的極點同時也就是下滑的起點。《老子》因此提醒我們，不要忽略來自反面的訊息，當你沉醉在高峰的歡暢之際，另一種下跌的危機已經悄然生起。因此應該儘量避免讓自己處於滿漲的高峰，才能避免下跌的命運。能明白這種道理，才算觀察入微，才是有智慧。《老子》因此呼籲人：立身行事要低調、收斂、退讓，不要盈滿、猖狂。它那「慈」的柔軟、不威厲，「儉」的節制、收斂、不猖狂。「不敢為天下先」的退讓、低調、審慎、不唐突，在在強調了柔後的道理。

　　重視自然生命的《老子》，觀察自然現象，認為決定生命的久長，關鍵並不在高度、強度、硬度，而在韌度。而自然事物現象，柔者、弱者往往比高者、強者更具韌度，這是有現實事例可證明的，《老子》七十六章說：

> 人之生也柔弱，其死也堅強；萬物草木之生也柔脆，
> 其死也枯槁。故堅強者死之徒，柔弱者生之徒。㉘

自然事物舉凡充滿生機者，沒有不柔軟，生機去盡則僵硬。人事之理也一樣，硬碰硬，沒有轉圜的餘地，必然玉石俱焚，同歸於盡。反之，若能避免正面對衝，低調、柔軟、和馴相忍，事情未必沒有轉圜的空間，所謂「忍一時風平浪靜，退一步海闊天空」，《老子》因此說：「強梁者不得其死」（四十二章）、「守柔曰強」（五十二章）、「柔弱勝剛強」（三十六章）。

《老子》又說：「弱者道之用」，一種合乎「道」的處理手法，應該是低調、溫煦、柔軟、不激烈，才能順入而不橫生枝節。《老子》以「道」在現象界質性最切近的替身——水為例，來說明這種存在於自然界的弔詭現象。七十八章說：

> 天下莫柔弱於水，而攻堅強者莫之能勝，其無以易
> 之。弱之勝強，柔之勝剛，天下莫不知，莫能行。㉙

強風足以拔木，不能斷草，滴水卻可以穿石，充分說明了剛強之不足恃，柔弱具有無窮後勁與威力。處理事物若能善用這種道理，就可以減少阻力，降低成本與風險，自然而順成。二十八章說：

> 知其雄，守其雌，為天下谿；……知其白，守其黑，
> 為天下式；……知其榮，守其辱，為天下谷。㉚

人多好居高、逞強、爭大，事實上，「高」則孤寒，能尊不能

㉘ 魏·王弼《老子王弼注》，頁104。
㉙ 魏·王弼《老子王弼注》，頁106。
㉚ 魏·王弼《老子王弼注》，頁39。

大;「強」則露才揚己,不得寧息,《老子》說:「揣而銳之,
不可常保。」(九章)「大」則欲之者眾,競逐難勝,卻往往惹
隙招怨。要皆枉費心力、虛耗生命,卻難成其功。《老子》說:

> 將欲歙之,必固張之;將欲弱之,必固強之;將欲廢
> 之,必固舉之;將欲奪之,必固與之,是謂微明。柔
> 弱勝剛強。(三十六章)[31]

毀滅的前夕,往往會有燦爛的光華,那是迴光返照效應,不會久
長。最光華炫爛的同時,往往也正是毀滅即將降臨的前兆。《老
子》因此說,要留神,不要輕忽,才是真正有眼光,有智慧,叫
作「微明」。《老子》又說:

> 江海所以為百谷王者,以其善下之,故能為百谷王。
> 是以欲上民,必以言下之;欲先民,必以身後之。
> (六十六章)[32]

領導統御需要資源豐沛、管道通暢;而豐沛的資源與通暢的管道
需要廣收多方訊息。一味居高臨下,則能尊而不能大,夠高而不
夠穩。只有放下身段,虛心納眾,廣大其基盤,才能穩實不墮
毀。《老子》二十四章說:

> 企者不立,跨者不行,自見者不明,自是者不彰,自
> 伐者無功,自矜者不長。[33]

一種孤高而感覺良好的自戀或管理,是無意義,也站不穩、持不

---

[31] 魏·王弼《老子王弼注》,頁48-49。

[32] 魏·王弼《老子王弼注》,頁95。

[33] 魏·王弼《老子王弼注》,頁32。

久的。只有無自戀、不緊張、沒壓力，讓接受者在極其自在的情況下，自然地領受，才是完美的表現與處理。《老子》說：

> 天之道，不爭而善勝，不言而善應，不召而自來，繟然而善謀。（七十三章）[34]

換言之，領導者無心無欲，不企不求，順物以爲；領受者沒有憂患，免除恐懼，任性自作、自爲。雙方自然自在，渾然不知管理、統御之爲物，這叫「無爲」。如此的互動往來方式，由於順物任性，故無矛盾，能盡情展其風姿與功能，無牴牾、無反抗，無衝突，一切自然而順成。沒有管理的動作，卻能坐收管理的成效，此之謂「無不爲」。這樣的管理，可以把耗費的成本降到最低，把折損的過程與機率縮減到最短、最少，相對地，成效自然高。《老子》說：

> 道常無爲而無不爲，侯王若能守之，萬物將自化。（三十七章）[35]

> 將欲取天下而爲之，吾見其不得已。天下神器，不可爲也。爲者敗之，執者失之。（二十九章）[36]

> 聖人無爲故無敗，無執故無失。（六十四章）[37]

> 爲無爲則無不治。（三章）[38]

---

[34] 魏‧王弼《老子王弼注》，頁102-103。

[35] 魏‧王弼《老子王弼注》，頁49。

[36] 魏‧王弼《老子王弼注》，頁40。

[37] 魏‧王弼《老子王弼注》，頁93。

[38] 魏‧王弼《老子王弼注》，頁5。

五、虛無、對反以自然眞樸爲基礎

　　《老子》以虛無與對反思維爲主軸，開展出打破傳統，多元多向發展，與逆向操作，轉向思索的哲學體系。這些虛無與對反，並非刻意離經叛道、唱反調、搞破壞；而是有一個重要的前提在支撐，就是自然與眞樸。《老子》一切虛無對反的哲學其實是架構在這個自然眞樸之上的。《老子》第七章說出了這個癥結，它說：

> 聖人後其身而身先，外其身而身存，非以其無私耶，
> 故能成其私。[39]

一切對反行事之所以能順遂圓滿，收到良好成效，關鍵就在其自然眞樸，無私無我。缺乏了這些，一切的虛無放空終將成爲空泛、空茫；一切的淡定、柔弱、無爲終將淪爲目的與手段關係所連結成的陰鷙權謀，一如法家申、韓的御下之方，開展不出《老子》所期待的寬闊與智慧。一切的對反逆作，失去了自然眞樸的內容，極易流爲專唱反調、扭拗偏曲，開展不出《老子》所企盼的嶄新格局。自然眞樸是《老子》哲學的第一生命，《老子》或道家，一切新穎脫俗的哲學理論，基本上都是從這裏開展出去，建構起來的。透過這些自然眞樸、虛無開放與反向思索的新嘗試，《老子》希望能在紛亂的時代中引領大家走出舊有的窠臼，在處理周遭事物時能有更爲清爽明晰、準確恰當的成效。它討厭半眞不假的混淆，虛假的僞眞，引導人如何去清楚辨識。而

---

[39] 魏・王弼《老子王弼注》，頁8。

這一切如果仍是依循舊途，則摩肩擦踵者眾，永遠看不清，辨不了。只有轉換角度，從另一個人煙稀少的角度切入，才能有較開闊的視野，看得更清楚，這就是他所以要尚虛無，講對反的因由。

結　論

　　《老子》以其獨特的風格與魅力，兩三千年來相關之研究成果汗牛充棟。本文由於時間所限，暫循《老子》樸素精簡的宗旨，以最簡單的線條，素描《老子》的思想理論，知其以自然真樸為基礎，虛無、對反為主軸，開展出奇絕特出的思想體系。在這一體系中，思想寬廣圓融，內容新穎深刻，處處是入口，也處處是出口，信手拈取一、兩句，細細咀嚼，都自覺情味雋永，卻都難能全部掌握，因為它結構雖簡單，變化卻無窮，伸縮性奇大，人人自覺有所得，卻又鳳毛麟角。就是這種若可及、若不可及的奇妙感受，令其追逐者千年萬代永不疲乏。

　　其實，《老子》崇「道」，不論從自然或人事現象中，都可以證知「道」因「虛無」而成其用。其反映於立身處世之上，則靈明的智慧需要淨空的心靈才能源生，人事的管理需要淨空成見才能準確有效，這與世俗堆疊記憶的習慣截然相反。《老子》因此要世人拋棄過往的宿習，試從相反的角度去觀覽，嘗試走另一條路，去看不一樣的景緻，才會有不同於以往的新體悟。世俗尚操作，重積累，勵奮勉；《老子》堅持自然，講效率，強調精神的輕鬆沒負擔；世俗黽勉力爭，《老子》清和退讓，無可無不可。其結果，奮勉相爭者，空間切割；清和退讓者，空曠無限。

而這一切，《老子》說，不論走遍千山萬水，覽遍多少勝景，都
不要忘了來時的初衷、自然的本色。

（《道家文化研究》第二十九輯，2015年12月）

伍、《老子》詮釋向度與空間的歧出
——以〈解老〉、〈喻老〉與〈道應〉爲探討核心

前　言

　　作爲道家哲學之源，《老子》哲學的面向是多元而寬廣的，道家的《莊子》之外，法家的申不害、韓非，雜家的《淮南子》，乃至養生家的《河上公章句》，宗教家的《想爾》，思想理論都以之爲源頭，或和它有一定的淵源。各家站在自己的角度，觀測《老子》，探索《老子》，都能各取所需，各有所得，這就是《老子》不可思議的奇特魅力。有關《河上公章句》與《想爾》之解老，個人過去已撰專文討論過[①]，今不贅述。

　　即以法家的《韓非子》和雜家的《淮南子》而論，前者司馬遷早界定其歸本於「黃老」，後者學界一般亦公推其爲集黃老理論之大成，兩者各有重要的思想成分淵源或轉化自《老子》，也同時各有專篇詮解或印證《老子》之言。但因各自思想所倚重之

---

① 參見拙著《漢代道家思想‧捌、玖、拾、拾壹》，頁229-363（正體字版）；又見（北京：中華書局，2014年11月），頁174-274（簡體字版）。

觀點各有偏倚，其解《老》或證《老》的向度與空間因此也有了
歧異。

　　《韓非子》除了權謀化《老子》的「無爲而無不爲」、「虛
靜無爲」，架構其無限陰鷙而不欲見的察姦之「術」外，另有
〈解老〉、〈喻老〉兩篇，專篇詮解《老子》之言，〈解老〉
依次解釋《老子》第三十八、五十八、五十九、六十、四十六、
十四、一、五十、六十七、五十三、五十四等共11章的部分
內容；〈喻老〉則依次解證《老子》第四、十六、五十四、
二十六、三十六、六十三、六十四（二則）、五十二、七十一、
四十七、四十一、三十三、二十七等共13章的多則內容。

　　《淮南子》則除了全書普遍標榜並鋪衍老、莊之旨外，另有
〈道應〉一篇專篇引證《老子》之言。其所引證事例共59則，
解證《莊子》之言一則，《愼子》之言一則，《管子》之言1
則，《老子》之言57則，分見於傳世本《老子》43章中。② 在
〈道應〉所解證的57則《老子》文例中，與〈解老〉相重應的
章次，至少就有第一、十四、三十八、五十四、五十八（2則）
章等共5章，有6則。與〈喻老〉重應的則有第二十七（3則）、
三十六、四十七、五十二（3則）、五十四、七十一等共6章，
共10則。其中第五十四章〈解老〉、〈喻老〉都與〈道應〉有

---

② 這43章57則依次是：第一、二（2則）、三、四（2則）、五、七、九（2則）、十（2
　　則）、十三、十四、十五、十六、十八、十九、二十、二十二、二十三、二十五、二十七
　　（3則）、二十八（3則）、三十六、三十七、三十八、三十九、四十三（2則）、四十四、
　　四十五、四十七、五十二（3則）、五十三、五十四、五十五、五十六、五十七、五十八（2
　　則）、六十二、六十六、七十、七十一、七十三、七十四、七十五、七十八（3則）各章，
　　合共43章，57則。

相應詮釋，扣除重應，合共10章。從這三篇共10章有重應的解《老》內容與向度，可以看出，歸本於「黃老」的法家，對《老子》的詮釋方向與空間，與眞正標榜道家，也被推崇爲集黃老思想大成的《淮南子》，有相當的歧異。以下我們便依次比對《韓非子》與《淮南子》這三篇有重應解《老》內容的10章，觀測〈解老〉、〈喻老〉的詮釋向度與《淮南子‧道應》的異同。③

一、〈解老〉、〈喻老〉與〈道應〉解《老》模式之異同

　　要了解這三篇文獻解老向度與空間之歧分與異同，得先說明這三篇解《老》專篇在《韓非子》與《淮南子》中特殊的體制呈現。〈解老〉、〈喻老〉解證《老子》雖同樣涉及十餘章，解證方式卻頗不相同。〈解老〉全篇無事例，重在字、詞、句意之界定，與推論理由之分析、說明，訓詁、說理並存，尤其著重關鍵字之義涵解釋，和上、下句之間的關聯說明，訓詁傾向頗強，卻只論述而無例證。〈喻老〉則不同，基本上它有過半是以事例印證《老子》之言，且大部分一例證一則，亦有少數兩例證一則《老子》之言的。但，除例證之外，如解證第四十六、二十六、三十六、六十四、四十七各章卻是論、例並陳，或論、例交雜。其論解不似〈解老〉逐字、逐句，不憚其煩地密實解說，而簡明許多；唯其絕大部分以「例」喻《老》，則與〈解老〉以「論」

---

③ 本文此下所引〈解老〉、〈喻老〉之文，悉依陳奇猷《韓非子集釋》（台北：河洛圖書出版社，1974年9月影印再版），所引〈道應〉之文，依劉文典《淮南鴻烈集解》卷十二〈道應〉，頁77-102。

解老明顯不同，而和《淮南子‧道應》類似。

　　〈道應〉一反《淮南子》其餘各篇以大規模、大篇幅繁詞複采、偶句、叶韻、堆疊、鋪敘的表述方式，敷衍《老》、《莊》之旨，而通篇改采以例顯旨證《老》，且絕大部分采一例證一則④，例出理自明的方式，既不說解，也不論理，所舉事例和所引證之《老子》內容，大致能剴切相合，入裏無忤，和〈喻老〉大部分以例證《老》相當類似，卻比〈喻老〉所證更爲精當中的。唯其既以例證《老》，所證亦大致切要，少歧出，但仍因尙用顯實之解證模式，沒有說理表述，致使《老子》所欲傳達的玄理，讀者往往只能從顯實的例證中去玩味體會了。

　　換言之，就表述型態而言，〈解老〉以「論」說《老》，〈道應〉以「例」證《老》，〈喻老〉則介於二者之間，大部分同於〈應道〉，以例證《老》，少部分同於〈解老〉，以論理或論例交用之模式解《老》，這是就表述形態而言。

　　至於義理的解證向度與空間，則〈道應〉成書時間雖最後，然其宗旨究竟標榜要「考驗乎老莊之術」（《淮南子‧道應》），其例證能應合哲理的程度，確實與法家的〈解老〉、〈喻老〉有相當的歧異，卻更密合《老子》原旨。

　　以下我們便由〈解老〉、〈喻老〉與〈道應〉有重應的10章解《老》內容中，去觀測其詮釋推闡的差異。

---

④ 只有第二、七、二十一、四十四、五十六五章一例證兩則，第七十七章兩例證一則，其餘50例左右都是一例證一則。

二、〈解老〉、〈喻老〉與〈道應〉之《老子》詮釋

茲先比對〈解老〉與〈道應〉之解《老》有重應的五章之解《老》向度。

（一）第一章「道可道，非常道」

〈解老〉只引論前兩句，作「道之可道，非常道也」。〈道應〉則引證「道可道，非常道；名可名，非常名」四句。

《老子》本章旨在提出「道」本體的核心質性——常，及其「有」、「無」兼包的特質。〈解老〉則不直接說「道」，而先提出一個「理」來，由「理」論「道」，說：

> 凡理者，方圓、短常、麤靡、堅脆之分也，故理定而後可得道也。故定理有存亡，有死生，有盛衰，夫物之一存一亡，乍死乍生，初盛而後衰者，不可謂常。唯夫與天地之剖判也俱生，至天地之消散也不死不衰者，謂「常」。而常者無攸易、無定理；無定理非在於常所，是以不可道也。聖人觀其玄虛，用其周行，強字之曰道，然而可論，故曰：「道可道，非常道。」⑤

〈解老〉提出一個現象界相對、有變易而各歧異的事物之

---

⑤ 陳奇猷《韓非子集釋》，頁369。

「理」，去映襯烘托那個超現象界、絕對而永恆不變的「道」之質性——所謂的「常」來。依〈解老〉之說：

1. 「理」是物的各種質性狀態，各有其定「分」而不相同，稱「定理」。

2. 「理」不但有其各不相同之「定分」，而且有相對的狀態改變，如生死、興滅，此亦其「定分」之內容。

3. 「道」卻是始源，其質性絕對而永恆不變，是非相對存在，因此無定分，非「定理」，稱爲「常」。

4. 因其無定理、定分，因此很難指稱（「不可道」），卻可以研探、說明（「可論」、「可道」）。

5. 「道」雖有「常」，卻玄虛無定，且環周運行（「周行」），吾人可以由有定分的「理」上去「論」得「道」；聖人則由其虛無與周行的律則中去直接體悟此「常道」。

　　這樣的表述很特殊，它一方面界定「理」爲有「定」有「分」，卻非「常」、無「常」；又釋「道」之質性爲無定、無易、不死、不衰，與「理」相反，稱「常」，這樣的說法，大致不違《老子》旨趣。卻同時又說「理定而後可得道」，無定、無易、不死、不衰的「常道」須從有定、分、興衰的「理」上去體得。只是，它既說這個「常」，「無定理」、「不可道」，卻又說它「可論」，並以「可論」來解釋「道可道」的「可道」，表述上有些模稜而吃力，玄理的解析究竟不是法家專長。相較之下，〈道應〉的例證扼要明爽許多。

　　〈道應〉舉齊桓公讀書廊下，輪扁譏以所讀乃糟粕，聖人言論之菁華一如斷輪之理，「不甘不苦，應於手，厭於心，而可以至妙者」，全在自我之妙悟心通，父不能以教子，子亦不能得

之於父,卻早已隨聖人「懷其實,窮而死」,長埋地下了。換言之,凡語言文字可載記、可言辨者,皆糟粕粗渣,以證《老子》首章,凡可名、可道者皆非「常道」,「常道」不可名、道。精簡扼要地點出本末、精粗與至道虛無之理。

將兩家對本章這幾句詮解相對照,很顯然地,〈道應〉直入核心,一步到位地以菁華與糟粕,技與道之別,簡截直指問題核心;〈解老〉則經由「理」與「道」、「定」與「不定」、「變」與「常」的比對中,去凸顯「道」「不可道」之「常」,較之「理」之「可道」、「可論」、「有定」,更爲根源,而且絕對永恆,表述較爲鑿鑿其詞而費勁。其所反應的,或許是〈解老〉無論如何帶有黃老色彩,終究是法家之作,法家重法,由具體而應「時」變易的「法」,要躍升至玄虛而絕對永恆不變的「常道」,其間有不小的間距要跨越和調整。因此〈解老〉先拈出一個現象事物中相對有定、也有變易的「理」來過渡,去對映墊高那個絕對不變的「常道」之不可言說,這就是標榜道家的《淮南子·道應》和標榜法家的《韓非子·解老》最大的歧分。這種現象不只顯示在對第一章的詮釋,也同樣顯現在對第十四章的詮釋中。

(二)第十四章「無狀之狀,無物之象」

本章《老子》原本鋪寫「道」不可視、聽、搏與致詰,不見其首,不見其後,爲不皦、不昧,亦不可名的「無狀之狀,無物之象」。〈解老〉與〈道應〉都只詮釋了「無狀之狀,無物之象」一則。

和對第一章的詮解一樣,本章〈解老〉同樣拈出一個「理」

來映襯「道」更為根源和崇高，它說：

道者，萬物之所然也，萬理之所稽也。理者，成物
之文也。道者，萬物之所以成也。故曰：「道，理
之者也。」物有理，不可以相薄，……故理（之）
為萬物之制。萬物各異理而道盡稽萬物之理⑥，故不
得不化。不得不化，故無常操；無常操，是以死生
氣稟焉，萬智斟酌焉，萬事廢興焉：天得之以高，地
得之以藏，維斗得之以成其威，日月得之以恆其光，
五常得之以常其位，列星得之以端其行，四時得之以
御其變氣，軒轅得之以擅四方，赤松得之與天地統，
聖人得之以成文章。道與堯舜俱智，與接輿俱狂，與
桀紂俱滅，與湯武俱昌。以為近乎，遊於四極；以為
遠乎，常在吾側；以為暗乎，其光昭昭；以為明乎，
其物冥冥；而功成天地，和化雷霆，宇內之物恃之以
成。凡道之情，不制不形，柔弱隨時，與理相應。萬
物得之以死，得之以生；萬事得之以敗，得之以成。
道譬諸若水，溺者多飲之即死，渴者適飲之即生。譬
之若劍戟，愚人以行忿則禍生，聖人以誅暴則福成。
人希見生象也，而得死象之骨，案其圖以想其生也，
故諸人之所以意想者皆謂之象也。今道雖不可聞見，
聖人執其見功以處見其形，故曰：「無狀之狀，無物

---

⑥ 這三句原本標斷為「萬物各異理而道盡，稽萬物之理，故不得不化」其意難明。「稽萬物之
理，故不得不化」意尤不可解。個人以為，上文既言「道者，萬理之所稽」，此處固當斷為
「萬物各異理，而道盡稽萬物之理」始能承應上文，因改斷作此。

之象。」⑦

〈解老〉這樣大篇幅地鋪寫，表面看來，似只在詮解「無狀之狀，無物之象」兩句，其實內容卻含括對全章的詮解。統覽其文，至少包括以下幾個重點：

1. 區分「道」和「理」：「道」是總「理」，「理」是分「道」，萬物各自不同的殊性區分，決定在「理」，由「理」來呈顯；然「道」是宇宙萬物、萬事，包括了一切天、地、自然現象、以迄人世行為、事件的總根源。

2. 「道」統合一切相對，在道的覆涵下，無所謂昭明、遠近，它可近可遠，可昭可明。

3. 較為特殊的是：《老子》也罷，後期道家也罷，言及「道」，都是正向的價值功能，無有負面的弊端或後遺之失。本章〈解老〉先說「道」決定事物的成敗、生死，這是自然律則，可以理解。但它接著又說，「道」渴者適飲即生，溺者多飲即亡；愚人持忿行道則禍，聖人誅暴則福。這樣的「道」可生可亡、可福可禍，就不是絕對超越而正向的至高價值，而是如「法」一般，正行、適行即得福（賞），負行、過行即罹禍（刑）。因為第三十八章《老子》說，「道」失了以後，依次衍生出德、仁、義、禮，都是「薄」、「華」而不「厚」、「實」，大丈夫之所「不居」。如今〈解老〉卻將「道」的超越質性鋪敘成了「法」的尊高權威，只有「法」才有所謂正行、適行、過行、負行的問題，也才會沿生出禍福、賞罰的不同結果。「道」透過「理」來比對映襯，最後竟被界定成了

---

⑦ 王先慎《韓非子集解》，頁107-108。

類似於「法」的質性功能。依《老子》之旨，人世禍福雖不免倚伏相依，輪替相迭，卻仍應是循道有福，能行道，自然知「適飲」，不「過飲」；能持道，哪會「行忿」？《老子》以「水」喻「道」，重的是其無我、無爲、無私，自然因物之性的特質，無所謂尺度分寸的問題。以「劍」喻「道」尤不適切，因爲「劍」之爲物，與兵爭相關，《老子》反戰、反兵，以「劍」喻「道」是引喻失義。只有「法」才講尺度分寸，才有「正」與「過」問題，〈解老〉本章趨向了法家的思維向度與空間。

4. 較爲特殊的是，末段對於「無物之象」的詮解，〈解老〉特別由實象與意象作比，對喻「道」之「用」與「體」，生象不可見，必由死象之骨，以臆想生象，因釋「無物之象」爲「意想」所得，詮釋有些粗拙；據此以釋「道」不可見，卻可由「用」臆度其「本」，來解說《老子》「無狀之狀、無物之象」。以實喻虛，由實說虛，論述雖有些粗糙，意思則不誤。凡此皆充分顯示法家不擅玄虛之論，每喜落實表詮作喻的特質。

〈道應〉則借田駢爲齊王言「道術」，齊王志在「政」，不在「道」，田駢告以知「道術」則：

> 無政而可以爲政，無材而可以爲材，……天地之間，
> 六合之內可陶冶而變化。⑧

「道」（或「道術」）可以達到不治政而政自治的無爲功效，終歸結出「虛無」爲上之理，「道」最虛無，故最高。〈道

---

⑧ 劉文典《淮南鴻烈集解》，頁79。

應〉說：

> 材不及林，林不及雨，雨不及陰陽，陰陽不及和，和
> 不及道。⑨

換言之，《淮南子》自詡為道家，其推衍《老子》之理往往直搗核心根源、本末立論，重視核心根源，故較能不失《老子》本旨。〈解老〉則喜歡由實映虛、以實顯虛，逐步進入本旨。

（三）第三十八章〈解老〉除「下德不失德，是以無德」兩句缺解，其餘幾乎逐句為解；〈道應〉則只引證「去彼取此」。

本章《老子》原本藉由論列道、德、仁、義、禮的義涵與層次，闡釋其退化的社會倫理觀。〈解老〉釋「上德不德」第一個「德」為「內」，第二個「德」通「得」，是「外」，「上德不德」因此就是精神不外淫。所謂「不外淫」就是「不思」、「不用」、「無為」、「無欲」，以保全生命的真純（所謂「身全」），因此說：「德者，得身也。」換言之，〈解老〉將「不思」、「無為」、「不用」與「無欲」義涵統合為一，作為「精神不外淫」的內容，是否恰當，值得考慮。但很顯然，〈解老〉將「上德不德，是以有德」，往治身的方向解釋，說成心不陷溺、牽擾於外物，才能保全生命的真純。

這樣的解說，和其下文對「上德無為而無不為」的解釋不大吻合。下文它以「虛」而「意無所制」解釋「上德無為而無不

---

⑨ 劉文典《淮南鴻烈集解》，頁80。

爲」，說：

> 所以貴無爲、無私爲「虛」者，謂其意無所制也……
> 其意常不忘虛，是制於爲虛也……制於爲虛，是不虛
> 也。……不以無爲爲有常則虛，虛則德盛，是謂上
> 德。⑩

上文既說「不德」，是「精神不外淫」，是「無爲」、此處又
說「無爲」是「虛」，是「意無所制」。可見，〈解老〉作者自
己也認爲，所謂「不德」，就是「無爲」、就是「虛」、就是
「意無所制」，就是意念放空，無所著意，是能「忘」、能不以
「德」爲念、「不以無爲爲有常」，是不刻意，不是「神不外
淫」。釋爲「不思」、「無爲」尚能切旨，釋爲「無欲」，治身
的傾向就強了，與其下所釋「其意無所制」的「上德」義涵，前
後不大一致，與《老子》「上德不德」之原旨也不相合。

　　此句王弼雖然也釋「德」爲「得」，卻釋「上德不德」說：

> 上德之人，唯道是用，不德其德，無執無用，故能有
> 德而無不爲，不求而得，不爲而成。⑪

王弼釋文和〈解老〉一樣，說的是「故能有德而無不爲」，不是
「無以爲」。而且，它以「無執無用」、「不爲」、「不求」爲
「上德」，不但呼應〈解老〉「虛」而「意無所制」、「不以無
爲爲有常」的說法，也清楚顯示：

1.《老子》這兩句原本應如〈解老〉，作「上德無爲而無不

⑩ 陳奇猷《韓非子集釋》，頁328。
⑪ 王弼《老子王弼注》，頁52。

爲」，而不是如今傳王弼本的「上德無爲而無以爲」。⑫

2. 本章〈解老〉詮釋「上德」的義涵前後有出入。《老子》哲學雖言簡意賅，博大圓融，空間無限寬廣，可以任憑馳騁，卻仍須有一定的遊戲規則，至少詮釋者須能自我圓滿，不牴觸。

　　〈解老〉此下續以「中心欣然愛人」、「生心之所不能已，非爲求其報」詮釋「上仁無爲而無以爲」。又以君臣、父子、朋友、知交、親疏、內外之往來互動，須依循一定分寸軌則（宜、義）去做，解釋「上義爲之而有以爲」。又以「禮」爲「貌情」、「群義之文章表飾」，用以彰顯君臣父子、貴賤賢不肖之間的互動與區別，是先內有情實，而後借「禮」以表顯，此「禮」之眞義。唯眾人不知其實，徒以手足動作應之，與有情實之「禮」不相應；然聖人仍因其情實，爲「禮」而不衰，異於眾人。〈解老〉以此詮釋「上禮爲之而莫之應，則攘臂而扔之。」釋意稍覺曲折，尤其「攘臂而扔之」一句，釋作「復盡恭敬之禮也不衰」，顯然釋「扔」爲「仍」，依舊、照樣、一如過往之意，似有勉強。王弼釋此則以爲，「禮」尙往來，以此與人對等要求，應對之間，難免因得不到相對回應，而「忿怒生焉」，難以爲繼，故終必遭棄廢止。故曰：「上禮爲之而莫之應，則攘臂而扔之。」意似較爲迳捷。換言之，〈解老〉以眾人徒知禮「文」，忽視禮「情」爲解；王弼以「禮」多重視交互對等要求

____

⑫ 此句傳世本皆作「上德無為而無以為」，《韓非子・解老》卻作「上德無為而無不為」。宋代范應元所見古本《韓非子・解老》、古本王弼本，都和今本《韓非子・解老》一樣，作「上德無為而無不為」，足見以今傳王弼本為代表之各傳世本之誤，其詳可參見本書第一篇〈參、《老子》異文與傳世本定型期商榷——從范應元《老子道德經古本集註》、《老子指歸》注文與《淮南子・道應》引證考察〉，不贅述。

之形式儀文，易致忘情疏實，交責虛文之蔽。所說各有其向度與空間，然王弼之說似較能直接呼應下文「禮者忠信之薄，而亂之首也」句意，因為〈解老〉自己解釋「忠信之薄」兩句正是說：

> 禮繁者實心衰也……為禮者事通人之樸心者也，眾人之為禮也，人應則輕歡，不應則責怨。今為禮者，事通人之樸心，而資之以相責之分，不能無爭乎？有爭則亂。⑬

上禮與眾禮之差異在此。然行禮不能離俗眾，其重文輕實，以爭生亂，也就不可避免了，王弼的解說正是因承這樣的意思而來，故曰：「禮者，忠信之薄，而亂之首也」。

續後〈解老〉詮釋「前識者，道之華而愚之首也」，認為：「前識」是「無緣而妄意度」，沒根由的瞎猜，既沒什麼了不起，也沒必要。站在《老子》去詐偽浮巧，歸真返璞的基本觀點看來，這樣的詮釋是合旨的，因此批為「華」、「愚」。順下〈解老〉又解釋「大丈夫處其厚，不處其薄；處其實，不處其華」、「去彼取此」，曰：「行實情、去禮貌；必緣理，不徑絕」，也就完全合乎《老子》旨趣了。

對於這第三十八章，〈道應〉只舉一例，論證「去彼取此」一則，說：季子治亶父三年，巫馬期往探，見得小魚者釋之，只因季子教民如此，以見季子之教無處不在，因歸結出「誠於此者刑於彼」，解證《老子》的「去彼取此」。全例點出治政在於「心」（不在言辭、法令），頗能反喻《老子》的「法令滋彰，盜賊多有。」

---

⑬ 陳奇猷《韓非子集釋》，頁335。

（四）第五十八章〈解老〉詮解「禍兮福之所倚，福兮禍之所伏，孰知其極。人之迷也，其日固已久。」與「方而不割，廉而不劌，直而不肆，光而不耀」兩則。〈道應〉則例證「其政悶悶，其民純純；其政察察，其民缺缺。」與「方而不割，廉而不劌」兩則。

　　《老子》本章承上章無為而民自化、自正、自樸、自富之旨，闡述禍福、正反、奇正相倚，變化無常之理，而戒人正樸而不以自炫或高人。

　　〈解老〉釋「禍兮福之所倚」四句，則藉分析人在遇「禍」與居「福」的不同情勢下，所可能產生的心理變化與行為轉換過程，逐一細加推論，擬出一個定式，大致是：

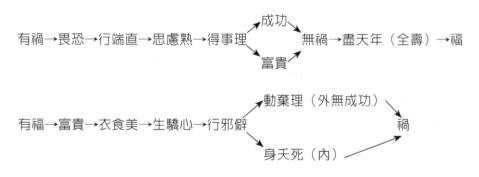

總之是：

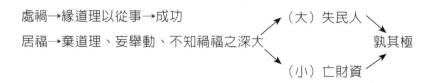

一言以畢之，就是生於憂患，死於安樂。只是類此欲富貴全壽，卻每貧賤夭死，事與願違的事例，不斷循環重演，自古已然，故曰「人之迷也，其日固以久矣。」⑭

其解「方而不割」四句尤大肆結合訓詁與義理，由字而句，由句而節，逐一義界詮解，說「方」是「內外相應，言行相稱」；「廉」是「必生死之命，輕恬資財」；「直」是公正、公心、不偏黨；「光」是「官爵尊貴，衣裘壯麗」。有道之士，兼有此四者，卻不以「誹窮謗墮」（不割）、不「侮霸羞貪」（不劌）、不「去邪罪私」（不肆）、不「誇賤欺貪」（不耀）。總之是曖曖自含光，不以一己之高美誇傲人，這樣的說解，意境寬廣、心懷坦曠，與《老子》「不居」、「不伐」、「無為」、「持盈」、「自知不自見」、「自愛不自貴」（七十二章）的叮囑相合。眾人卻不肯問知聽能，是所謂「迷」。

〈道應〉則例證「其政悶悶，其民純純；其政察察，其民缺缺。」四句說：澧水深千仞，卻因太過清澈，「不受塵垢」，故無魚鱉龍蛇；石上不生五穀；秀山不遊麋鹿，只因「無陰蔽隱」。又以趙文子析論中行氏、知氏之亡，在於為政苛削細察。總之，水清無魚，政苛民險。〈道應〉兩例精簡扼要，卻旨意深到地解證了《老子》守拙無為，「為者敗之」之旨。

其解證「方而不割，廉而不劌」則舉太卜誆諉齊景公「能動地」。晏嬰知之，出見太卜，告以星象顯示地將動，揭穿太卜謊言，卻不明說，終令太卜君前自首認罪。顯示晏子「忠於上而惠於下」，以印證《老子》「方而不割，廉而不劌」之理，既

---

⑭ 陳奇猷《韓非子集釋》，頁341-344。

「慈」，又能「不矜不伐」。

〈解老〉與〈道應〉解證本章雖或細瑣解析，或舉證射旨，風格與方式都不相同，但其切合《老子》旨趣則同。

以上四章是〈解老〉與〈道應〉解《老》有相應的篇章。第五十四章則〈解老〉、〈喻老〉與〈道應〉三篇皆有相應的解證。

（五）第五十四「善建者不拔，善抱者不脫」章，〈解老〉幾乎全章作解，〈喻老〉只解「善建不拔，善抱不脫。」〈道應〉則只解「修之身，其德乃真。」

本章《老子》原應分兩節，前節三句「善建者不拔，善抱者不脫，子孫以祭祀不輟」三句，意謂：一個成功的作為，須能一勞永逸、久視長生，永續經營。後節「修之身」以下則可視為對前節的說明，謂不拔、不脫永續經營的道理，根源在「身」，由身而家、而鄉、而邦，而天下，才是穩實而可以永續經營之道。

〈解老〉解本章，卻如其解三十八章，由治身、治慾方面發論。其釋「善建者不拔，善抱者不脫」說：

> 人無智愚莫不有趨舍。恬淡平安，莫不之禍福之所由來；得於好惡，怵於淫物，而後變亂。所以然者，引於外物，亂於玩好也。恬淡有趨舍之義，平安知禍福之計；而今也玩好變之，外物引之，引之而往，故「拔」。⑮

---

⑮ 陳奇猷《韓非子集釋》，頁384。

〈解老〉從慾望外淫亂神開始解析，說：在「恬淡平安」的正常
情況下，人人都有清明的理性，能辨識禍福之根由；然若牽於外
物，亂於玩好，則清明的理性會產生變亂，而無能辨識禍福。唯
聖人能恆保清明的精神，正確選擇行為的趨舍，專致不變，不為
外物引誘，不為可欲動神，這叫「不拔」、「不脫」。子孫能善
體此道，則能祭祀不絕，久視長生。〈解老〉把關切的焦點和對
治的問題放在外物誘引、汨亂心神，亦即「慾」的問題上，故由
治身、治慾、恬神上起論。

　　〈解老〉接著說，治家、治鄉、治邦、治天下若皆能循此
道以治，恬神、安心，使無用之物不能動其計，則家有餘、鄉有
德，民受其澤，故曰：「修之身，其德乃真；修之家，其德有
餘；修之鄉，其德乃喪；修之邦，其德乃豐。」治身者以此別君
子、小人；治鄉、邦、天下都依此理，由己身度之，「以身觀
身，……以天下觀天下」，便是不拔、不脫之道。總之，從立
身、治家、治鄉、治國，到治天下，在〈解老〉說來，都是一個
治慾、恬神的治身問題。

　　法家的《韓非子》如此重視治慾問題，並以之說解《老
子》，除了《老子》本身也重視慾望的儉嗇，重戒「惑莫大於可
欲」，五色、五音、馳騁田獵令人官能失爽，要人「不見可欲，
使心不亂」（分見第十二、第三章），我們若由韓非與荀卿之師
生淵源，及其皆主「性惡」，以及荀子論「性」本以治慾為核
心，暨法家一切賞罰的設計原本就是以人類趨利避害本能、本性
為基礎種種角度觀之，〈解老〉釋本章一再以外物誘引與治身、
治慾為關切焦點，也就不難理解了。其解三十八章「上德不德，
是以有德」如此，其解本章亦然。

　　反觀〈喻老〉與《淮南子・道應》則不然。〈喻老〉此則同於〈道應〉，以一例證一則，僅舉孫叔敖因功當受賞，卻只請「漢間之地，砂石之處」，其地土瘠人惡，故能不受制於楚國祿臣再世收地的國法，而九世獨有其地，祭祀不絕，以證「善建不拔，善抱不脫」之理。〈道應〉只解「修之身，其德乃眞」一句，引的是體道高人詹何對應楚莊王問「治國」，謂要在「治身」；蓋身治則國治，身亂則國亂，「本在於身」。雖然同樣都以「治身」爲治事之本，卻只推之爲根源，不若〈解老〉，再三歸之於嗜慾外誘問題，以治慾爲論述核心，相較之下，〈道應〉明爽剴切許多，其哲學義涵之輻射範圍，反更寬廣，義涵也更深。

　　除上述第五十四章外，第二十七、三十六、四十七、五十二、七十一各章，〈喻老〉與〈道應〉解證《老子》文例亦相重應。

（六）第二十七章，〈喻老〉詮解「不貴其師，不愛其資，雖知大迷，是謂要妙。」一則。〈道應〉則前後共三次例證《老子》之文：第一次例證「人無棄人，物無棄物，是謂襲明。」第二次例證「不善人，善人之資（也）。」第三次例證「善閉者無關鍵而不可開，善結者無繩約而不可解。」

　　本章《老子》本謂不以「師」與「資」爲可貴、可取，而能自然眞樸。否則，雖有其「智」，徒增困擾，此中固有微妙之理

在焉，原是因任自然而反智之旨。王弼注此，因此說：「雖有其智，自任其智，不因物自然，其道必失。」合乎《老子》反向體道旨意。

〈喻老〉則舉紂令膠鬲求索周之玉版，文王不予；令姦人費仲來求，因予之，蓋惡賢者之得志，故予費仲。又說：文王舉太公於渭濱，是貴之；資費仲玉版，是愛（溺）之。因以證知「不貴其師，不愛其資，雖知大迷，是謂要妙。」讚許文王貴太公而資費仲，是深通「要妙」而不迷，肯定其養敵之姦以遂我之謀的權謀之術。類似的養敵姦之例，《韓非子‧內外儲說》所載俯首即是，其所顯示的，全是法家權謀之旨，與《老子》真樸反智之旨截然相反。〈喻老〉則站在這樣的觀點，對《老子》作了不同的解證。

〈道應〉則舉三例，以證《老子》之言三則。一舉公孫龍在趙時，有懷「能呼」之伎投入門下者。公孫龍赴燕，至河上，使呼對岸之船，終渡河，以解證「人無棄人，物無棄物，是謂襲明。」再舉楚之善偷者，為楚將子發一偷敵帳，再偷敵枕，三偷敵簪，終使敵將驚駭退兵，還師解圍，證明伎能「無細而不可用」，端在如何致用，偷伎若能正用，其功仍不可沒，以解證「不善人，善人之資」。三舉秦始皇恐失天下，築城修關、發戍設障、傳車置吏，然劉氏奪之，易如反掌，兩相對照，以映襯守國不賴險障之理。又以周武王伐紂後，弛弓解弦，解劍帶笏，偃武修文，終傳三十四世不奪，以見威天下不以兵革之利。

本章〈道應〉所舉三例，兩例以解證「善閉者無關鍵而不可開，善解者無繩約而不可解」，其所引證，頗能契合《老子》「因物自然，不設不施——不以刑制物」，反能無入而不自得

之本旨。蓋能呼、能偷之伎，雖或正、邪略有不同，一旦用於解決急難之正途，功能同樣正向而有效，都是「無棄」而可用之「資」，例證簡明切要；第三例以文武、仁暴與治政成敗的因果關係，兩相對映，以反襯：善閉不在關鍵，善解不假繩約，善守國者在文不在武，在仁不在暴。亦警策而扼要，不假議論而理自明。

（七）第三十六章〈喻老〉幾乎全章作解，唯先解後半節「魚不可脫於淵，邦之利器不可以示人。」再解前半節「將欲歙之，必固張之；將欲弱之，必固強之；將欲廢之，必固興之；將欲奪之，必固與之。是謂微明，處弱小而重自卑，謂損弱勝強也。」〈道應〉只例證後節「魚不可脫於淵，國之利器不可以示人。」

本章《老子》原文文明意顯，翻弱轉強意味濃厚。〈喻老〉大致仍是以論說方式表述。先詮解後半節「魚不可脫於淵」兩句，略舉田成篡姜齊、六卿分晉邦之例。其解後半節，完全就法家的「重勢」說與「賞罰」立論：說「勢重」是「人君之淵」，失則不可復得，姜齊與晉邦亡身死在此。又說，「賞罰」是「邦之利器」，君臣以此相制，為君者不可以輕示臣，庶免人臣鬻德、用勢、乘威而反制君。其解前半「微明」一節，則一舉越王入宦於吳，勸吳伐齊，因其勝驕、張強之氣而制之；再舉晉獻公遣璧馬以伐虞，三舉知伯遣廣車以襲仇由，印證《老子》欲弱先強，逆向操作，終能「損弱勝強」之理，以為最能「起事於無

形，而要大功於天下」，四兩撥千金，精簡又省力，稱之為「微明」。

〈道應〉例證末節，則舉司城子罕勸宋君只行「爵賞賜予」，而將「殺戮刑罰」下交自己，則宋君當其美，自己受其怨。宋君不疑有他而聽之，遂令子罕專制殺戮大權，終致臣民敬畏，大權旁落。不過期年，遂卻宋君而專政，以證「魚不可脫於淵，國之利器不可以示人」。所引雖不似〈喻老〉析論君臣利害相反，人臣賣德、用勢、乘威那樣詳細陰騖，卻也例明旨顯，適切中旨。〈喻老〉、〈道應〉之論、例一致都就「寓強於弱」說解，合乎《老子》翻弱轉強之旨。

（八）第四十七章，〈喻老〉詮釋本章分兩節，其一詮釋「不出於戶，可以知天下；不窺於牖，可以知天道」；其二詮釋「其出彌遠，其知彌少。是以聖人無常行也，不行而知，不見而明，無為而成。」〈道應〉則例證「不出戶以知天下，不闚牖以見天道。其出彌遠，其知彌少。」

此章本亦《老子》論述「無為」而成的反向哲學，〈喻老〉與〈道應〉之解證略有不同。就第一節「不出於戶，可以知天下」而言，〈喻老〉釋此與〈解老〉解證第三十八章與五十四章向度相同，都是由「治身」的形、神嗜慾問題入論，說：

> 空竅者，神明之戶牖也。耳目竭於聲色，精神竭於外貌，故中無主。中無主則禍福雖如丘山，無從識之，

故曰：「不出於戶，可以知天下；不闚於牖，可以見
天道」，此言神明之不離其實也。⑯

〈喻老〉說，由近知遠的智慧緣生於虛明清靜的精神與心靈，若
精神外淫於物而不虛明，則心靈混亂無理緒，無由辨識禍福。所
論內容，較之〈解老〉的逐字逐句詮解，反覆叮嚀，訓詁性質強
烈，〈喻老〉顯然簡潔許多。但其關注焦點仍在形身耳目感官慾
望的外誘問題，強調保其形、神不外誘，與〈解老〉一致。

就第二節言，〈喻老〉舉兩例以證「其出彌遠」數句。其一
為趙襄主學御於王子期，俄而相競逐，三次易馬而三次落後。襄
主怨責子期所教未盡，子期告以御道當使馬體安車，人心調馬，
襄主心在爭勝，未調於馬，故落後。其二則舉白公勝謀亂，思慮
過甚，以致倒杖策，錣上貫頤，血流至地而不自知，以證「其出
彌遠，其知彌少。」並總撮其因為「智周乎遠，所遺在近。」慾
望越大越遠，智慮越是輕忽、短淺。

〈道應〉持續其一例一則的解證慣例，也同樣舉白公勝之
事（可見，白公勝的事蹟在先秦、秦漢以下的諸子間，普遍引證
流傳的盛況。）以見精神外越，智慮內蕩，則忘卻其形，蓋「神
之所用者遠，則所遺者近」與〈喻老〉的「智周乎遠，則所遺在
近」，不論文字或意思都一致。以此一方面印證「其出彌遠，其
知彌少」之理，與〈喻老〉完全相同；另一方面，同時反推出由
近反可以知遠的道理，以印證前兩句「不出戶以知天下，不闚牖
以見天道」。

⑯ 陳奇猷《韓非子集釋》，頁409。

（九）第五十二章，〈喻老〉只解證「見小曰明」一
　　　則，〈道應〉則例證了「見小曰明」、「用其
　　　光，復歸其明」、「塞其兌，閉其門，終身不
　　　勤」三則。

　　本章《老子》原文，先說「天下有始，以爲天下母。既得
其母，以知其子；既知其子，復守其母，沒身不殆。」談的是始
末、原委（母子）問題。凡事莫不有其始末、原委，處理任何事
情，理當先弄清本末，由末溯本，掌握根源，處理起來，才能順
遂亨通，一勞永逸。

　　〈喻老〉舉「紂爲象箸而箕子唏」一例，推定其必因象箸而
用犀玉之杯，而食旄象豹胎，而錦衣九重、廣室高臺，終必窮奢
極慾而有亡禍。後果如其預測：紂爲肉圃、設炮烙、登糟邱、臨
酒池，終致亡天下，以證箕子見微知著，有「見小」之「明」。

　　〈道應〉則先舉子贛贖魯人於諸侯，返而不依國法受金。
孔子責以不知禮，恐其斷絕來者贖人之善舉。並謂聖人舉事當以
「可以移風易俗，而教訓可施後世」，有更長遠廣大的永續考
量，非以個人自身之情況條件爲裁，故〈道應〉讚以「見小曰
明」。此「見小」所見非眞「小」，而是能由「小」以知大，見
微以知著，始是眞「明」。王弼曰：

　　　爲治之功不在大，見大不明，見小乃明，守強不強，
　　　守柔乃強也。[17]

---

[17] 魏・王弼《老子王弼注》，頁74。

都合《老子》見微知著、慎小謹微之旨。

　　其次，〈道應〉再舉中山公子牟與體道高人詹何對談身心不能一致的問題：身在江海，心懷魏闕，當如何應付？詹何答以「重生輕利」，公子牟則謂知而不能自勝情慾。詹何以為：不能自勝則從之，總以「神」之「無怨」為要，勿強自勝以重傷。用此一例證兩則，一則以證第五十五章「知和曰常，知常曰明，益生曰祥，心使氣曰強。」二則以證第五十二章「用其光，復歸其明。」

　　源〈道應〉本例要在強調精神之自在安恬，無憾恨勉強。就「利」、「欲」與「生」而言，當是「生」重於「利」、「欲」；然當「欲」不能釋懷時，仍以「神」之存全無怨為首要。蓋養生修心，總以神全無憾為重，「神」不能去「欲」、輕「利」以安「生」已是一傷，再要強「安」之（如儒家之「克己復禮」之事），就〈道應〉看來，便是雙重傷害。兩害相權取其輕，總以「神」之安恬為首要。

　　〈道應〉證本章，以一例證兩則，但從例證看來，似乎只能解證第五十五章「知和曰常」四句，看不出對第五十二章「用其光，復歸其明」有明顯的解證功能。王弼注「用其光，復歸其明」曰：

　　　顯道以去民迷，不明察也。[18]

蓋「道」貴自然無傷害，不貴「明察」，務要納人於一軌，有勉強，便是傷害，故「顯道」不在「明察」。此正第五十八章「其政悶悶，其民純純」之旨，亦五十五章「知和曰常，知常曰明」

---

[18] 魏・王弼《老子王弼注》，頁74。

之意。王弼釋「知和曰常」四句曰：

> 物以和爲常……不皦不昧，不溫不良，此常也。……
> 生不可益，益之則夭也；心宜無有，使氣曰強。⑲

所謂「和」、「不皦不昧，不溫不良」、「心宜無有」都指身心之自然、自在、安恬自適。「益之則夭」、「使氣曰強」皆謂強之、迫之則傷，〈道應〉故曰「重傷」則無遺類。

〈道應〉又舉第三例：齊后死，王欲立后，議於群臣，薛公田嬰欲中王意，乃投石問路，獻十對耳環而美其一，后問美珥所在，因勸以爲后，終投王意而受重用，以此見人主之意見於外，則爲人臣所制，以叮囑《老子》五十二章「塞其兌，閉其門，終身不勤」之旨。

此則王弼注「兌」爲「事欲之所由生」，注「門」爲「事欲之所由從」，以爲杜絕事欲所生、所從之根源，則可以無事而永逸，義理所含攝的範圍原本較爲寬廣。

王弼的注解合乎《老子》理治根源的原旨。〈喻老〉的箕子唏紂，與〈道應〉的孔子責子貢，都呼籲見微知著，以證「見小曰明」，也大致合旨。〈道應〉再舉中山公子牟論神全無憾爲要，雖由治身解證，亦尚不離《老子》重視根源、把握根源、知子守母原旨。然其第三則田嬰投石問路，以爲進身門階，則將《老子》歸母守本的叮囑轉向了法家申韓一系的權謀窺伺之術，詮釋的向度與空間都歧出且限縮了。

---

⑲ 魏・王弼《老子王弼注》，頁78。

（十）第七十一章〈喻老〉解證後半「聖人之不病也，以其不病，是以無病也。」〈道應〉則解證前半「知而不知，尚矣；不知而知，病也。」

此則《老子》原作「夫唯病病，是以不病。聖人不病，以其病病，是以不病。」意謂：就因能深切了解「病」之所在，而坦然面對（視「病」為「病」──「病病」），才能有效化解此「病」，轉為「不病」。聖人之所以「不病」，就是因為能真實地視「病」為「病」，坦然面對處理，故能「不病」（「無病」），這是《老子》崇尚自然真樸之旨。

〈喻老〉解證此則舉勾踐為吳王洗馬，故能殺夫差於姑蘇；文王見詈於玉門，顏色不變，及武王，終能擒紂於牧野，歸結出：越王與文王皆不以受辱為「病」，守柔以強，故終能無「病」而勝。〈喻老〉顯然循著法家的權謀方向，增入一句《老子》的「守柔曰強」以為助，並改易原文，將「病病」（以病為病）改為完全反意的「不病（不以病為病）」，以呼應其寓強於弱之旨，俾便其作法家之權謀詮釋，違離了《老子》原旨。這和申、韓術化《老子》虛靜無為之論為權謀察姦之術的通例，模式是一致的。

〈道應〉則詳述秦晉殽之戰，秦穆公不聽蹇叔勸諫與提醒，執意出兵，千里襲晉，果兵破將擒，大敗於殽，以印證《老子》「知不知，尚；不知知，病。」較之《老子》原文，除增添幾個虛字，以舒緩語氣，使旨意更加顯明外，並無違離。

三、〈解老〉、〈喻老〉與〈道應〉解《老》向度與空間的異同

綜觀上述三篇有重應的十章解《老》、證《老》之作，其所呈現的，對《老子》的解證向度，雖仍屬局部狀況，卻可以清楚看到，《老子》的思想在《韓非子》和《淮南子》的一些開展向度和空間。

整體來說，作爲集黃老理論大成，也是漢代思想文獻中玄學旨趣最高的《淮南子》，在〈道應〉篇中對《老子》學說的推闡，雖一反全書其餘各篇大肆繁詞複采的推衍方式，而採取簡單明瞭，幾乎全是一例一結證，讓例證顯旨，讀者由其所引事例與所證《老子》文則中，去體會「事」與「文」之間所契合的道理。全篇五十七事例之解證，也大致剴切中旨，事、論吻合妙契，少有歧出或曲解《老子》旨意處。只有在解證第五十二章「塞其兌，閉其內，終身不勤」時，將其朝向心機、權謀方向，由君臣的互動關係解證，舉了田嬰的投石問路以窺伺君心之例，將「兌」和「門」解證成流洩心靈祕密的官能、孔道或行徑，全則成了防範心機與權謀探取術的教誡。較之其後王弼以「兌」、「門」泛指「事欲之所由生」，義理空間相形縮小許多，這不但是〈道應〉例證《老子》的必然結果，也是後世所有例證或詮解《老子》者在詮解《老子》理論時，難能避免的問題與困境，此《老子》所以崇尚虛無，再三叮囑「至言無言」、「常道不可道」的因由。

〈解老〉、〈喻老〉也一樣。整體而言，《韓非子》和申不

害一樣，汲取《老子》思想中「虛靜無爲」、「無爲而無不爲」之旨，將之作了權謀的理解與轉化，使成爲暗裏觀察、密切注意，表面卻紋風不動，以洞燭臣下「八姦」、「五壅」的察姦之術，司馬遷因之將二人與老子合傳，以示其思想之淵承關係。

今就〈解老〉、〈喻老〉和〈道應〉有重應內容的十章解證，局部地觀測，其對《老子》的解證形態，儘管或例證、或論證、或說解，各有不同，解證的向度與空間至少有三種歧出狀況：

（一）權謀方向的詮解與轉化

這三篇十章中除了第三十六「將欲歙之，必固張之」章，《老子》原文較明顯有「寓強於弱」意味外，其餘多爲反向顯道之論。〈解老〉、〈喻老〉之解證，卻往往朝智巧、心機、窺伺的方向去解證這些反向哲學，將其作了權謀的轉化。這樣轉化不是〈解老〉、〈喻老〉兩篇特有的現象，而是法家申不害、韓非君術提煉《老子》哲學的基本模式與連帶效應，這在全書是一致的。

比如：〈喻老〉證第二十七章，從惡敵賢、養敵姦的角度，舉文王應殷商姦人費仲之求，不應賢臣膠鬲之求爲例，以證「不貴其師，不愛其資，雖知大迷，是謂要妙。」違離了《老子》不以「師」、「資」爲可貴的反智原旨，作了合乎法家權謀意旨的解證。〈喻老〉解證第七十一章歧出更大，將《老子》原本的「夫唯病病，是以不病」改爲「以其不病，是以無病」，改「病病」爲「不病」，「以病爲病」的原旨，因此反轉成「不以病爲病」。又增入「守柔曰強」一句，以增強其意，因舉句踐與周文

王見囚，忍辱負重，終於滅吳、亡商之例，以證唯有「不病（不以病爲病）」才能翻轉劣勢，取得勝利。不但翻轉《老子》眞實面對自己缺失（病病）的原旨，成爲「不以缺失爲缺失（不以病爲病）」，而且做了以弱爲強、寓強於弱的解證。

〈道應〉的情況較爲理想，雖然全篇幾乎全用例證，不論理[20]，然尚用的撰作宗旨與務實的解證風格，仍不免使《老子》的玄虛思維有所折扣，難以盡顯。唯就後世所有解老之作看來，王弼之外，要以《淮南子》最能不失《老子》的玄學旨趣，〈道應〉所證，亦大抵如此。然其引證第五十二章時，所舉田嬰投石問路，窺探君心一例，也不免以智巧、心機、權謀作解。此或黃老道家尙用之餘，亦合名、法之故。

（二）以實說虛，援「理」以說「道」

〈解老〉、〈喻老〉談道，總在「道」之下，鄭重地拈出一個介於「道」、「法」之間的「理」來申說引介，以映襯、烘托「道」永恆不變的「常」性。比如：〈解老〉在詮解第一章與第十四章有關「道」的體貌質性時，都提出了一個有「分」有「定」，卻無「常」、會「變」的「理」來對比、映襯，由「理」說「道」，由「理」察「道」、體「道」。其所反映的，或許是法家思想性質較爲苛削細察，其發論慣常明細條縷，講清楚、說明白，其解證虛無不可言辯的「道」性，也難能一步到位，而一依慣例地條分縷析的必然結果。

---

[20] 只有例證第五十二章時，夾插了一句結論「故人主之欲見於外，則爲人臣之所制。」然後引證《老子》之文，其餘五十餘例，幾乎只有例證，無有說解。

（三）由治身、治慾角度解證《老子》的反向哲學

〈解老〉、〈喻老〉一本法家趨利避害的性惡觀點，總喜將《老子》玄妙高深的體道、修德之論，與重戒儉嗇、節制之理，簡單地歸結為精神「外誘於物」的根由，將《老子》的反言玄理簡略地解為以治慾、恬神為關鍵的治身之理。《老子》原本固亦呼籲人清淨寡慾，但將《老子》許多體道玄言，悉從慾淫、外誘一路結證說明，大大縮限了《老子》理論的思想空間，也弱化了《老子》哲學的豐富義涵。

尤有甚者，〈解老〉詮釋第三十八章的「上德」，前後義涵不一致。其釋「上德不德」的「上德」為「不思」、「不用」、「無為」、「無欲」，亦即精神不外淫；後釋「上德無為而無不為」的「上德」為「虛」，為「無為」、「無私」、「意無所制」、其意能忘，亦即不著意，不刻意之意。同樣都以「無為」為「上德」的內容要項，但「無欲」與「不思」，「虛」之「意無所制」、其意能忘與「精神不外淫」是否義涵一致？是很有問題的。但在〈解老〉中，這些似同而不盡同義涵的語詞，卻通通含混地歸攏合一了。

儘管如此，〈解老〉解證《老子》也仍不乏精當可取之例。如解證不在上述十章中的第五十章「出生入死，生之徒十有三，……以其無死地」時，雖同樣由治身、「重生」的觀點發論，義理的說明與解析卻相當精采剴切。〈解老〉說：

> 人之身三百六十節，四肢，九竅，其大具也。四肢與
> 九竅十有三者，十有三者之動靜盡屬於生焉。屬之謂
> 徒也，……至死也十有三具者皆還而屬之於死，死之

徒亦有十三，故曰：「生之徒，十有三；死之徒，十有三。」凡民之生生而生者固動，動盡則損也，而動不止，是損而不止也，損而不止則生盡，生盡之謂死，則十有三具者皆為死死地也。故曰：「民之生，生而動，動皆之死地，亦十有三。」是以聖人愛精神而貴靜，……夫兕虎有域，動靜有時，避其域，省其時，則免其兕虎之害矣。民獨知兕虎之有爪角也，而莫知萬物之盡有爪角也，不免於萬物之害。何以論之？時雨降集，曠野閒靜，而以昏晨犯山川，則風露之爪角害之；事上不忠，輕犯禁令，則刑法之爪角害之；處鄉不節，憎愛無度，則爭鬥之爪角害之；嗜慾無限，動靜不節，則痤疽之爪角害之；好用其私智而棄道理，則網羅之爪角害之。兕虎有域，而萬害有原，避其域，塞其原，則免於諸害矣。凡兵革者，所以備害也。重生者雖入軍無忿爭之心，無忿爭之心則無所用救害之備。……聖人之遊世也無害人之心，無害人之心則必無人害，無人害則不備人，故曰：「陸行不遇兕虎。」入山不恃備以救害，故曰：「入軍不備甲兵。」遠諸害，故曰：「兕無所投其角，虎無所錯其爪，兵無所容其刃。」不設備而必無害，天地之道理也。體天地之道，故曰：「無死地焉。」動無死地，而謂之「善攝生」矣。㉑

〈解老〉儘管把「十有三」很特殊地從治身、養生的觀點，解釋

㉑ 陳奇猷《韓非子集釋》，頁371-372。

為「四肢九竅」，與三百六十節同為人「生之大具」，顯非《老子》原意。但它說聖人善攝生，因為他「愛精神而貴處靜」，倒也切合《老子》之旨。最精采的是，它對「陸行不遇兕虎，入軍不備甲兵」、「兕無所投其角，虎無所錯其爪，兵無所容其刃」等「無死地」、「善攝生」的解釋與說明。根據它的說法，善養生不是走在陸地上遇不遇到兕虎，在軍陣中擋不擋得了甲兵的問題，也不是兕虎的角爪、敵軍的兵刃傷不傷害得了自己的問題。而是，你應當知所防範地不讓自己陷入那樣的情境中，不讓自己有遭遇這樣狀況的機會與可能的問題，這叫「避其域」、「塞其原」、「無死地」。這樣的詮釋就適切到位得多。它明釋《老子》此章所舉示的兕虎、兵刃，都只是象徵性的禍害義涵，天地宇宙間類似的各種不同形態的外患太多了，自然界的風霜雨露，社會上的刑法制度，人間的鬥爭相殘，乃至自身生活無度所引致的疾病，在在都似角爪、兵刃，足以造成生生之害。但「萬害有原」，每一種禍患，都可以找到根由，能掌握根由，知所趨避，便可以免害避禍，這正是《老子》所要叮囑的道理，〈解老〉作者剴切無誤地掌握到了，並且作了明爽適當的詮解。

在〈解老〉、〈喻老〉其餘與〈道應〉不重應的解老章節中，仍不乏類似的剴切入理的詮釋，由於篇幅所限，不能盡入本文之討論中，留待他日另文再論。

陸、「道」的異稱及其義涵衍化
——「一」與「亙」

前　言

　　作為道家哲學之源，《老子》全書雖僅五千言，其所論述相關於「道」的義涵卻極其豐富。這些豐富的「道」義涵元素孕育了《老子》哲學在此後中國思想史、學術史、文化史上能夠不斷被推衍的巨大能量與多元開展的壯闊格局。從《老子》到《莊子》、黃老、莊老，從道家到道教，從本體到創生、養生、政治，《老子》哲學的生命，既「大」又「遠」地在各時代、各層面持續繁衍滋長、生生不息。

一、《老子》的「道」與「一」、「氣」、「術」、「恆」

　　「道」概念的出現或許並不始於《老子》，但至《老子》，始給予「道」嶄新而豐富的內容則是公認的事實。[1] 余明光曾引

---

① 參見余明光《黃帝四經與黃老思想》（黑龍江：黑龍江人民出版社，1989年8月），頁97。

《莊子・天下》述古代思想源流第一階段中的「以天爲宗，以德爲本，以道爲門，謂之聖人。」②認爲古代中國思想發展的第一階段是西周時期，思想發展順序是天──德──道。這個「天」當然帶有「帝」的意味。直至第三階段──戰國時期，「天下大亂，賢聖不明，道德不一，天下多得一察焉以自好。」學術下移於私人，百家之學興起，道家學說興盛，「道」的順序才被移至到「德」前。③不論這樣的說法準確度如何？「道」的哲學概念及其所衍生的諸多義涵，確實是《老子》所賦予，由《老子》開始的。在《老子》裏，「天」已經不是「宗」，「道」也不只是「門」，傳世本《老子》第二十五章說：「人法地，地法天，天法道，道法自然。」「道」高於「天」，在「天」之上，爲「天」法則之根源。當然，此時之「天」也非《莊子・天下》之「天」，而被重新定位爲與「地」相對之「天」了，「道」的崇高地位確立了。

然而，《老子》因推衍道論，卻產生了許多相關的副產品，諸如「一」、「恆」、「氣」、「術」等衍生概念，成爲中國哲學、學術上的重要成分，在中國哲學、學術、文化上，造成極大的影響與開展。本文由於時間與篇幅所限，一時無法全數納入討論，暫以「一」與「恆」爲討論核心，對於延伸最廣、發展最大的「氣」，以及和法家牽涉甚深的「術」的關係，只簡單小述，留待另文深入探討。

---

② 清・郭慶藩《莊子集釋》，頁1066。
③ 余明光《黃帝四經與黃老思想》，頁76-77。

（一）一

　　不論從各傳世本《老子》，還是近年出土、面世的各種簡帛本《老子》（如：馬王堆甲、乙帛本、郭店戰國簡本、北大漢簡本）看來，在《老子》裏，作爲萬物生成根源的，已不只有「道」，也衍生出了與「道」相當近似的「一」了。在《老子》裏，「道」是無形無名，非感官知覺對象（詳見第一、十四、二十一、四十一各章），是「萬物之宗」（第四章）、「萬物之奧」[④]（第六十二章）、「天地之根」（第六章），《老子》稱之爲「谷神」、爲「玄牝之門」（六章）。在這一系列始源、根源義涵上，《老子》說，它是透過「一」與「氣」去執行，透過「德」去操作，始能普遍恆常、生生不息。《老子》說：

> 道生一，一生二，二生三，三生萬物，萬物負陰而抱陽，沖氣以爲和。（四十二章）

> 道生之，德畜之、長之、育之、亭之、毒之、養之。（五十一章）

「一」是「道」生成萬物的初階。這個「沖氣以爲和」的「氣」與其後黃老氣化論之「氣」或未必完全等同，但此後循著《老子》此一命題開展宇宙論的，卻都據此，以「氣」爲「道」生化的內質與元素，展開論證。

　　《老子》一方面說「道」是「萬物之宗」、「萬物之奧」，

---

④ 「奧」字王弼注「曖也，可得庇蔭之辭。」（見《老子王弼注》，頁89。）河上公注「奧」爲「藏」，言「道爲萬物之藏，無所不容也。」（見《老子道德經河上公章句》，頁241。）都是就廣大包含之義解「奧」，義如「谷」。個人卻以爲，「宗」指「本源」、「根源」，「奧」除了廣大包容之義外，當亦有精微內藏，不可得見之義。

同時也說：

> 昔之得一者，天得一以清，地得一以寧，神得一以
> 靈，谷得一以盈，萬物得一以生，侯王得一以爲天下
> 貞。其致之，天無以清，將恐裂；地無以寧，將恐
> 發；神無以靈，將恐歇；谷無以盈，將恐竭；萬物無
> 以生，將恐滅；侯王無以貴高，將恐蹶。（三十九
> 章）

「一」是天地事物所以存在與成就的核心依據與根源，這「一」
幾等同於「道」。

《老子》又說：「聖人抱一，爲天下式。」（第二十二
章）、「載營魄抱一，能無離乎？」（第十章）前者是政治面向
的論述，後者是修養面向的論述，都是人事層面的討論。這些
「一」，也幾乎等同於「道」，「抱一」就是「懷道」，就是緊
守住事物那一點深藏於內，關鍵性的核心根源。能掌握住那個
「宗」、那個「奧」，就能「爲天下式」，就能恆不離「道」，
上臻「道」境。

「一」儘管一如王弼所說，是「數之始、物之極」，所以
可以替代「萬物之宗」的「道」。⑤但「一」畢竟是由「道」所
生而非「道」，道是無，一是有，不是無。「一」能取代「道」
的，只限於「道」之生成與應用層，而無法上升到本體與始源的
至上層。這不但在五千言中所呈現狀況如此，在其後道家學者所
推衍的理論中，也都是如此。「一」雖然常被用來取代「道」，

---

⑤ 王弼注此說：「一」是「數之始，物之極。」「道」是萬物之「宗」，故以數之始的
　「一」，喻萬物之「宗」的「道」。（魏・王弼《老子王弼注》，頁55。）

但大致都只停留在生成的核心與依據一義，或應用層，不大見其上升至始源義或本體層。《老子》第二十二章所言「聖人抱一」，即是落在應用層的論述。第十章「載營魄抱一」，也是修養層面的論述，都非關本體或始源。

（二）氣

「氣」在《老子》中只出現過一次，用以說明「道」透過「一」去生化萬物的過程，指向了「氣」的作用。但，《老子》點到為止，只說了「萬物負陰而抱陽，沖氣以為和」，便沒有再做任何進一步的闡說，五千言其餘各章也都沒有。後期道家學者卻把握其中的「陰」、「陽」、「氣」三元素，大加推衍，盛大地開展出戰國秦漢以下氣化的宇宙論來。

在黃老學的大本營——稷下學宮的集體著作《管子》的〈內業〉等四篇中，「氣」取代了「道」，作為生成之元，完成其治身、治國一體，氣化萬物說，以及精氣的養生、治心論。在被司馬遷歸為學本黃老的《韓非子・解老》中，也以「氣」詮釋《老子》的道德說。秦代《呂氏春秋》也有「氣」之生化說與「精氣」治身論。到了西漢的《淮南子》，終於完成了氣化宇宙論的完整建構，成為此下二千年中國氣化宇宙論的典型模式。而《管子》、《韓非子》、《呂氏春秋》、《淮南子》裏以「氣」或「精氣」為生命質素的精氣養生論，終於成為此後道家、道教乃至中國養生術的基本理論依據。漢代《老子指歸》「氣化玄通」的生成論、《老子河上公章句》的養生說、《老子想爾注》與《太平經》的宗教養生論，下至魏晉葛洪《抱朴子》的內外丹功，乃至宋代理學家張載、朱熹的理、氣論，以迄清代王夫之的

「氣」論，上下約近一千五百年，從哲學到宗教，從學術到文化，從科學到數術，幾無不以「氣」爲論證的核心元素，牽涉實在太大了，論題也太廣，資料太多，一時無法全部納入，作較完整的討論，故姑且不細論，他日另撰專文探討。

（三）術

　　司馬談〈論六家要旨〉說：「儒、墨、陰陽、道德，此爲治者也。」⑥可見各家學說在司馬談看來，最後都是要落實爲政治操作之用。即以其所謂「道德」的道家而言，《老子》雖然只論「道」，不言「術」，但五千言中提論「聖人」、「侯王」者至少三、四十次，其所謂「聖人」，都是指能自然無爲以治天下的「侯王」。可見《老子》雖然只言「道」，不言「術」，「術」的發展空間卻早已深藏其中。在戰國中晚期的法家管、申、韓等的撰作與相關文獻中，「道」早已被轉化爲「靜因」的君綱與陰鷙的統御術了。到了漢代的黃老治世，「道」的「術」化更明顯。西漢之初，賈誼早已察覺這種「道」的「術」化跡象與趨勢，開始在《新書》裏作了清楚的界定與討論了，他說：

> 請問「道者，何謂也？」對曰：「道者，所從接物也，其本者謂之虛，其末者謂之術。虛者，言其精微也，……術也者，所從制物也，動靜之術也，凡此皆道也。」⑦

「道」的本體是「虛」的，精微的；「術」是「道」在現象事物

---

⑥ 劉宋・裴駰集解，唐・司馬貞索隱，張守節正義《史記集解》，頁1349。

⑦ 漢・賈誼《新書》（台北：世界書局，1967年），頁52。

界的功能與作用，是可以操作的（所謂「接」、「制」）。而不論是「虛」的道體，還是「接物」的道用，賈誼說，攏統地總稱起來，都叫「道」。

　　稍後，司馬談在〈論六家要旨〉，班固在《漢書・藝文志》中，都直稱「道家」學說爲一種「術」，而且是一種政術。司馬談說「道家」，「其『術』以虛無爲本，以因循爲用。」⑧〈漢志〉說「道家」是一種「秉要執本，清虛以自守，卑弱以自持」的「君人南面之術」⑨。這代表漢人所理解的「道家」。漢代人對「道」的理解往往不是「氣」，就是「術」。司馬談本身是黃老成分濃厚的學者，賈誼自認爲儒者，大事推闡道德仁義，司馬遷卻說他和晁錯同樣「明申商」，具有相當成分的法家傾向。《老子》「道」的「術」化，法家是主作者，也是大宗，賈誼的思維可以理解。而班固也罷、劉向、劉歆、司馬談、賈誼也罷，「道家」之稱本始於漢人，漢人理解中的「道家」，原本就是治術化了的黃老道家，其視「道」爲「術」也就是自然而必然的了。有關「道」的「術」化問題，由於係屬「道」的應用，個人已於前章〈由道到術──漢人對「道」的理解與詮釋〉中探討過⑩，茲不贅述，只論涉及本體與創生的「一」與「互」。

（四）常與恆

　　不論就各傳世本還是簡、帛本《老子》看來，「常」都是

⑧ 劉宋・裴駰集解，唐・司馬貞索隱，張守節正義《史記集解》，頁1350。

⑨ 漢・班固撰，唐・顏師古注，清・王先謙補注《漢書補注》（台北：藝文印書館影光緒庚子春月長沙王氏校刊本），頁892。

⑩ 《政大中文學報》第22期，2014年12月，頁43-68。

《老子》思想的重要概念。《老子》說：

> 致虛極，守靜篤，萬物並作，吾以觀復。夫物芸芸，
> 各復歸其根。歸根曰靜，是謂復命，復命曰常，知常
> 曰明。不知常，妄作凶。知常容，容乃公，公乃王，
> 王乃天，天乃道，道乃久，沒身不殆。（傳世本第
> 十六章）⑪

傳世本《老子》提及「常」處共有15章，其中12章在各簡、帛本（包括郭店簡本、馬王堆帛書甲、乙本、北大漢簡本）原本都作「恆」，傳世本始改作「常」。⑫而在各種簡帛本《老子》中，12章作「恆」者與3章作「常」者，義涵上原本有很清楚的區分。作「恆」者只是一般修飾性的形容詞與副詞，3章作

---

⑪ 魏·王弼《老子王弼注》，頁18-21。

⑫ 有關簡帛本《老子》12處原作「恆」，傳世本《老子》皆改作「常」的原因，有學者認為是避文帝劉恆之諱，細加思量，恐未必然。因為郭店簡本《老子》的抄寫年代在戰國時代，自然無避諱「恆」的問題。即以馬王堆帛書甲、乙本《老子》而言，墓葬年代是西漢文帝前元12年（西元前168年），其抄寫年代當早於此，或許可能早到文帝未即位前，果此，自然亦無避諱問題。而北大漢簡《老子》，依整理者韓巍教授之見，從文字中，「沒有找到足以判斷其抄寫年代的直接證據。」若依其字體接近成熟漢隸的特徵看來，「可能早到武帝前期，但不可能早到景帝。」按理說，應該避文帝之諱，但日人影山輝國在其〈關於漢代的避諱〉一文中詳舉例證，證明漢人的避諱很寬鬆，東西兩漢都一樣，傳世典籍，如《史記》、《漢書》、《說文解字》、《論衡》，出土文獻，如武威漢簡、銀雀山漢簡、馬王堆漢墓帛書都一樣，避諱相當寬鬆，大抵官方文書避諱較嚴，明器或私人抄書較為寬鬆。馬王堆帛書《老子》和北大漢簡《老子》都屬私人抄書，雖抄寫於漢代，12處「恆」字，卻不諱文帝名諱，或可由此找到因由。如此說來，傳世本《老子》之改「恆」為「常」，未必是避諱問題，而只是版本問題。韓說詳見韓巍〈西漢竹書《老子》的文本特徵和學術價值〉，收於北京大學出土文獻研究所編：《北京大學藏西漢竹書〔貳〕》（上海：上海古籍出版社，2012年12月），頁208-209。影山輝國〈關於漢代的避諱〉，詳見《簡帛研究》2005年（桂林：廣西師範大學出版社），頁292-298。

「常」者則有特定的哲學義涵。

　　然而，到了後代某些道家文獻中，「恆（亙）」卻被賦予了特定的哲學義涵，其重要性也被提升至與「道」幾乎等同的地位，成了生成的始源，這在上博簡〈亙先〉與馬王堆帛書〈道原〉中有清楚的呈現，留待下文詳細論證，茲先論「一」對「道」的因革情況。

二、「一」對「道」的因承與衍化

　　自從《老子》以「一」為生化之始、以「一」為事物存在與功能展現的核心依據、以「一」為修養之極則後，後世不論《莊子》，還是出土的道家文獻中，對於這三個面向義涵的「一」，都有明顯的繼承與轉化。

（一）「一」是天地事物存在與功能展現的依據

《莊子·大宗師》說：

> 夫道……，狶韋氏得之，以挈天地；伏羲氏得之，以襲氣母；維斗得之，終古不忒；日月得之，終古不息；傅說得之，以相武丁；奄有天下，乘東維，騎箕尾，而比於列星。

上文稱的還是「道」。〈大宗師〉說，「道」是一切天文成象，人政成功的核心依據。〈大宗師〉之外，《莊子·天下》也說：

> 古之所謂「道術」者，果惡乎在？曰：「無所不在。」曰：「神何由降？明何由出？聖有所生，王有

所成，皆原於一。」

郭象注「原於一」曰：「使物各復其根，抱一而已，無飾於外。」成玄英疏：「原，本也；一，道也。雖復降靈接物，混跡和光，應物不離眞常，抱而歸本者也。」[13]「一」指的當然就是「道」，只不過對於這個「一」的義涵詮釋，郭注與成疏和〈天下〉原旨略有不同。依〈天下〉之意，「一」是一切不可知見的靈妙功能，與可知見的人世典範、成就的根源。郭注與成疏卻側向「用其光，復歸其明」一義，說這個「道」就是那個不論如何「混跡」、「和光」、「應物」，最終仍然必須回歸的「眞常」與「本根」。〈天下〉篇重在其爲一切存在之核心依據，郭注、成疏則偏指其爲終必回返之根源，然不論核心依據或根源，所指之「一」都是「道」。

值得注意的是，《老子》三十九章「天得一以清，地得一以寧……」原本稱論的是「一」，《莊子・大宗師》同樣的意思，卻直稱其爲「道」。原本在《老子》中，「道」和「一」是有別的，但在《莊子》的理解，《老子》第三十九章的「一」根本就是「道」，故直接以「道」指稱。

在被唐蘭指稱爲即是〈漢志〉所錄《黃帝四經》的馬王堆黃老帛書〈十大經・成法〉中，同樣的意思；卻先稱「道」後用「一」，〈成法〉說：

昔者皇天使馮下「道」，一言而止。五帝用之，以扒天地，以揆四海，以懷下民，以正一世之士。……。

---

[13] 清・郭慶藩《莊子集釋》，頁1066。

> 一者,道其本也,……。一之解,察於天地;一之
> 理,施於四海。何以知緆之至,遠近之稽?夫唯一不
> 失,……,千言有要,萬言有總。萬物之多,皆閱一
> 空。……。總凡守一,與天地同極。⑭

「一」是瀰天鋪地的真理與律則,也是萬物萬事生出的門戶。
與〈十大經・成法〉同時出土,並抄錄在一起的馬王堆帛書〈道
原〉,開宗明義鋪寫一個與「道」有著近似內涵的「互先」的存
在與功能時說:

> 互先之初,週同太虛,虛同為一,……鳥得而飛,
> 魚得而游,獸得而走,萬物得之以生,百事得之以
> 成。……。「一」者其號也,虛其舍也,無為其素
> 也,和其用也。……。天地、陰陽、四時、日月、星
> 辰、雲氣,蚑行、蟯動、戴根之徒皆取生,「道」弗
> 為益少;皆反焉,「道」弗為益多。⑮

　　將上述這幾則引文,取與《老子》三十九章相對,詞面表述
儘管不同,內容義涵卻一致,直可做為《老子》第三十九章的複
述與推衍。所不同的,《老子》三十九章的主論對象是「一」,
〈大宗師〉則直指其為「道」,〈道原〉則是「道」與「一」交
替並稱。而不論論「道」還是說「一」,其所論述的內容都指其
為天地事物存在或其功能的根源。

　　而〈十大經・成法〉開頭稱用的是「道」,隨後卻換用了

---

⑭ 河洛圖書出版社編輯部《帛書老子》（台北：河洛圖書出版社,1975年12月）,頁219-
　　220。

⑮ 河洛圖書出版社編輯部《帛書老子》,頁235。

許多的「一」，顯示了「道」與「一」的緊密關係。又說它充滿天地四海，是帝王撫民正世成功順遂的核心關鍵，也是一切有形無形事物的總要，「一」是「道」由形上衍生形下事物（萬事、萬言）的關鍵。〈成法〉不論稱「道」或「一」，指的都是治政之事，〈道原〉則偏指其為生成依據。〈道原〉全文只有464字，篇題叫「道原」，前半說：「……道弗為益少，……，道弗為益多。」「上道……」；後半論述人事政治之用，說：「得道之本……」，前半所述「互先」之初始性徵，除「濕濕夢夢」一句加入水元素外，與《老子》「道」的性徵相合，由這種種的表述看來，都可證明這「互先」指的就是「道」。但〈道原〉卻說「一者其號也，……，和其用也。」[16]這令人想起《老子》「名」和「字」的不同，「道」和「一」的差別，以及「道生一，一生二，……，沖氣以為和」等等問題。

　　《老子》反對「名」，認為：「名」必須能全備無遺地表詮事物的整體內涵，才叫「恆（常）名」。一般經驗世界中的「名」都到不了這樣的程度，故《老子》反對世俗之「名」。因此，即使是像「道」這樣一個經《老子》審慎考量後給予的稱謂，也仍然只是「字」，不即是「名」，稱用之後還要極力地補充其合乎「名」的特質——「大」、「逝」、「遠」、「反」，以免人執「字」為「名」，曲限了「道」義。[17]可見，在《老子》，「一」與「道」是有別的，「一」比「道」更遜一等，是「道」的滋生。連「道」都不是「名」而是「字」，那個更

---

[16] 以上所引帛書〈道原〉，詳見河洛圖書出版社編輯部《帛書老子》，頁235-236。

[17] 《老子》第二十五章說：「有物混成，先天地生，寂兮寥兮，獨立而不改，周行而不殆，可以為天下母，吾不知其名，字之曰道，強為之名曰大，大曰逝，逝曰遠，遠曰反。」

遜一等的「一」當然應該比「字」更次一等，而為「號」了。
〈道原〉的作者因此說：「一者其號也。」換言之，那作為至高
始源、「先天地生」的「混成」之物，難以「名」，故無「常
（恆）名」，只有「道」這個勉強給的「字」。而實際上，它的
運作是由「一」開始，由「一」來執行的，「一」既不能完全
等同於「道」，更不能作為整全的「常（恆）名」；因此，便再
退而求其次，給了個輔稱「字」的「號」之地位，顯示其較之為
「字」的「道」，更下一層。

　　〈道原〉與〈互先〉之外，郭店出土道家文獻〈太一生水〉
也說：「道亦其字也，青昏其名。」[18]也以「道」為字，並指出
其較能全備無遺地涵蓋這個創生始源的內容之名，叫「青（清）
昏」（質樸混沌）。[19]

　　總之，《老子》作為天地事物存在依據這一面向的「道」
義，不論在傳世文獻或出土簡帛文獻中，都明顯得到了承繼與推
闡，且常是以「一」的稱謂來執行的，唯其層次當然較「道」遜
次了。

（二）「一」是「道」生化萬物的門檻與初階

　　就前引〈十大經・成法〉看來，不但說「道」是五帝治世之
核心關鍵，又說：

---

18 荊門市博物館編《郭店楚墓竹簡》（北京：文物出版社，1998），頁125。

19 「青昏」整理小組原讀為「請問」，夏德安始以「青昏」為「道」之名，指天地未生時之混
　沌狀態，較能適切含包這個生成始源整全初樸的內涵，故從之。參見李零：《郭店楚簡校讀
　記增訂本》（北京：中國人民大學出版社，2007年8月），頁266。

> 一者，道其本也，……，千言有要，萬言有總，萬事
> 之多，皆閱一空。總凡守一，與天地同極。

對照《老子》第五十一章「道生一，……生萬物」，「一」確
實是以「道」爲本，由「道所生」，卻同時也是「道」體創生萬
物的門竅，「道」透過「一」去執行其生化及其在有形世界裏
的一切運作。靜態的「道」體，從「一」開始生動活絡，顯現其
靈妙的性徵與偉大功能。〈成法〉的表述，明白顯示對《老子》
「道」與「一」這一方面關係與義涵的繼承，《淮南子》的解
釋，更爲清楚、透澈。《淮南子》說：

> 道始於一。（〈天文〉）

> 道者，一立而萬物生矣。……。萬物之總皆閱一孔，
> 百事之根皆出一門。
> 道出一門，通九原，散六衢。（〈原道〉）

> 萬物同出於一，……一也者，萬物之本也。（〈詮
> 言〉）[20]

較之〈成法〉的「千言有要，萬言有總，萬事之多，皆閱一
空」，《淮南子》各篇詮釋，不但涵攝層面更廣、更大，解析也
更爲精確明晰。《老子》「道」與「一」的生化關係，到了《淮
南子》，說得最清楚了。

（三）從核心根源到「守一」

「一」既然是事物存在的核心依據，要修養精神當然要守

---

[20] 以上所引分見劉文典《淮南鴻烈集解》，頁122、30、55、463-474。

「一」循「道」，《老子》第十章因此說：「載營魄抱一，能無離乎？」用「一」代稱「道」，從此以後，「守一」、「抱一」成了後期道家與道教修養論中，特定的語詞與工夫，〈十大經·成法〉因此要人「總凡守一」。

在一九九三年上海博物館購自香港古董店的戰國竹簡文獻──〈凡物流行〉中，全文後半篇近500字，也是以「一」代稱「道」，大談「一」為事物存在之依據與核心，乃至為政、修身、治事成敗的關鍵，大大的推闡了「一」的功能與妙用。文中「道」、「一」交替衍用，「道」卻只用兩次，其餘都以「察[21]一」、「一」進行論述。其所論述的「一」和「道」都是指現象事物的核心依據，與治事、修身、蒞政成敗的關鍵、要領，〈凡物流形〉說：

> 察（識、執）道，坐不下席，端文（冕）箸（書、佇）[22]，不與事，先知四海，至聽千里，達見百里。……能寡言乎？能一乎？夫此之謂小成。……百姓之所貴唯君，君之所貴唯心，心之所貴唯一。得而解之，上賓於天，下播於淵……。
>
> 一生兩，兩生三……是故，有一，天下無不有；無一，天下亦無一有。是故，察道，所以修身而治邦

---

[21] 此字各家釋讀甚為歧異，或作「識」，或作「執」、「守」，或作「得」。個人將之與同篇簡十四中寫法相同之字並觀，以為作「察」者義較勝，因從之。各家之說見個人所著《近四十年出土簡帛文獻思想研究》，頁442所引論（台北：五南圖書出版股份有限公司，2013年11月）。

[22] 本句各家標斷與釋讀都不一致，曹錦炎原作「端文書，不與事。」亦有省作「端冕，箸（舒、佇）」（顧史考、曹峰、汪中江）者，都各有其理，卻無絕對的說服力，因並存其說。各家之說見拙作《近四十年出土簡帛文獻研究》，頁442-443所引論。

家。……能一，則百物不失；如不能察（識、執）
一，則百物具失。如欲察一……得一而閱之……得一
而思之……察（識、執）一以爲天地稽……。㉓

「一」是天下一切事物存在的依據，也是君道所要培養的核心工
夫。大半篇的〈凡物流形〉成了「察（識、執）一」專論。

　　繼〈凡物流形〉之後，《呂氏春秋・大論》也大肆敷論「知
一」的妙用與功能，〈論人〉說：

凡彼萬物，得一後成，故知一則應物變化，闊大淵
深，不可測也……德行昭美，比於日月，不可息也；
豪士時之，遠方來賓，不可賽也；意氣宣通，無所束
縛，不可收也。故知知一，則復歸於樸，嗜欲易足，
取養節薄，不可得也……故知知一，則可動作當物，
與時周旋，不可極也……故知知一，則若天地然，則
何事之不勝？何物之不應？㉔

反覆強調「知一」的妙用與功能。「知一」可以應物變化、昭美
德行、徠賓遠方、宣通意氣、取養節薄、動作當物，簡直無所不
能。〈論人〉所述和〈凡物流形〉雖然辭面不同，旨意其實完全
一樣，能掌握「一」，內修外王、治事理物，無不順遂圓成。總
結這一切，《淮南子・齊俗》因此說：

聖人執一而勿失，萬物之情究矣。㉕

㉓ 兩則引文分見馬承源主編《上海博物館藏戰國楚竹書（七）》（上海：上海古籍出版社，
　　2008年），頁269-270。

㉔ 許維遹《呂氏春秋集釋等五書》（台北：鼎文書局，1984年），頁152-153。

㉕ 劉文典《淮南鴻烈集解》，頁353。

這些「一」其實就等同於「道」，只不過這種「道」，偏向人事之「道」，是《老子》「道」在應用層面的推闡。我們不知道，在戰國晚期至秦漢之間，這種大肆敷論「守一」、「察一」、「執一」、「知一」的功能之哲學文獻究竟還有多少？但，它們很可能曾經在戰國末至秦漢間成爲一種流行的「公論」。

到了早期道家經典《太平經》的養生論中，「守一」更轉成爲一種專門的修鍊術。《太平經》說：人要「長存不死」，必須「與道爲一」（卷七十三到八十五），又說「古今要道，皆言守一，可長存而不老。人知守一，名爲無極之道。」（卷七十三到八十五）「子知守一，萬事畢。」（〈萬二千國始火始氣訣〉）可見，《太平經》在養生方面，所謂合「道」，就是要「守一」，它以「一」代稱了「道」。所謂的「一」或「道」，《太平經》說：

> 一者數之始也，一者生之道也，一者元氣所起也，一者天之綱紀也。（〈五事能承負法〉）㉖

> 一者乃道之根也，氣之始也，命之所屬，眾心之主也。（〈修一卻邪法〉）㉗

「一」是一切事物的根本與核心，就人身之修養而言，「一」就是指的人的心神意念，因爲它是人身上最靈妙的主體，《太平經》說：

> 一者心也，意也，志也，念此一身中之神。（〈萬

㉖ 王明編《太平經合校》（北京：中華書局，1985年），頁60。

㉗ 王明編《太平經合校》，頁129-130。

二千國使火使氣訣第一百三十四〉）㉘

因此，「守一」就是要守住人的心神意念，恆保心神清寧。而就道教的求長生養生觀而言，不只是心神，即便是形骸，各部位也都有各部位的核心，因此全身各部位有各部位當「守」的「一」，〈修一卻邪法〉說：

> 頭之一者頂也，正之一者目也，腹之一者臍也，脈之
> 一者氣也，五藏之一者心也，四肢之一者足心也，骨
> 之一者脊也，肉之一者腸、胃也。㉙

這些頂、目、臍、氣、心、足心、脊、腸、胃因此都是道教養生術中修鍊的重點所在，也就是當「守」的「一」。而全身的中心位置尤在腹，「守一」因此特別著重在守「腹」，〈聖君祕旨〉說：

> 夫欲守一者……安臥無爲，反求腹中。㉚

這就是道教吐納、導引之術以腹、臍爲核心根點的原因。《老子》原本養神遺形的修養觀，雖然從此被轉化爲鍊形的養生術，但不論是心神義的「一」，還是形骸核心的「一」，《老子》原本作爲事物關鍵核心之「一」義，還是被承繼、保存了下來。

（四）從「一」到「太一」

《呂氏春秋》說「萬物得一而後成」，基本上是延續《老

㉘ 王明編《太平經合校》，頁369。

㉙ 王明編《太平經合校》，頁13。

㉚ 王明編《太平經合校》，頁741。

子》「一生二……生萬物」的旨意而來。爲了顯示這個「生萬物」的「一」上面還有一個更高的來源，有時，如〈大樂〉篇，在「一」的上面還加上了「太」字，稱「太一」，用以稱代「道」，來論生成，強化其至高無上的根源義，也對《老子》「一生二……生萬物」有更細緻的解析，〈大樂〉說：

> 道也者，至精也：不可爲形，不可爲名，故謂之太一。

> 萬物所出，造於太一，化於陰陽。[31]

顯然，〈大樂〉把「二」解釋成爲「陰陽」。其實稱生成之源爲「太一」並非始於《呂氏春秋》，《呂氏春秋》之前，《莊子‧天下》曾提及道家先趨「關尹、老聃之學」，已經說他們學說的核心是「建之以常無有，主之以太一」。今遍查各本《老子》，只有「一」與「常無有」，並無「太一」之說，因此「太一」很可能是關尹之說。成玄英疏《莊子‧天下》說：「太者，廣大之名，一以不二爲稱，言大道曠蕩，無不制圍，囊括萬有，通而爲一，故謂之太一也。」「太一」用以指稱道體之廣大無所不包。

　　繼《呂氏春秋》之後，孔穎達疏《禮記‧禮運》「禮必本於大一」也說：「大一者，謂天地未分，混沌之氣也。」依鄭注，「大音泰」，「大一」即太一。萬物源於「太一」，生化於陰、陽二氣，陰、陽二氣是「太一」的分化，「太一」是陰、陽二氣混沌未分之初態。這「太一」上以稱代「道」，下則分陰陽以孕生萬物。它是道體孕生之始，更清楚解釋了《老子》「道生一，一生二，二生三……生萬物」的命題。

---

[31] 以上所引見許維遹集釋《呂氏春秋集釋等五書》，頁210、207。

　　因爲關尹之說的不可得見，令我們無法確認「太一」之稱最早的源起。但至少，在《呂氏春秋》之前，一九九三年郭店出土戰國楚簡〈太一生水〉文獻中，已有以「太一」爲生成始源，「水」爲生成元素的生成論。在那裏，「太一」透過「水」去生成，有別於《老子》四十二章的生成方式，以複雜的反輔、相輔方式，歷經太一、水、天地、神明、陰陽、四時、寒熱、濕燥的生成過程，終於完成了「歲」時的生成，整個生成過程才算告一段落。這裏很特殊，生成狀態不是「氣」化，而是「水」生。生成過程也不是直貫而下，而是反輔、相輔交互合成。陰陽的生成次序後退了，目的也不在生成萬物，而在周行「歲」時。一切的生成狀況，相對於《老子》，相當陌生。但《老子》「復」的觀念倒是被保留了下來，且更加重視。〈太一生水〉說：

> 太一生水，水反輔太一，是以成天；天反輔太一，是以成地。天地 復 相 輔 也，是以成神明；神明復相輔也，是以成陰陽；陰陽復相輔也，是以成四時；四時復 相 輔也，是以成寒熱；寒熱復相輔也，是以成濕燥；濕燥復相輔也，成歲而止。
> 太一藏於水，行於時，周而又〔始，以己爲〕萬物母，一缺一盈，以己爲萬物經。[32]

趙建偉以爲，「反輔」表示「太一」不能直接生物，所有「復相輔」下都省去了「太一」，如果補全，應該是：

> 天地復相輔（太一）也，是以成神明；神明復相輔（太一）也，是以成陰陽；陰陽復相輔（太一）也，

---

[32] 以上所引見荊門市博物館編《郭店楚墓竹簡》，頁125。

是以成四時；四時復相輔（太一）也，是以成寒熱；

寒熱復相輔（太一）也，是以成濕燥；濕燥復相輔

（太一）也，成歲而止。㉝

換言之，不只天、地，其下的神明、陰陽、四時、寒熱、燥濕等
等的產生，都是「太一通過它們的前者，去生出後者。」㉞「太
一」以「水」爲元素，爲素材，進行其生成。「太一」的生成，
其實是「水」的運作，每一階的生成，都須回返「太一」，通過
「水」的反輔，亦即「太一」含藏「水」，才能運作進行。每
一階的生成都不是本階直生下階，而須是本階生成物復返「太
一」，才能生出下一階。每一階因此都是「太一」和「水」的生
成，不是其上階生成物的生成，故曰「反輔」。「太一」的生成
和《老子》一樣，「周行而不殆」，是循環往復的。「周而又
始」是「復」，「一缺一盈」的「相輔」模式也是「復」。所謂
「一缺一盈」是指每一階段生成，彼此之間的呈現，是依循此消
彼長，彼消此長的生成模式進行的，陰陽代勝、四時輪替，寒熱
迭生、濕燥交替。前者過盡，後者興生；後者過盡，前者復來。
故彼此看似互相對立，實則互牽互引，故曰「相輔」。這樣的生
成形態，除了「太一」的「一」與盈缺、周始的「復」觀念與
《老子》有延續關係外，其實比起〈互先〉更爲隔離《老子》。
篇幅雖小，卻十足顯現了楚人繽紛多姿的哲學內涵與水鄉澤國特
殊的哲學風貌。

㉝ 荊門市博物館編《郭店楚墓竹簡》，頁125。

㉞ 參見趙建偉〈郭店楚墓竹簡〈太一生水〉疏證〉，收入陳鼓應主編《道家文化研究》第17輯
（郭店楚簡專號）（生活‧讀書‧新知三聯書店，1999年8月），頁380-392。

三、常、亙與道

（一）「常」的哲學義涵

　　前文說過，在《老子》，「恆」和「常」原本是有別的。從各種簡帛本《老子》若馬王堆甲、乙兩種帛書《老子》、郭店竹簡《老子》、北大漢簡《老子》看來，《老子》中出現「常」的，原本只有3處，都是一種特定的哲學概念和語詞。出現「恆」的有12處，都是帶著描述性或限定性的形容詞或副詞，並無特殊的哲學義涵。然到了各類傳世本，不論河上公本、想爾本、嚴遵本、王弼本、還是傅奕本看來，那12處「恆」字全部都被改成了「常」字。從此，15處全以「常」字出現，這就是各類傳世本《老子》15處以「常」字論述的由來。就因了所有「恆」字被改為「常」，《老子》原本「常」字的特殊哲學義涵遂被糊混了。今欲觀察《老子》「常」字的重要義涵，還須從3處簡帛本原作「常」的論述中去了解。

　　簡帛本原作「常」，與傳世本一致的3處，分別是：

1. 傳世本第十六章

> 致虛極，守靜篤，萬物並作，吾以觀復。夫物芸芸，各復歸其根。歸根曰靜，是謂復命。復命曰「常」，知「常」曰明。不知「常」，妄作凶，知「常」容，容乃公，公乃王，王乃天，天乃道，道乃久，沒身不殆。（傳世本第十六章。漢簡本第五十九章作「致虛極，

積正督」，帛書甲本作「致虛極也，守靜表也」，乙本作
「守靜督也」。郭店簡本作「致虛互也，獸中富也」，無
「歸根」以下數句。）

2. 傳世本第五十二章

用其光，復歸其明，無遺身殃，是謂「襲常」。（嚴
遵、傅奕本作此，王弼本、河上公本作「習常」，郭店簡
本無此三句，帛書甲本同作「襲常」，乙本「用」以下缺
七字，末句作「是胃□常。」）

3. 傳世本第五十五章

知和曰常，知常曰明。（王本、河上本、嚴本、傅本皆
同。）

簡帛本則分別作：

和曰常，智和曰明。（北大漢簡第十八章）

和曰稟，智和曰明。（郭店甲組簡三十三到三十五）

和曰常，知和曰明。（帛甲本）

□□常，知常曰明。（帛乙本）

這三章反覆強調的是《老子》所重視的「常」與「襲（習）常」
的觀念。這些「常」，很明顯的是有深意的，是《老子》專有且
重視的哲學概念，它和《老子》所重視的另兩個概念「明」、
「和」是相關聯的。「知和」始稱「常」，知「常」叫「明」，
能「明」，才能入「道」。綜合這三章的意思，反覆強調的，就

是這些概念。換言之,「和」與「常」都是體「道」、入「道」的前階和必要條件。甚麼叫做「和」?《老子》第四十二章說:「道」在生化萬物的過程中,儘管「負陰而抱陽」,卻必須「沖氣以為和」才能生,不「和」不能生。「和」是一種狀態,是「道」生化萬物的過程中陰陽二氣平衡穩定的和諧狀態。「常」是一種狀態,也是一種律則,是一種事物向本源回歸,循環不已,永不止息的狀態與律則,所謂的「歸根」、「復命」。換言之,「常」是「道」的運作狀態,也是萬物運作,回歸本源的規律。能看清、了解這些狀態與規律就叫「明」。能「明」,才入「道」。《老子》因此要人「用其光,復歸其明」,不要被現象界「並作」的「芸芸」萬物萬象所迷惑,要能認清本源、回歸本源、掌握真理,才能入「道」。因此,「常」是「道」運作的律則,「和」、「常」、「明」深淺或略有不同,卻都是入「道」的前階狀態與條件。

(二)「恆」、「常」之區別與糊混

「恆」與「常」不同。從簡帛本《老子》12章「恆」字的用法看來,原本在《老子》,「恆」字大致上是帶有描述意味的形容詞或副詞,今比列簡帛本《老子》中12章涉及「恆」字的表述如下:

章次	傳世本（改作「常」）	章、簡次	簡帛本（恆）
1	道可道，非常道；名可名，非常名……故常無欲……常有欲……（王本、河上本、傅本）（想爾本缺此章）	45	道可道，非恆道殹（也）；名可命，非恆名也。……故恆無欲……恆有欲……（北大漢簡本）
			道可道也，非恆道也；名可名也，非恆名也。……□恆無欲也，……恆有欲也……（帛甲本）
			道可道也，□□□□□□□□□恆名也。……故恆無欲也，……；恆有欲也……。（帛乙本）
3	常使民無知無欲。（王本、河上本、傅本、想爾本）	47	恆使民無智無欲。（北大漢簡本）
			恆使民無知無欲也。（帛甲、乙本）
			（郭店簡本無）
27	常善救物。（王本、河上本、想爾本、傅本）	68	聖人恆善救人。（北大漢簡本）
			聲人恆善怵人。（帛甲本） 卽人恆善怵人。（帛乙本）
28	常德不離，……常德不忒，……常德乃足……（王本、河上本、想爾本、傅本）	69	恆德不離……恆德乃足……恆德不　……（北大漢簡本，帛甲、乙本）
			（郭店簡本無）
33	道常無名。（王本、河上本、傅本、想爾本）	73	道恆無名。（北大漢簡本）
			道互亡明。（郭店簡本） 道恆無名。（帛甲、乙本）

章次	傳世本（改作「常」）	章、簡次	簡帛本（恆）
34	常無欲，可名於小。	74	故恆無欲矣，可名於小。（北大漢簡本）
			則恆無欲也，可名於小。（帛甲、乙本） （郭店簡本無）
37	道常無為而無不為。（王本、河上本、想爾本、傅本）	77	道恆無為。（北大漢簡本）
			道亙亡為也。（郭店簡本） 道恆無名。（帛甲、乙本）
48	取天下常以無事。（王本、河上本） 將欲取天下者，常以無事。（嚴本、傅本）	48	□□□□□□無事。（北大漢簡本）
			取天下也恆一。（帛甲本） 取天下恆無事。（帛乙本） （郭店簡本無）
49	聖人無常心。（王本、河上本、嚴本、傅本）	12	聖人恆無心。（北大漢簡本）
			□人恆無心。（帛乙本） （帛甲本、郭店簡本無）
61	牝常以靜勝牡。（王本、河上本、傅本） 牝以靜勝牡。（嚴本）	24	牝恆以靜勝牡。（北大漢簡本、帛甲本）
			牝恆以靜勝牡。（帛乙本） （郭店簡本無）
65	常知稽式，是謂玄德。（王本） 常知楷式，是謂玄德。（河上本） 能知稽式，是謂玄德。（傅本）	29	恆智此兩者，亦楷式；恆智楷式，是謂玄德。（北大漢簡本）
			恆知此兩者，亦稽式也；恆知稽式，此謂玄德。（帛甲、乙本） （郭店簡本無）

章次	傳世本（改作「常」）	章、簡次	簡帛本（恆）
74	若使民常畏死。（王本、河上本、嚴本、傅本）	38	民恆不畏死……若使民恆畏死……（北大漢簡本）
			□□□□□□……若民恆是死（帛甲本） 若民恆且畏不畏死，……使民恆且畏死……（帛乙本） （郭店簡本無）

上述這12章簡帛本均作「恆」，傳世本皆改作「常」的例子，沒有一處不是形容詞或副詞，其中除了漢簡本第四十五簡（傳世本第一章）的「恆（常）道」、「恆（常）名」，與漢簡本第六十九簡（傳世本二十八章）的「恆（常）德」或因受到了「道」與「德」義涵幅射的影響，而略帶哲學意味，其餘十處都是一般形容性的語詞。沒有一處顯示其有特殊的哲學義涵。顯見原本在《老子》中，「恆」只是「經常」意，並無特殊的哲學義涵。

其反應於後期道家簡帛文獻中的情況，則「恆」雖仍是形容性語詞，卻略帶固定、規律之意，馬王堆黃老帛書《經法・道法》說：

> 天地有恆道，萬民有恆事，貴賤有恆位，畜臣有恆道，使民有恆度。[35]

---

[35] 河洛圖書出版社編輯部編《帛書老子》，頁194。

這是黃老理論很典型的由天道下貫人道，法天道以施政道的論述。這五個「恆」基本上也都是形容性語詞。根據〈道法〉後續的表述，所謂天地的「恆常」是指「四時、晦明、生殺、柔剛」，亦即四季輪替、晝夜更代、生長收藏、陰陽代王等等自然現象與規律。所謂萬民之「恆事」，是指「男農女工」，各守其職；貴賤之「恆位」是指「賢、不肖各守其職，不相妨」；畜臣之「恆道」是指「任能毋過其所長」；使民之「恆度」是指「去私而立公」。五「恆」當中，第一「恆」是天道，是自然律則，其餘四「恆」都是人道、政道，是由第一「恆」的天道秩序中提煉出來的人事定則與秩序，用以做為人道、政道規劃、操作的依據。這五「恆」中，第一「恆」——天道的「恆」殘留一點《老子》原本的規律義；其餘人事、政事四「恆」，關注的焦點都由統治的基點出發，偏重「固定」與「秩序」義，並無返本義涵。但較之簡帛本《老子》原本的「恆」義，顯然類近於「恆道」、「恆名」、「恆德」的「恆」義，已帶有相當程度的「固定」、「規律」、「秩序」義，而不僅僅是一般的形容性語詞了。

　　要之，在《老子》早期版本與先秦某些簡帛文獻中，「常」與「恆」原本是有別的。「常」是特定的哲學語詞，「恆」是表示「經常」義的語詞，因其為「經常」義，漸漸衍生出類似〈經法‧道法〉這樣，帶著固定、秩序、規律的義涵。唯經傳世本《老子》改「恆」為「常」後，《老子》原本「常」、「恆」用法有別的情況遂被糊混，「常」在《老子》中，原本的特殊哲學義涵因此也逐漸被淡化忽略了。

（三）「恆」的新義與開展

到了後期道家文獻中，「恆」的義涵卻被哲學化，地位也被抬高，成為與「道」類近的根源性存在。在長沙馬王堆黃老帛書〈道原〉和上博簡〈亙先〉中，都以類似「道」的始源義被論述推衍著。

在上博簡〈亙先〉中，「亙」字共出現了5次，依次是：

> 1.亙先無有，樸、虛、靜……
> 2.氣是自生，亙莫生氣，氣是自生自作。
> 3.亙、氣之生，不獨，有與也。
> 4.或，亙焉，生或者同焉。[36]

這幾個「亙」字，詞性、義涵都很確定，都是名詞（「亙先」是「亙」與「先」結合成為一個特殊名詞），是絕對哲學性的語詞，而且都富含相當程度的生成根源或始源義。

第一例的「亙先」，裘錫圭先生以為當是「亟先」[37]，李零先生雖釋為「亙先」，卻也說：「恆先是終極的先」[38]這些說法，當然可信。因為郭店甲本簡二十四的「致虛恆」，傳世本

---

[36] 以上所引見馬承源編《上海博物館藏戰國楚竹書（三）・亙先》（上海：上海古籍出版社，2003年版），頁288、289、295、290、298。

[37] 裘先生認為：楚簡常以「亙」字作「亟」，與《說文》「恆」字古文同形。但楚簡又有在此下加心旁的「恆」字，所以一般引用楚簡，都釋此字為「亙」，加心旁者為「恆」。陳偉看法相似。以「亙」為「亟」在楚帛書中也存在。裘說參見〈是「恆先」還是「極先」？〉，臺灣大學中文系，《2007年「中國簡帛學國際論壇」論文集》，2011年12月10日，頁1、2、4。陳偉之說見《郭店竹書別釋》（武漢：湖北教育出版社，2002年12月），頁45。

[38] 可見他雖然也視「亙」為形容性語詞，卻帶著「極」的始源義。

皆作「致虛極」，並沒有與其他12例同改作「至虛常」，此其一。其次，郭店乙本簡（二）「治人事天」章的「不克，則莫知其<u>亙</u>，莫知其<u>亙</u>，可以有國。」[39]各傳世本及北大漢簡本兩處「<u>亙</u>」亦皆作「極」，成為「莫知其極」。長沙馬王堆帛書〈繫辭〉說：「易有太恆，是生兩儀。」傳世本亦將「太恆」改作「太極」，成為「易有太極，是生兩儀。」饒宗頤先生說，這是漢以前〈繫辭〉傳的本來面目。[40]可見在《老子》與〈繫辭〉的傳抄及流傳過程中，「恆」除被改作「常」之外，亦有因楚簡以「<u>亙</u>」為「<u>亟</u>」，而作「極」者。傳世本《老子》第十六章「至虛極」的「極」因和下文「守靜篤」的「篤」相對，當然是表程度的副詞。然而，即使將〈亙先〉中的「亙先」釋作「亟（極）先」，並以「極」為表程度的副詞，其下仍有4則對「亙」的論述，都和「或」，尤其是「氣」這類生化元素聯結並論。

　　第二例強調「氣」的自生、否定「亙」對「氣」的派生關係。第三例述「亙」、「氣」雖無相生關係，在生成過程中卻非獨立不相干，而有相與關係。第四例講早期生成條件之一——「或」與其他生成條件間的相與關係。

　　這些「亙」不管與「氣」、「或」合論，或相牽涉，或作「極先」，或學者各有不同解釋，其為類似「道」的生成始源義則一。因為即使依裘錫圭先生之見，將「亙先」釋作「亟先」，那個「亟」字依然有著「太極」之類至高、至遠的始源義。

---

[39] 荊門市博物館編《郭店楚墓竹簡》，頁118。

[40] 參見饒宗頤〈帛書繫辭「太恆」說〉，《馬王堆漢墓研究文集》（長沙：湖南出版社，1994年5月），頁3。

除了上博簡〈亙先〉之外，馬王堆帛書《老子》卷前附抄古佚文獻〈道原〉也和〈亙先〉一樣，開宗明義便說：

> 亙先之初，迵同太虛，虛同爲一，恆一而止；濕濕夢
> 夢，未有明晦……。[41]

此處的「亙先」亦有學者釋爲「亙无」、「亙先之初」或「極先无有」、「極先之初」都可通，作「亙无之初」亦可通，唯獨作「亙无无有」較不恰當，但它們指的都是一種類似於「道」的始源狀態，套句俗話說，叫做「宇宙的起點」。故下文接續描述其性徵與狀態。

從〈亙先〉與〈道原〉看來，不論有沒有涉及生成過程中其他生成條件與元素——如氣、或之類，「亙」、「亙先」、「極先」都是指的一種類似於「道」的始源存在。馬王堆帛書〈道原〉篇名既然叫「道原」，論述核心當然是「道」，其所描述「亙先（或極先）」的性徵，除了富含水氣（濕濕夢夢（濛濛））之外，也大致與《老子》「道」的性徵相合，則這「亙先」、「極先」說的不是「道」，是什麼？李學勤先生曾取〈道原〉與《老子》「有物混成」章相對照，認爲：「亙先无有」即「先天地生」；「虛同爲一，亙一而止」即「獨立而不改，周行而不殆」；「大迵無名」即「不知其名」，〈道原〉開頭一段根本就是在詮釋《老子》「有物混成」章。[42]依其說，「亙先」指的當然就是「先天地生」的「道」。

---

[41] 河洛圖書出版社編輯部編《帛書老子》，頁235。

[42] 李學勤〈帛書《道原》研究〉，收入《馬王堆漢墓研究文集》（長沙：湖南出版社，1994年5月），頁2。

(四)「亙」與「復」

〈亙先〉在論述「亙」時，不但將《老子》原本「恆」的「經常」義直接向上提升到本源、始源的高位，在有限的文字中，援用《老子》「道」的始源概念，極力的論證其作爲始源的性徵與存在狀況，而且反覆申論「復」的作用與功能。〈亙先〉說：

> 亙先無有，樸、虛、靜。樸，大樸；虛，大虛；靜，大靜。自猒不自忍，或作。有或焉有氣，有氣焉有有，有有焉有始，有始焉有往。往者，未有天地，未有作行，生出虛靜。爲一若寂，夢夢靜同，而未或明，未或滋生。氣是自生，亙莫生氣，氣是自生自作。亙、氣之生，不獨，有與也。……異生異，鬼生鬼，韋生韋，非生非，[43]哀生哀，求欲自復，復生之生行。濁氣生地，清氣生天，氣信神哉！云云相生，信盈天地，同出而異生（性），因生其所欲。察察天地，紛紛而復其所欲。明明天行，惟復以不廢。……天道既載，唯一以猶一，唯復以猶復，……舉天下之生同也，其事無不復。[44]

姑且撇開其與《老子》母子相生情況之迥異與「氣」的問題，只把焦點定著在「亙」與「復」兩個概念上。在〈亙先〉前半

---

[43] 此兩句簡本作「韋生非，非生韋。」李學勤先生以爲有倒文，當作「韋生韋，非生非。」今從之。其說參見〈楚簡〈亙先〉首章釋義〉。簡博研究網：http://www.jianbo.org/AD-MIN3/HTML/lixueqin01%htm，2004年4月23日。

[44] 馬承源編《上海博物館藏戰國楚竹書（三）》，頁288-289。

篇對「互先」（或「互」）這個始源約500字左右的論述中，「互」字被提了5次，「復」字被提了7次，「道」字卻只用了1次（「天道」），且非始源義。王博認為，「作者顯然有意識的以「互」取代《老子》之「道」，以顯示其對本源的新理解」。原因是，「他不滿意於《老子》道論中的某些內容。」⑮不論〈互先〉的作者是否「不滿意於《老子》「道」的某些內容。」他刻意以「互」取代「道」是很明顯的。回觀《老子》第十六章對「常」義的界定，萬物「歸根『復』命」，回返本源，叫做「常」。「復」是「常」的主要內容，「常」的主要活動就是「復」。〈互先〉因此在5提「互」的同時，要7提「復」，再三強調「復」。而「知常」才算「明」，才能「容」，才能「公」，才能「王」，才能「天」，才臻「道」。從「常」到「道」之間，至少還有5階要進，「常」當然不能輕易與「道」等同，這或許是〈互先〉作者刻意避用「道」，而用「互」，並反覆申說「復」的原因。這個「復」根據《老子》十六章原意，當然是「歸」、「還」之意。根據第二十五章，道「逝」、「遠」之後又能「返」，也「周行而不殆」，當然也有循環往復之意。因此〈互先〉的「復」應該兼有歸本與循環兩意。

　　要之，〈互先〉的作者雖然沿用了《老子》「道」的質性——樸、虛、靜，作為「互」的主要質性，去發展其新的類生、自生的生成論。但《老子》「道」高於一切，無可企及的基本前提，其實從未褪去。因此，作者論述始源的創生，其實仍是以第四十二章為依據，沒有離開太遠。換言之，較之《老子》

⑮ 王博〈〈互先〉與《老子》〉，《政大中文學報》第三期，2005年6月，頁43。

四十二章所述的生成狀態，儘管大不相同，其論述焦點主要仍是
「一」以下的階段，真正的生成是由「氣」化「天地」開始，故
曰：

> 往者，未有天地，未有作行，生出虛靜……濁氣生
> 地，清氣生天，氣信神哉！云云相生，信盈天地，同
> 出而異生，因生其所欲。察察天地，紛紛而復其所
> 欲；明明天行，唯復以不廢。⑯

在「氣」未化生出天地之前，雖然設有「互」、「或」等前階狀
態，生成現象卻沒有開始，必得等到「氣」化生「天」、「地」
之後，才在天地間進行，一切生成現象都是「氣」在「天地」間
依著循環往復的模式在進行的，故能永無終止。〈互先〉因此
再三強調：「氣是自生，互莫生氣，氣是自生自作。」「互」、
「或」、「氣」只有先後關係，沒有任何生成關係。而全文唯一
出現的生成之「道」，因此也就只能是那個「唯一以猶一，唯復
以猶復」的「天道」，而不是「大樸」、「大虛」、「大靜」的
「互」，或「自生自作」的「或」了，因為他們只是作為存在的
始源「或」出現的早期階段條件，實際並不參與生成活動。而講
完「天道」的生成之後，依著後期道家（尤其是黃老）的習慣，
「人道」的生成也必然入論了，這就是〈互先〉後半大論人事名
言建置之因由。

　　總之，〈互先〉對於《老子》道論，是有所承繼的，《老
子》四十二章說萬物真正的生成從「一」開始，〈互先〉卻依循
《老子》十六章「歸根復命」的「常」軌進行，增添了依類相

---

⑯ 馬承源主編《上海博物館藏戰國楚竹書（三）》，頁288-289。

生（「異生異，鬼生鬼」、「韋生韋，非生非」）的不同生成形態，豐富了道家生成論的內容。而對於「歸根復命」的「常」之生成模式進行之前，那「先天地生」的「混成」始源本體，〈互先〉用了「大樸」、「大虛」、「大靜」來描繪，並增入了「或」之類充滿特殊新義涵的元素來層層高遠它，而《老子》原本很重視的「常」的核心要素——「復」，被保留了下來，並且加重強調。

結　論

一位偉人的一小步，往往就是全人類歷史的一大步。同樣的，一部偉大的著作，它字字珠璣的片言隻語都是響徹宇宙長空的巨雷。《老子》全書雖僅五千言，然其由「道」所衍生出來的各種哲學分子，卻如長河之水，瀰漫滲透到中國哲學的許多角落，從尖端到普羅，無遠弗屆，生生不息。本文僅取其在後世受到較大推闡，也較有開展之幾個「道」的衍生概念，諸如「一」、「常」、「恆」、「氣」與「術」等，觀測其在戰國秦漢傳世典籍及出土文獻、佚籍中所受推衍發展的狀況，以見老子哲學強勁生命力之一斑。尤其是近三、四十年出土哲學佚籍若〈互先〉、〈凡物流形〉、〈太一生水〉與黃老帛書〈道原〉中所一再提及，與傳世文獻有著相當應照性的「一」與「互（恆）」對《老子》哲學的推衍與歧出，發現《老子》哲學在後世道家文獻中受到較大關注與繼承的，主要還是生成始源與循環往復的觀念。而所有由「道」所衍生出來的異稱，大致上還是圍繞著《老子》生成與事物核心依據兩義在發展。「一」與「互

（恆）」如此，另外兩個一時不及納入論述的「氣」與「術」皆然。表面上，從玄學的角度看，《老子》哲學高深玄妙的奧義似乎因了這些分身而有所變質或下跌；但事實上，這正是《老子》哲學得以不斷發酵再生的堅韌生命力之另類展現。

柒、由《老子》的「常」、「復」到〈亙先〉的「恒」、「復」

前　言

在《老子》的思想理論中，「常」、「明」與「復」是三個關係緊密的概念。「常」在《老子》中，原本是個特殊義涵的哲學語詞，是指「道」回返本源的特殊運作模式與規則，與「道」關係極其密切，「恒」只是「經常」意的形容性語詞，這在各出土本《老子》中原本區隔明顯，不相混。傳世本卻將它們弄混了，致使「常」原本特殊的哲學義涵逐漸被淡化、忽略，成了「經常」意的形容性語詞。反之，「恒」卻開展出與「道」類近的始源義涵，這是《老子》哲學在流傳過程中的某些質變現象。而《老子》原本回返本源的特殊「常」義，卻由「復」與「恒」來取代。這種質變現象，個人已於前章〈道的異稱及其義涵衍化──「一」與「恒」〉討論過，不贅述。這裏僅論「常」的義涵質變後，保有其回返本源意的「復」與義涵高度提升後的「恒」，在上博簡〈亙先〉中所展現的哲學狀態。

一、《老子》的「常」、「明」、「復」——由回歸本源到對反相生

在《老子》中,「常」、「明」與「復」是三個脣齒相依、關係緊密的語詞,八十一章中至少有六、七章論述到它們,依次是第十四、十六、二十八、五十二、五十八、六十五各章。第十六章最清楚直接界定它們的義涵,及其彼此間的關係,十六章說:

> 致虛極,守靜篤,萬物並作,吾以觀復。夫物芸芸,各復歸其根,歸根曰靜,是謂復命;復命曰常,知常曰明。不知常,妄作凶,知常容,容乃公,公乃王,王乃天,天乃道,道乃久,沒身不殆。①

本章前半述說自然之道的運行,後半論述人事治道的運作,教我們如何透過高度的虛、靜工夫,去澄澈心靈,體悟自然道體的運作狀況與軌則。老子認為,透過澄澈心靈,可以看清「道」的運行軌則是不斷向本源回歸的狀態與過程,這種狀態與過程叫做「復」。這種「復」的狀態與過程是一種絕對的律則,《老子》稱之為「常」。能領悟「道」體這種「復」的「常」律、「常」則叫作「明」,可見「明」是具備了解道體有回返本源常則的智慧。具備這種「知常」、能「明」的智慧,處理任何人世事物都能廣應大通,無往不利,這是第十六章的章旨。

---

① 魏·王弼《老子王弼注》,頁18-21。

（一）回返本源

這樣的「常」、「復」、「明」義涵都是絕對哲學性的，也絕對「老子」式的。除了第十六章之外，第五十二章與五十六章中，也重複了這樣的論述，五十二章說：

> 天下有始，以為天下母。既得其母，以知其子；既知其子，復守其母，沒身不殆。……用其光，復歸其明，無遺身殃；是謂習常。②

五十五章說：

> 知和曰常，知常曰明。③

這幾章傳世本與出土本除了「習常」與「襲常」，「其」與「亓」的不同外，基本上沒有太嚴重的異文狀況。五十六章只是對十六章與五十二章的論述核心——「常」與「明」做了重複的提點。

五十二章和第十六章一樣，分別由本體層到作用層，論述「常」、「復」與「明」。前半知「子」守「母」，從本體層講。「母」指本源的「道」體，「子」指現象事物。一切的現象事物都由本源的「道」衍生而來，掌握了本源「道」體，便能掌握一切現象事物；反之，了解了現象事物，仍須不忘回觀、持守本源的「道」，才能萬無一失。後半直接就作用層述說「復」與「常」、「明」的義涵。「光」指人事作用層面的功能表現，「復歸其明」的「明」，在這裏指「道」體本初真純質樸的狀

---

② 魏·王弼《老子王弼注》，頁73。

③ 魏·王弼《老子王弼注》，頁78。

態，「復」是回返的意思。「復守其母」、「復歸其明」意同，皆謂回返本源、持守本源。五十二章意謂：天下的現象事物既都源自「道」，自當恒保如本源「道」的真純質樸，才能久大，無有後患。人世事物的治理與開展亦然，不論如何地乘風破浪，光鮮亮彩，終不能輕易丟失其純真質樸的本初，才能沒有後遺之患，邯鄲學步的諷諭就是這一思維的具體教誥。能明白這種守根不失的道理，就叫懂得依循絕對的定則，也就是明白真理、依循真理，《老子》稱之為「知常」、「襲常」，叫做「明」。因此，「常」、「復」、「明」的核心義涵就是回返本源；「常」指此律則，「復」指其回返之過程與狀態，「明」既指稱真樸的道體，也指稱能體悟這種律則的智慧，回返本源正是「復」的第一義。回返本源則起點與終點一致，終點即是起點，沒有始終之分，由此衍生出對立相生的義涵。

（二）對立相生

第二十八章說：

> 知其雄，守其雌，為天下谿；為天下谿，常德不離，復歸於嬰兒。知其白，守其黑，為天下式；為天下式，常德不忒，復歸於無極。知其榮，守其辱，為天下谷；為天下谷，常德乃足，復歸於樸。樸散則為器，聖人用之，則為官長。④

本章郭店本缺，這些「常」字，北大簡與兩帛本都作「恒」，傳世本都作「常」。「德」是質性的意思，「常德」指具備能返

---

④ 魏·王弼《老子王弼注》，頁39-40。

眞歸樸的質性與狀態,「常德不離」、「常德不忒」、「常德乃足」都是指能常保眞樸的本性,故曰「復歸於嬰兒」、「復歸於無極」、「復歸於樸」,與五十二章的「復守其母」、「復歸其明」是一樣的意思。第十四章也說「道」「繩繩不可名,復歸於無物」,所要「復歸」、「復守」的目標就是「嬰兒」、就是「無極」、就是「樸」、就是「無物」,也就是眞樸的道源。回歸道源則終始一體衍生,第二十八章因此說,歸樸保眞可以透過退一步反向思維與操作而達到,所謂「知雄守雌」、「知榮守辱」、「知白守黑」,都是其模式與要領。也就是說,在開展亮點的同時,要保有眞樸的本質,這叫「用其光,復歸其明」,叫做「襲常」、「知常」,叫作「明」。行事如此,便自有穩定足恃的軌則可循,當然無往不利,故曰:「聖人用之,則爲官長。」六十五章也說:

> 以智治國,國之賊;不以智治國,國之福。知此兩者亦稽式。常知稽式,是謂玄德。玄德深矣,遠矣,與物反矣,然後乃至大順。⑤

「稽式」意同「楷式」,謂可考求而穩定的常模、常式。「玄德」同「常德」,指「道」復歸眞樸本源的運行是一種絕對的質性與道理。這種道理是深遠而「與物反」的,往往需要換一個角度、轉一個方向,才能體悟有得而順遂成功。六十五章因此說:能知不以「智」治國的道理,不循世俗管道操作,而能轉換角度,回觀、反思,行事才能如谿、如谷,寬廣順遂。第十六章也說:「不知常,妄作凶;知常容,容乃公,公乃王,王乃天,天

---

⑤ 魏‧王弼《老子王弼注》,頁94-95。

乃道，道乃久，沒身不殆。」⑥

　　值得注意的是：第十六章與五十二章的「復」與「常」原本指的是由「子」返「母」，回歸本源的過程與道則。二十八章進一步指出了執守眞樸本源的方法，須多面理解，甚至逆向操作。六十五章則說：「玄德」是「與物反」的，體悟「玄德」，要明白對立統一的道理，雙面兼顧，甚至逆向操作。這樣便在「回歸」的「復」義之外，衍生出「對反」相生的「復」義。與此相應，「常」與「明」也同時在歸眞反樸之外，多出了對立統一的義涵，而被大用於《老子》的應用理論中。第五十八章說「正復爲奇，善復爲妖」；第二章說「有無相生，難易相成，高下相傾，……」基本上就是由「歸根」的「復」、「常」之理衍生而來。

　　總之，在《老子》中，「常」原本是精警的核心眞理，是主角；「復」是運作「常」的模式，如配角；「明」既指稱「道」的本體質性，也是「常」與「復」的整體功能顯現，「恒」則是一般形容性的語詞，形同龍套。然而，到了上博簡的〈互先〉中，主角「常」不見了，功能總體的「明」也不見了，配角「復」與龍套「恒」卻轉化提升成爲核心主角，一再地被大肆推衍著。

二、〈互先〉的「復」與「恒」

　　上博簡（三）的〈互先〉，學者一般認定它是道家，甚至

⑥ 魏‧王弼《老子王弼注》，頁20-21。

是黃老道家的文獻，在短短約五百多字的內容中，很清楚地分為
兩部分，前半除簡述類似「道」的始源——「亙先」的本體質性
外，主要幾乎都在論述其生成。後半則由自然的生成轉入人事名
言的產生與建置。然而，不論述自然的生成，還是論人事名言的
產生與建置，都以「復」與「恒」爲其軌式與核心內容。

（一）自然的生成：「自」與「復」

〈亙先〉前半論述宇宙始源——「亙先」的本體質性說：

> 亙先無有，樸⑦、靜、虛。樸，大樸；靜，大靜；
> 虛，大虛。自厭不自忍。⑧

這些描述基本上同於《老子》論「道」，說它是「無有」，是至
樸、至靜、至虛，又整全自足、自然而不勉強。接著鋪敘這個始
源的生成：在這至樸、至靜、至虛、整全自足的情境中，

> 或作；有或爲有氣，有氣爲有有，有有爲有始，有始
> 爲有往。⑨

萬物的生成，「亙先」雖然是始源，卻不是生成活動的啓動者，
一切生成活動的啓動，是要經過一些前置階段的。首先在虛無而
整全的狀態中，慢慢出現了類似空間概念的「或」，再後又出現
了「氣」。「氣」出現後，生成活動才漸次展開，先出現時間
（始、往），再依類生成萬有。這個始源既然是「無有」、「至

---

⑦ 此下所引〈亙先〉之釋讀基本上依馬承源主編《上海博物館藏戰國楚竹書（三）‧亙先》李
　零所釋，若有他家所釋較優者，則作注標示。

⑧ 馬承源主編《上海博物館藏戰國楚竹書（三）》，頁288。

⑨ 馬承源主編《上海博物館藏戰國楚竹書（三）》，頁288。

虛」、自然而整全，其生成萬物的過程因此相當強調「自」的特性，不論「或」或「氣」的產生或出現，都是自然「自生、自作」的，都不是由「互」產生的，「或」、「氣」、「有」、「始」、「往」彼此之間沒有任何因果關聯，只有出現時間上的先後次序。

不過，「或」、「氣」出現之後，宇宙開始有了生成跡象：

> 昏昏不寧，求其所生，……因生其所欲。⑩

在幽暗不明中有了蠢蠢欲動的生化徵兆，亟欲各自生出其物類，也果真各自依類生成：

> 異生異，鬼生鬼，韋生韋，非生非⑪，哀生哀。求欲
> 自復，復生之生行。⑫

這裏提到了兩次「復」，說物類的生成模式是一種「自復」的「復生」模式，一種不斷循環著回返本源的過程。而「氣」則是啟動這種生成活動與過程的核心質素，〈互先〉說：

> 濁氣生地，清氣生天，氣信神哉！云云相生，信盈天
> 地，同出而異生，因生其所欲。察察天地，紛紛而復
> 其所欲；明明天行，惟復不以廢。⑬

這裏又提到兩次「復」。〈互先〉在論述萬物因「氣」而啟動類

---

⑩ 馬承源主編《上海博物館藏戰國楚竹書（三）》，頁290。

⑪ 此兩句本作「韋生非，非生韋」，李學勤認為有倒文，當作「韋生韋，非生非」，今從之。其說見〈楚簡〈恒先〉首章釋義〉。簡帛研究網：http://www.jianbo.org/admin3/html/lix-ueqin01%.htm，2004年4月23日。

⑫ 馬承源主編《上海博物館藏戰國楚竹書（三）》，頁290。

⑬ 馬承源主編《上海博物館藏戰國楚竹書（三）》，頁291-292。

生的過程中，非常強調兩個觀點，一是「自」，一是「復」。所謂「自」，就是「無他」，所謂「無他」，在〈亙先〉中除了「自然」的義涵外，尚有自性強烈而明顯之意。生成活動啓動的前置階段，「或」、「氣」的出現時是如此，文中說「氣是自生自作」；在生成活動啓動後的過程中，也是如此。因著「氣」的運作，「異生」的各類「同出」物，其生成狀態也是各類「求欲自復」、「因生其所欲」、「紛紛而復其所欲」。這「求欲」與「因生其所欲」、「紛紛而復其所欲」，三個「欲」字與「求」字充分顯示了「其」的強烈「自」性，意謂：各類生成物在生「出」之初，是各自有其強烈的自性傾向的；其生成的物類也就因著這樣的自性傾向，而有了各自不同的生成狀態與結果，這就是所謂的「同出而異生」。

這樣的生成表述，和《老子》唯一相關於生成的命題——「道生一，一生二，二生三，三生萬物，萬物負陰而抱陽，沖氣以爲和」，雖然都以「氣」爲生成的核心質素，思維卻很不一樣。《老子》顯然只關切虛無的「道」如何無中生有地生出「萬物」的大致過程，是由無而少（一），再由少（一）而多（二、三、萬物）。既無暇顧及，也不關切同樣由虛無之「道」生出來的「物」，因何而「云云」不同？〈亙先〉則不同，它很強調生成過程中，每一環節的自然、自主與「自」性。

與「自」同時，〈亙先〉也強調「復」，前前後後共論述了五次「復」的生成模式，四次在前半論自然生成部分，一次在後半論人世事務的建置與開展部分。就生成模式而言：〈亙先〉說，這種「異生異，鬼生鬼，……」的依類生成，在生成之初是「求欲自復」，此後則「復生之生行，濁氣生地，清氣生天，云

云相生。」由「濁氣生地，清氣生天」知道這是一種以「氣」為生成元素的氣化觀。而「復其所欲」、「復生之生行」兩個「復」字，應該都是「回返」、「迴環」之意。「求欲自復」謂各物類在「氣」的運作推動下，有很強烈各循其類，迴環相生的傾向。「復」仍保有《老子》「歸根」、「回返」之意。這「復生之生，……云云相生」，令人想起《老子》十九章「夫物芸芸，各復歸其根」的「復命」「常」則。〈互先〉的「求欲自復」、「復生之生」的生成是一種由母到子，子再歸返母，花開花落，花落再孳育下一次的花開，回環不已、生生不息的過程，〈互先〉作者稱這種生成模式為「復生之生」。各物類也就因著這種「母⇆子」、「復生之生」的回環模式去進行生成，最後終能各自「生其所欲」、「復其所欲」地「云云相生」，〈互先〉因此說：

> 明明天行，唯復以不廢。……天道既載，唯一以猶
> 一，唯復以猶復。⑭

這裏又提了三次「復」。上文的「一」，各家解釋不同，陳靜解釋為「消抹對立」，「復」陳靜解釋為「返回本源」⑮，義理明爽許多。天道（自然）的運行是消抹對立、也是循環往復的；整個自然的運行就是靠著這種消抹對立、不斷回返本源的循環往復模式，進行著「復生」的工程，才能天長地久，永不止息。這是〈互先〉自然生成之「復」。這樣的「復」，不但回環相生，而且泯除對立，對《老子》的「復」意，基本上是承續的。

---

⑭ 馬承源主編《上海博物館藏戰國楚竹書（三）》，頁292。

⑮ 參見陳靜〈宇宙生成的理論——〈恒先〉在思想史視野下的一種解讀〉，收入《自由與秩序的困惑——〈淮南子〉研究》第七章（雲南大學出版社，2004年版），頁241。

（二）人世事物與名言的建置——「作」與「復」、「恒」

與自然生成的「自生自作」不同，人世事物與名言的建置純粹是由「人」之「作」、「爲」而來。〈互先〉說：

> 詳宜利，主采勿，出於作 [16]；作爲有事 [17]，不作無事。舉天下之事，自作爲事，庸以不可更也。[18]

與自然相反，一切人世事物與價值判斷，諸如義、利之辨，各種禮制之設定，全出於人爲的造作，而非自然興生。其未造作之前，本也沒有絕對的標準依據或穩定性，都是姑且互相參核、比較之下的產物；然而，一旦造作出來，經確認後，便該有相當的共識，不可再任意更動，名言的建置亦是如此，〈互先〉說：

> 互、氣之生；因言名，先者有疑，妄言之，後者校比焉。舉天下之名虛樹，習以不可改也。[19]

---

[16] 此三句李零、廖名春原斷作「詳宜利主，采勿出於作」，個人以為「采勿出於作」易解，「詳宜利主」難通。龐樸先生以三字為斷，斷為三句，作此，個人以為文氣、文意都較順適，因從之。說見龐樸〈〈恒先〉試讀〉，簡帛研究網：http://www.jianbo.org/showarticle.asp?articlid＝909，2004年4月22日。

[17] 此句李零本作「爲有事」，李銳與廖名春皆以為上句「作」下有重文符，李零釋文脫漏，故補為「作爲有事」，文氣文義都較勝，因從之。李零原釋文見馬承源主編《上海博物館藏戰國楚竹書（三）》，頁294注文。李銳說見〈〈恒先〉淺釋〉，Confucius2000網址：http://www.confucius2000.com/qhjb/hengxianqs.htm，2004年4月17日。廖名春說見〈上博楚簡〈恒先〉簡釋（修訂稿）〉，Confucius2000網址：http://www.confucius2000.com/qhjb/sbcczshxjsxdg.htm，2004年4月22日。

[18] 馬承源主編《上海博物館藏戰國楚竹書（三）》，頁294。

[19] 馬承源主編《上海博物館藏戰國楚竹書（三）》，頁295-296。

「疑」是不確定，「妄」是姑且之意。人世事物雖然是人爲的造作，非自然，其造作原也非有絕對標準；然而，一旦通過不穩定的暫定階段，與一再地比對斟酌後，原本虛設、不確定的事物名稱，也就逐漸穩定下來，成爲大家所熟悉、慣用而不好再輕易改換的稱謂了。一切人世事物與稱謂的確立，基本上大致都是通過這樣的「作」、「爲」過程而來的。

此外，人世事物的產生，就根源上來說，基本上當然可以和「自然」的生成一樣，歸之於始源的「互」（或「互先」）。其興生之初階，依〈互先〉之說，基本上也可以推至那個類似空間概念的「或」，畢竟人世事物也必然是時空中的產物，沒有空間，哪來人世事物？故曰：

> 有出於或，生（性）出於有，音（意）出於生
> （性），言出於音（意），名出於言，事出於名。[20]

這一系列的表述與推演，誠如孫功進所說，是在「對社會領域之事物產生過程給出了一種邏輯上的說明」。[21]而這些人事世界的產物，顯然不同於自然生成之各「自」進行，而是彼此如骨牌效應般，環環相扣地相生。因此，在製定之初雖然沒有絕對的準則與「自」性可依循，或必須堅持；但仍須斟酌再三，力求厭心合實，〈互先〉說：

> 或非或，無謂或；有非有，無謂有；生（性）非生
> （性），無謂生（性）；音（意）非音（意），無謂

---

[20] 馬承源主編《上海博物館藏戰國楚竹書（三）》，頁292-293。

[21] 參見孫功進〈上帛楚簡〈恒先〉的「復」觀念探析〉，收入丁四新主編《楚地簡帛思想研究》（嶽麓書社，2015年版），頁276。

> 音（意）：言非言，無謂言；名非名，無謂名；事非
> 事，無謂事。㉒

換言之，人世事物比起自然來，儘管無絕對「自」性與堅持，卻
仍有一定嚴謹度；或許也就因了它的無「自」性堅持，製定時更
需要嚴謹審慎，應用時才易取得共識而便於溝通、互動。也就是
說，制定之初儘管是不穩定的暫設，運用時卻須經過不斷的「校
比」與「習」，取得共識；一旦有了共識，便有了權威性而穩定
下來，這些原無「自」性的東西，便從此有了需遵循的規範，不
可再率意應用、處理。以上是出於「作」、「為」的人世事物興
生與建構的狀況。

　　這樣的產生過程，和自然生成的依類自生儘管很不相同，其
始源和自然生成一樣，應該都是源自「亙先」，其前階條件也都
是「或」（「有出於或」）。因此，〈亙先〉說，其作用和發展
也和「自然」一樣，有著「復」的「恒」則。〈亙先〉說：

> 舉天下之名，虛樹。……舉天下之作，……庸有果與
> 不果？兩者不廢。舉天下之為也，無夜（舍）也，無
> 與也，而能自為也。舉天下之生同也，其事無不復。
> 〔舉〕天下之作也，無許（迕）亟㉓，無非其所；舉

㉒ 馬承源主編《上海博物館藏戰國楚竹書（三）》，頁293。

㉓ 廖名春認為，「許」當讀為「迕」，逆也。李銳說，「亟」當釋為「極」，則也。「無迕
極」，謂不違背準則。合二人之說，文通義順，於諸說中義理最勝，於從之。第五十八章
「正復為奇，善復為妖」，第二章說「有無相生，難易相成，高下相傾…………」基本上就
是由「歸根」的「復」、「常」之理衍生而來。廖說見〈上博藏楚竹書〈亙先〉淺釋〉，
《中國哲學史》，2004年第3期，頁83-92。李說見〈〈亙先〉淺釋〉，簡帛研究網站：
http://www.jianbo.org/ADMIN3/html/Lirui002.htm，2004年4月23日。

> 天下之作也，無不得其惡而果遂。庸或得之？庸或失
> 之？舉天下之名，無有法（廢）者歟！天下之明王、
> 明君、明士，庸有求而不應？㉔

這裏兩述「舉天下之名」，三述「舉天下之作」，一述「舉天下之為」，一述「舉天下之生」，不論是「名」，還是「作」、「為」、「生」，本節反覆申論的，是一個「果」與「不果」、「舍」與「與」、「得」與「失」等人事價值判斷的對立與統一。

從根源上說，人世事物的興生與建構除了是出於人的「作」、「為」，經過姑設、校比、厭心合實的確認之外，他們彼此之間原本就是互倚共生的，只有先後關係，沒有價值高下問題。〈互先〉說：

> 先有中，焉有外；先有小，焉有大；先有柔，焉有
> 剛；先有圓，焉有方；先有晦，焉有明；先有短，焉
> 有長。㉕

因此，是「果」、是「不果」？是「舍」、是「與」？是「得」、是「失」？也都只是相對的區分，非絕對；只有先後順序，無有價值高下，〈互先〉因此說：「舉天下之生同也，其事無不復」，這是〈互先〉人世事物互倚共生的「復」意。這樣的「復」，除了與前半自然生成的「復生之生」一樣，有著《老子》「歸根」、「復命」的回返本源意，也衍生出「回環」相生、對立統一意。

㉔ 馬承源主編《上海博物館藏戰國楚竹書（三）》，頁296-299。
㉕ 馬承源主編《上海博物館藏戰國楚竹書（三）》，頁295。

　　唯人世事物與價值判斷儘管相對非絕對，其操作和發展過程仍須遵守一定的規律與軌則，〈亙先〉因此告訴人，「無迕亙（恒）」、「無不得其惡（恒）而果遂」。換言之，仍有一定的常軌、常則，所謂的「亙」可尋，這個常軌、常則的發展過程與狀態就是「復」。人世事物的變化和自然一樣，都沒有能脫離「復」的「恒」軌。〈亙先〉隱然以「復」替代了《老子》歸根復命的「常」。在〈亙先〉人事的相關論述中，「復」與「恒」是交互並論的，它強調「復」，也強調「恒」，卻不見說「常」。最後又叮囑普天之下那些好「作強」的人，包括了「明」王、「明」君、「明」士，要他們體認榮辱、得失一體「復生」無別的道理。明白這種「復」與「恒」的道理，才能在人世事物的處理上，成功無虞，這正是《老子》所說的知「常」能「明」。

（三）「亙」與「亙」、「惡」

　　值得注意的是：被學者一體釋爲「恒」的字，全文共出現五次，三次在前五簡論自然的生成；兩次在後半簡論人世事物與名言的建置與開展。前半從第一簡開始，到第五簡的自然論述中，對於宇宙始源，一律寫作「亙」，諸如「亙先無有」、「亙莫生氣」、「亙氣之生」等。然至第六簡開始論人事，共有兩處「恒」義的字，則不再寫作「亙」，而一作「亙」，一作「惡」。三種不同寫法的字，學者向來視爲同一字，一體認作「恒」。個人卻覺得，在同一篇中，論自然與論人事的「恒」字，寫法既明顯有所區分，義涵會不會也有所區別？前半的「亙」，很清楚地，是單純指稱那個宇宙的始源，一種類似

「道」的存在與狀態。後半寫作「亙」與「忑」的兩處論述是這
樣說的：

> 〔舉〕天下之作也，無許（迕）亙，無非其所。
> 舉天下之作也，無不得其忑而果遂，庸或得之，庸或
> 失之？㉖

第一例謂：普天下一切人世事物與行為，不違逆「亙」，便能各
得其適。第二例謂：普天下一切人世事物與行為，從沒有不掌
握「忑」，而能成就的。總之，人世事物能不能圓滿成就，完全
在於有沒有忤違了「亙」？能不能得其「亙」，而無所謂絕對的
「得」或「失」？

　　上兩處例證中的「亙」或「忑」當然可以如一般學者的說
法，等同於前五簡的「亙」，說成人世事物的成敗完全在於有沒
有回返到「亙先」這個「始源」，能不能掌握到「亙先」這個
「始源」，也就是那種至樸、至靜、至虛，整全自足的「無有」
狀態。在這種狀態下，一切的對立皆消抹統一，沒有果或不果，
得或失的問題。

　　但，「得其亙」與「無迕忑」，「得」與「忤」的受詞，與
其指向那個虛無的始源狀態「亙」或「亙先」，不若依李銳與廖
名春之說，指稱為一種可掌握與依據的律則。唯李銳與廖名春都
將該字釋為「亟」或「極」，儘管釋文不同，依其意，此處此字
所需之意，兩位一致認為，應該是「則」或「律則」之意。「無
迕亙」，謂「不違背準則」、不違背「其事無不復」之規律。

如此，則作「亙」、「亙」兩例除了可以有「亙」的始源義涵之外，應該還兼有如《老子》所謂「歸根」、「復命」、回返初樸的「常」德、常律之意。「無迁亙」、「得其亙」應是指不違逆「歸根」的律則，能體悟並掌握「歸根」的律則。如此一來，「亙」、「亙」二字其實兼包「亙」、「復」、「常」三字的義涵。〈亙先〉前半用「亙」字，後半用「亙」、「亙」字，區分相當清楚，或許另有微旨！

三、由《老子》的「常」、「復」到〈亙先〉的「恒」、「復」

《老子》與〈亙先〉的「復」，基本上都是回返質樸根源之意，而且都用於統稱自然與人事雙方面的運作與開展。只是在《老子》中，「復」與「常」、「明」一體結合，關係緊密。「復」指其回返質樸根源的過程，「常」指此回返本源的律則，「明」指其能理解，從而有效掌握此「常」則之智慧。「明」與「常」是主角，「復」是完成「明」與「常」的主要配角。

但到了〈亙先〉，「復」被再三地強調，功能價值被大大地強化，前後共提論了五次，既用以指稱自然之生成與運作模式，亦用以強調人世事物發展正反相生、對立統一的道理。在〈亙先〉中，《老子》之「復」原本歸返質樸根源之意不但被保留、延續，甚且被提升，儼然含包並取代了《老子》「常」的律則意。因此，《老子》原本「歸根」的回返意與循環相生、正反相倚之理被再三論述。但《老子》中原本與「復」交錯提論，義涵強烈而特殊的主角「常」字不見了，取而代之的是《老子》中原

本類似龍套角色的「恒」。在〈亙先〉中,帶著濃厚回返本源意與律則意的「復」與「㥶」或「忎」,因而共同承擔了《老子》原本「常」的義涵。

(2016年,廈門筼簹書院主辦「第八屆海峽兩岸國學論壇」論文,後收入《諸子學刊》第十五輯中,2017年12月)

第二篇
黃老要論

壹、黃老思想要義

前　言

　　馬王堆黃老帛書出土已四十餘年，黃老之學各層面的議題研究，不論哲學、政治，還是數術、方技、養生，都已受到學界的重視。但是，面對這些內容豐富的新材料，仍有不少學者心存各種疑惑。對於這些疑慮，筆者曾在兩種黃老專著及一些相關論文中論述，但因分散於不同議題的論文或專著之中，尚未以整體性面貌呈現於學界。本文擬藉此機會，對這一特殊的學術議題，試作較爲全面而提綱挈領的論述，希望能具體而微地鳥瞰黃老思想的整體林相，及其主要大樹。

一、田齊政治環境與稷下黃老思潮

　　「黃老」在先秦是一種學術思潮，而不是一個學派。它雖源起于戰國中期田齊的稷下學宮，卻因著稷下學宮特殊的學術交流環境，輻射層面廣大。儒、道、墨、法、刑名、陰陽，乃至數術、方技、神仙、小說，各家、各派都來參與，黃老因此很難像儒、墨、道、法那樣，有著比較固定的代表人物。

　　《漢書・藝文志》著錄諸多依託黃帝或歸爲道家的著作，

而按照《史記》所說：法家的申不害之學「本于黃老」，韓非也「歸本于黃老」，[①] 慎到、田駢、接子、環淵皆「學黃老道德之術，因發明、序其旨意」。慎到著十二論，環淵著上下篇，田駢、接子亦皆有論著，[②] 都與黃老有關。而《管子》四篇，與後期道家的《莊子》外、雜篇，都被歸爲黃老著作。田駢、彭蒙、尹文，則被歸爲黃老學者。雜家的《呂氏春秋》，以及《淮南子》，裏面也有大量的黃老理論。換言之，稷下學術雖非只有黃老，但黃老確實是稷下學術的主流，其流傳卻不侷限於稷下。

〈漢志〉所載諸多黃老之作，初始或不免有些是附會時尚的依託，然在田齊既定目標與策略的推動下，黃老雖沒有固定的專屬大家，也非固定的學派，卻有著特定的重大目標、思想傾向與重點議題。

它的重大目標是什麼呢？簡單地說，初期的重大目標就是，爲田齊漂白政權所做的造祖運動，並由此引申出經世實用的理論探討，後者其後並成爲黃老之學的主要宗旨與目標。稷下學宮的創建者田齊政府，在篡取了姜齊政權之後，爲了在國際上改易自己的「篡逆」形象，建設稷下學宮的國際學術交流中心，招徠天下學術英雄「華山論劍」，並利用這些優質的學術人力資源，抬出一個遠古傳說中打敗姜齊祖先炎帝部族的領袖——黃帝，作爲自己的先祖，[③] 以拔高自己的來歷，顯赫自己的身世。

---

① 劉宋・裴駰集解，唐・司馬貞索隱，張守節正義《史記集解》，頁860。

② 劉宋・裴駰集解，唐・司馬貞索隱，張守節正義《史記集解》，頁940。

③ 在一個稷下學宮全盛時期齊威王因齊所鑄敦上，有這樣一段銘文：「……惟因齊揚皇考，邵申高祖黃帝，佮嗣桓文……」該銘文明確推黃帝爲高祖，可作爲正文立論的有力佐證。參見香港中文大學社會科學院考古研究所編：《殷周金文集成釋文》第3卷（香港：香港中文大學中國文學研究中心，2001年），頁46-49。

這種身世標示透露著這樣的寓意：田氏代齊（姜姓呂氏），不過如當年自己的祖先黃帝部族取代炎帝部族一樣，是光榮歷史的再現。在此背景下，黃帝戰蚩尤、敗共工、敗炎帝的諸多傳說記載與附會，藉著黃帝名下的典籍著作，從稷下學宮這個學術中心逐漸輻射出去，霎時在戰國中期豐富起來、傳揚開來。這就是戰國以下諸多黃帝事蹟，與〈漢志〉所載各類「六國人所依託」附會的黃帝著作的由來。黃帝外王經世的標幟從此確立。

此外，從太公封齊「因其俗而簡其禮」的立國風教，到姜齊桓公的春秋霸業，乃至田齊合縱的「東帝」威望，齊國始終都走在圖強稱霸的經世路線上。而太公當年因賢受封，田齊祖先陳完以賢受重得權（子孫因得以篡），決定了由姜齊至田齊一以貫之的尊賢容眾傳統。在此特殊的傳統環境下，稷下學宮的黃老之學自然呈現出尊重多元的融匯性格。

總之，仰仗著稷下學宮多元富盛的學術資源，依恃著合縱「東帝」的威名，上述以「黃帝」為標幟，當時流行的《老子》學說為主要素材，百家共匯的「黃老」學術思潮，便由稷下學宮快速地推展出去、輻射開來。從此成為戰國、秦漢時期的學術主流，甚至成為幾千年來華人社會潛在的重要文化元素。

二、黃老之學的性質與議題

其次，我們再來看看黃老之學的思想傾向與主要議題。衡量黃老之學有一把很重要的尺規，或者也可以看做一張簡要的黃老議題地圖，那就是司馬談〈論六家要旨〉對所謂「道家」的概

括。司馬遷稱自己的父親司馬談「習道論于黃子」，也就是說，他是很地道的黃老學者。〈論六家要旨〉很明晰地爲我們提挈了「黃老」之學的主要綱領：

> 道家使人精神專一，動合無形，贍足萬物。其爲術也，因陰陽之大順，采儒墨之善，撮名法之要，與時遷移，應物變化，立俗施事，無所不宜，指約而易操，事少而功多。……至於大道之要，去健羨，絀聰明，釋此而任術。夫神大用則竭，形大勞則敝，形神騷動，欲與天地長久，非所聞也。……道家無爲，又曰無不爲，其實易行，其辭難知。其術以虛無爲本，以因循爲用。無成執，無常形，故能究萬物之情。不爲物先，不爲物後，故能爲萬物主。有法無法，因時爲業；有度無度，因物與合。故曰「聖人不朽，時變是守」。虛者道之常也，因者君之綱也，群臣並至，使各自明也，其實中其聲者謂之端，實不中其聲者謂之窾；窾言不聽，奸乃不生，賢不肖自分，白黑乃形。在所欲用耳，何事不成？乃合大道，混混冥冥，光耀天下，復反無名。凡人所生者神也，所託者形也。神大用則竭，形大勞則敝，形神離則死；死者不可復生，離者不可復反，故聖人重之。由是觀之，神者生之本也，形者生之具也，不先定其神，而曰「我有以治天下」，何由哉？[4]

這是「道家」一詞的首度出現。換言之，「道家」一詞第

---

[4] 劉宋·裴駰集解，唐·司馬貞索隱，張守節正義《史記集解》，頁1349-1350。

一次出現，原本就是指的黃老道家。它代表漢代人心目中的「道家」，其所述實際上就是黃老道家的思想總綱。根據它的說法，黃老道家因承老子，教人善養精神，虛無以處事應世，力忌剛強、貪欲，不用心機智巧，要人「無爲無不爲」，明白大道「混冥」，成功後當身退，「復反無名」。這些觀點因承了《老子》思想的要旨與重點，但除此之外「黃老」之學也轉化了《老子》的思想成分：

（一）〈論六家要旨〉重複三次稱「道家」爲一種「術」，說「其爲術也」、「釋此而任術」、「其術以虛無爲本」，從頭到尾未曾稱「其道」。由此可見，在司馬談心目中，黃老學說是一種「術」，而不是「道」。「道」是境界、理念、思維、軌則、要領，是「體」；「術」則是可以落實操作的方案，是「用」。稱「黃老」爲「術」，清楚地說明了黃老之學重「用」的經世特質與功能。它不是孤虛的玄理，而是可以落實運作的原則與方案。套用漢代集黃老思想大成的《淮南子‧要略》的說法：它是言「道」兼言「事」的。⑤司馬談說黃老「道家」要求「立俗施事，無所不宜」，希望透過無形跡的手法，達到「指約而易操，事少而功多」的行事效果，四兩撥千金，精簡而省力。爲此，它必須相容並包各家，陰陽、儒、墨、名、法皆所擷采。

（二）其次，黃老道家是一種以「虛無爲本，因循爲用」的「君綱」或「君術」。「因」是這種君綱或君術的操作要領，它「以因循爲用」，「與時推移，應物變化」，「因時爲業」，「因物與合」，重時變，講求順應時機，順隨事物變化而調整、應對。「因」是黃老哲學的核心精神。《老子》說過「動善

---

⑤ 劉文典集解《淮南鴻烈集解‧要略》卷二一，頁700。

時」、「和其光，同其塵」，⑥似乎也重視「時」，也注意要順
隨外物以反應，但卻不曾正面強調時變與因循的重要性。黃老專
門強化這一方面的道理，以此作爲處理、應對事物的重要綱領。
《老子》要人守柔、守後、不躁進，黃老則說，先、後不是問
題，該不該有法、有度？需要怎麼樣的法與度？這要由時機與狀
況來決定。時機的掌握才是關鍵。能掌握時機，與之相應變化，
才能不敗不朽。對時變與因循觀念的著重強調，是黃老道家從
《老子》思想中提煉出來的處事要領。

（三）黃老道家不但是一種「術」，而且還是一種以人君
爲領導核心，群臣輻輳共效，人君考核其虛實以賞罰的「刑名
術」。和法家申不害、韓非一系所推闡的督核臣下的君術一樣，
黃老君術亦爲《老子》所未言，它是「合名法」的結果。

（四）較特別的是，上述〈論六家要旨〉引文前後兩次提及
形、神的關係，以及如何處理形、神關係的問題。它主張以神爲
生命的主體，形爲精神寄託運作的工具，提醒人形神相依、雙養
的重要性，並以形神的健全修治爲領導統御成功的先決條件。這
和老、莊道家不同，是黃老道家對老、莊身體觀的轉化與改造。
老子原本以形身爲生命之沉重負擔，《莊子》則教人「墮肢體，
黜聰明，離形去智」、「心齋坐忘」，必須遺忘形骸的存在，才
能大通于道，黃老則開始提醒形身健康的重要性。

總之，按照司馬談所述，黃老道家之學是《老子》學說的經
世、入世轉化，它的基本特徵在於：

（一）繼承《老子》學說，並吸收各家，以轉化《老子》學

---

⑥ 分別參見魏·王弼《老子王弼注》，頁5、9。

說，是治身、治事、治國並重之「術」。

（二）就治事言，它講求無形操作，要求掌握時機，順物、順勢，彈性調整因應；就治國言，它明推循名責實的「刑名」考核方案，與暗地虛無因循的操作要領，以此作爲領導統御的綱領。

（三）就治身言，它認爲健全的身心是領導統御成功的先決條件。它不再如《老子》般重神輕形，雖仍以神爲主，卻以形爲神之依託，強調形、神一體，不可分離，應該兼重並養。

繼司馬談之後，東漢班固在《漢書・藝文志》中也說「道家」是一種「知秉要執本，清虛以自守，卑弱以自持」的「君人南面之術」。[7]《史記》、《漢書》所謂「道家」，都代表著漢人心目中的「道家」，指的是以西漢「黃老治術」爲代表的「黃老」道家。參酌司馬談〈論六家要旨〉的概括，對照《史記》、《漢書》所載，以及出土與傳世的先秦兩漢黃老相關文獻，可以對黃老之學的理論內容給出比較可靠的提挈。

實際上，站在哲學的角度，如果要用最簡單的概念來提挈黃老思想與《老子》思想的關係，那就是「『道』的『術』化」與「『道』的『氣』化」。一方面，「黃老」結合法家的刑名與時變觀念，使《老子》的虛靜無爲之「道」積極化，並基於陰陽家觀象授時的天人觀，與《洪範・九疇》一系「五福」、「六極」的天人災異說，構築其明堂月令施政總綱，形成一種既精簡省力、高效不敗，且氣派堂皇的政「術」。另一方面，它又「氣」化《老子》之「道」，用以詮釋「道」的創生，開啓了戰國秦漢

---

[7] 清・王先謙補注《漢書補注》，頁892。

以下的氣化宇宙論與精氣養生說，確立了中國傳統宇宙論與養生說的典型。這兩大轉化，在集黃老思想理論大成的《淮南子》中，都有很清楚的推闡與呈現。而司馬談與《淮南子》的撰作者劉安都是黃老道家，也都生處黃老之治的末期與武帝獨尊儒術的前夕。從這兩位黃老治術末期的黃老學家入手，通過並觀〈論六家要旨〉與《淮南子》之〈原道〉、〈脩務〉三篇的核心要旨，再進一步參采馬王堆諸多黃老帛書的材料，可以清楚歸納出黃老思想的理論內容。

三、「道」的「術」化：由天道到政道

司馬談〈論六家要旨〉所提挈的那些黃老思想綱領，在《淮南子》中得到了相當一致的呼應。《淮南子・原道》在論述一個體道者如何以其體道的心靈去應對外在事物時，將黃老道家如何把《老子》虛靜柔弱之「道」轉化為高效不敗的治事之「術」，鋪寫得淋漓盡致。

（一）治事之術：由虛無、柔後到因循、時變

《淮南子・原道》說：

> 得道者志弱而事強，心虛而應當。所謂志弱而事強者，柔毳安靜，藏於不敢，行於不能，恬然無慮，動不失時，與萬物回周旋轉，不為先唱，感而應之。是故貴者必以賤為號，而高者必以下為基。托小以包大，在中以制外，行柔而剛，用弱而強，轉化推

移，得一之道，而以少正多。所謂其事強者，遭變應卒，排患扞難，力無不勝，敵無不淩，應化揆時，莫能害之。是故欲剛者，必以柔守之；欲強者，必以弱保之。積於柔則剛，積于弱則強。……所謂後者，非謂其底滯而不發，凝結而不流，貴其周於數而合于時也。夫執道理以耦變，先亦制後，後亦制先。是何則？不失其所以制人，人不能制也。時之反側，間不容息，先之則太過，後之則不逮。夫日回而月周，時不與人遊。故聖人不貴尺之璧，而重寸之陰，時難得而易失也。禹之趨時也，履遺而弗取，冠掛而弗顧，非爭其先也，而爭其得時也。是故聖人守清道而抱雌節，因循應變，常後而不先。柔弱以靜，舒安以定，攻大靡堅，莫能與之爭。⑧

　　《老子》教人虛無柔弱，《淮南子》則主張，處理事情心志要虛無柔弱，不要主觀剛愎，表面上看起來「安靜」、「恬然」、「不敢」、「不爲」，操作時卻要把握時機、積極快速。虛無、柔弱是操作的形式與手法，「事強」、「應當」才是終極目的。所謂「事強」、「應當」即處理事情能以簡馭繁、精簡省力，不論遭遇何種狀況，都能快速有效地迎刃化解，永不毀敗摧折。爲了達到這種目標，必須全面而澈底地與所要處理的事物「回周旋轉」，緊相應隨，由注意、了解，進而準確掌握其狀況，然後才能有效因應、處理。這正是司馬談所說的「虛無爲本」、「因循」爲用、「因物與和」。「虛無」、「柔弱」、

---

⑧ 劉文典集解《淮南鴻烈集解》，頁24-27。

「因循」，不是沒主見，而是沉穩、不蠢動。它不是「應當」與強事的唯一法則，只是過程中的觀察與等待，以便相準最恰當的時機，迅速出擊、準確反應。時機未到，當然要柔、後、藏、「不能」；關鍵性的時刻一旦來到，就須快速回應、處理。因此，致勝的關鍵不是先、後問題，而在把握「時機」。〈原道〉因此和司馬談一樣，對於時機和應變一再作重點強調。「柔」是爲了保住「剛」，「弱」是爲了保住「強」，它要積柔、積弱以致剛強。〈原道〉希望提煉出一種「執道理以偶變」、「周於數而合于時」，能切中要害、高效不敗的「術」。將《老子》的虛無、柔後，轉化爲因循、時、變，並對它們進行了有機的結合，這是黃老治事之「術」的核心內容。

除〈原道〉外，在《淮南子·脩務》中，這樣的黃老思維與特質又一次被強調。〈脩務〉開宗明義，對先秦道家的「無爲」作了直截了當的詮釋，它說：

> 或曰：「無爲者，寂然無聲，漠然不動，引之不來，推之不往。」如此者乃得道之像，吾以爲不然。……若吾所謂無爲者，私志不得入公道，嗜欲不得枉正術，循理而舉事，因資以立功，[9] 推自然之勢[10] 而曲故不得容者，事成而身弗伐，功立而名弗有，非謂其

---

[9] 此句本作「因資而立」，王念孫云：「『因資而立』下脫一字，當依《文子·自然》篇作因資而立功』，『立功』與『舉事』相對爲文。」今從校改。劉文典集解《淮南鴻烈集解》，頁634。

[10] 此句本作「權自然之勢」，王念孫云：「當依《文子》作『推自然之勢』，字之誤也。」今從校改。劉文典集解《淮南鴻烈集解》，頁635。

感而不應，攻而不動者。⑪

〈脩務〉和〈道應〉一樣，剴切扼要地對《老子》學說的思想核心——虛無、柔弱、無爲——作了治事、經世的積極詮釋。「無爲」不是不要作爲，沒有作爲，而是依順、尊重客觀規律，把握要害，積極有效地作爲，而非自以爲是、自作聰明地胡作亂爲。所謂「有爲」、「無爲」，不是「爲」與「不爲」的問題，而是「如何爲」的問題。凡能充分利用客觀條件，順勢以爲，都是「無爲」。「循理」、「因資」以「舉事」、「立功」是黃老所強調的重點。

總之，黃老重視治事的功能效果。它積極運用、轉化《老子》的虛無、雌柔哲學，使之成爲「因循」之術，並有機地結合時、變觀念，希望造成一種內在積極有效，外表卻淡定、平和，操作時能自然順入而高效的治事之「術」。

（二）治國之術

研究黃老之學如果要尋找第二把標準尺，那就是一九七三年出土的馬王堆〈經法〉等四篇黃老帛書，以及同時出土的諸多方技類醫書。茲先說〈經法〉等四篇黃老帛書。

1.因道全法：暗則靜因，明則刑名

馬王堆帛書文獻中有四篇連抄於隸體《老子》之前，同置於乙匣中的佚籍，篇題依次爲〈經法〉、〈十大經〉、〈稱〉、

---

⑪ 劉文典集解《淮南鴻烈集解》，頁629-635。

〈道原〉，唐蘭以爲即〈漢志〉「道家類」中所著錄，但卻早已亡佚的《黃帝四經》。因爲該墓葬于黃老治世盛期的文帝前元十二年（168 B.C.），又連抄在《老子》之前，一般認定即是「黃老」合卷的明證。其中的理論被公推爲黃老學說的理論紀錄。四篇第一篇叫〈經法〉，〈經法〉第一節有篇題，叫〈道法〉，〈道法〉第一句就說：「道生法。法者，引得失以繩而明曲直者也。」爲了保障「法」的推行能順利無阻礙，黃老學說把管理意義上絕對的「法」和自然的「道」聯繫起來，以自然之道作爲政治管理之「法」的源頭。「法」因而顯得自然而愜理厭心，容易推行。《韓非子·大體》說：「因道全法，聖人樂而大奸止。」〈飾邪〉說：「先王以道爲本，以法爲常。……道法萬全，智能多失。」帛書〈十大經·成法〉述力黑回答黃帝問「正民」之「成法」時，也說：

> 昔天地既成，正若有名，合若有刑（形），□以守一
> 名。……循民復一，民無亂紀。⑫

既說「道生法」，又說「成法」的根源在「刑名」，可見在黃老帛書裏，談到政治時，「道」就是「刑名」。〈經法·論約〉說：

> 執道者之觀於天下也，必審觀事之所始起，審其刑
> 名，刑名已定，逆順有位，死生有分，存亡興壞有
> 處……是故萬舉不失理，論天下而無遺策，……是謂
> 有道。⑬

---

⑫ 河洛圖書出版社主編《帛書老子》，頁619。

⑬ 河洛圖書出版社主編《帛書老子》，頁206-207。

換言之，就治國而言，「道」的內容就是「刑名」。以「道」治
政就是以「刑名」管理。這種管理之「道」和「刑名」的接榫不
是憑空而來的，它們之間原本就有密切的關聯。黃老談治事的道
理時，不大提作為生化始源、先天地生的超越之「道」，而常
下落一層，就時空中的天、地之道來提煉政道。〈經法・道法〉
說：

> 天地有恆常，萬民有恆事，貴賤有恆立（位），畜臣
> 有恆道，使民有恆度。⑭

人事的政道是從自然有規律的天道中提煉出來的。天地有「四
時、晦明、生殺、柔剛」的「恆常規律」，有各種可信、可期的
質性與恆度，所謂的「七法」、「八正」，所以能天長地久。
人間事務，尤其是政事，要管理得好，一定要效法這些井然有秩
的天道，讓他們各自擁有自己的「位」，執守自己的「度」，去
操作、運轉，其成效便能如天地般恆生久長。因此，人主施政，
要尊天、重地、順四時之度，以正外內之位，應動靜之化，這叫
「因道全法」；其所謂「法」，主要也是指「刑名」。〈十大
經〉說：

> 欲知得失，請必審名察刑（形），刑（形）恆自定，
> 是我愈靜，事恆自施，是我無為。⑮

馬王堆黃老帛書裏充斥著這類天道、刑名牽連互依的治政大論。
依此思維開展下去，至少衍生出兩大支系：其一是《管子》四
篇、申不害、《韓非子》一系靜因的「刑名」督核政術，其二

---

⑭ 河洛圖書出版社主編《帛書老子》，頁194。
⑮ 河洛圖書出版社主編《帛書老子》，頁224。

則是《管子・四時》、〈五行〉、《呂氏春秋》十二紀、《淮南子・時則》、《禮記・月令》一系，星象、節令、物候、方位、政令緊密搭配的一年十二個月天人施政總綱。

茲先說第一系靜因、刑名的督核術。《管子・心術上》說：

> 物固有形，形固有名，此言不得過實，實不得延名。
>
> 姑形以形，以形務名，督言正名，故曰聖人。[16]

一個理想的領導統御者要看清楚統御物件的「形」，分別給予適當的「名」（位），再以「名」去督核其「實」，這樣，管理起來才能精簡省力而有效。為此，人君須知虛靜因任之妙用，沉穩淡定，居高位，任督核，只依「形」賦「名」，因「名」核「實」，不必親自操作。〈心術上〉認為，君統百官，如心統九竅，要安靜不動，讓百官各司其職分，輻輳並進，如九竅各依其功能，正常運作，才能齊頭並進，成就事功。〈心術上〉說：

> 毋代馬走，使盡其力；毋代鳥飛，使弊其羽翼；毋先物動，以觀其則。動則失位，靜乃自得。
>
> 心術者，無為而制竅者也，故曰：君無代馬走，無代鳥飛。[17]

它運用轉化《老子》的虛靜、柔後哲學，力戒人君躬身操作，而應以靜制動，終於提煉出「因」而不設、「應而偶之」之「術」。〈心術上〉說，君道「貴因」：

> 因也者，舍己而以物為法者也，感而後應，非所設

---

⑯ 安井衡纂詁《管子纂詁》卷十三〈心術上〉第三十六，頁7。

⑰ 以上兩則引文分見安井衡纂詁《管子纂詁》卷十三，第三十六，頁1、3。

> 也；緣理而動，非所取。……無益無損，以其形，因
> 爲之名，此「因」之術也。[18]

完全順隨外物，採取必要的相應措施。這就是司馬談所說的「其術以虛無爲本，以因循爲用」，「虛者道之常也，因者君之綱也」之理。換言之，要沉穩淡定，看著辦，這是人君暗的內在修爲。至其明的外在管理，仍須有一套公開的考核方案，那就是前面所說的因其「形」（才、能）而予之「名」（官位），再依「名」核「實」（實效、業績）的「刑名術」，亦即司馬談所謂「群臣並至，使各自明」，再核其「實」中不中聲，以爲判別是非、賢不肖的賞罰依據。

《管子》之外，田駢、彭蒙、愼到也談「因」術，申不害、韓非進一步深化了其內容，推衍竄端匿跡、無限陰鷙的君「術」，黃老尚存的一點溫潤從此褪去，完全進入了法家的領域。

田駢、彭蒙常被與愼到合論。愼到學說重「勢」、重「因循」，《愼子》一書雖亡佚，從輯佚的七篇看來，確有〈因循〉篇。《莊子·天下》說愼到與田駢、彭蒙之學：

> 公而不黨，易而無私，決然無主，趣物而不兩，不顧於慮，不謀于知，於物無擇，與之俱往，古之道術有在於是者，田駢、彭蒙、愼到聞其風而說之。齊萬物以爲首，……棄知去己而緣不得已，泠汰於物以爲道理。……謑髁無任……縱脫無行……椎拍輐斷，與物宛轉，……推而後行，曳而後往，若飄風之還，若羽

---

[18] 安井衡纂詁《管子纂詁》，頁8。

之旋，若磨石之隧，⋯⋯至於若無知之物而已，無用
賢聖，夫塊不失道。豪傑相與笑之曰：「愼到之道，
非生人之行，而至死人之理，適得怪焉。」田駢亦
然，學于彭蒙，得不教焉。⋯⋯彭蒙、田駢、愼到不
知道。⑲

　　愼到、田駢、彭蒙諸人站在道家萬物一曲、唯道大全的基礎
上，主張去除偏執與智巧，不尚賢智，要澈底揚棄自我與主觀，
完全地排除自我成見，努力尋找一個絕對客觀之物作爲依據，不
惜與物透迤，若飄風、轉蓬，可左可右，一任外物，所謂「推
而後行，曳而後往」。因此，那怕是無意識的土塊之理，愼到認
爲，都有理可尋、可據，都較「心」更客觀。如此一來，主觀思
慮固然剝盡，一切精神層面的心靈活動也蕩然無存，這在重視心
靈主體的《莊子》看來，當然是大有可議，不以爲然的。

　　有關田駢的思想，《尸子・廣澤》、《呂氏春秋・不二》、
《淮南子・道應》都說田駢「貴均」、「貴齊」。不過，其
「齊」與《莊子》不同，卻與愼到一樣，主張要「因物任性」，
尊重物性，順隨物性，而非《莊子》重視心靈自主的「齊物」。

　　把田駢、愼到這一系「塊不失道」、公以任物的觀點推闡至
極，最終找到一個絕對外在的「法」，來統攝並具體化那些抽象
的無知之理。以這樣的「法」取代「道」，作爲判斷是非價值的
絕對依據，最終就轉入了法家的領域。這是愼到、田駢、彭蒙一
系黃老道家對《老子》學說的改造，《四庫全書總目提要》因此
歸愼到爲由「道」入「法」的人物；它說：

―――――――――――
⑲ 清・郭慶藩集釋《莊子集釋》，頁1086-1091。

> 今考其書，大旨欲因物理之當然，各定一法而守之，
> 不求於法之外，亦不寬於法之中，則上下相安，可以
> 清靜而治。然法所不行，勢必刑以齊之，道德之爲刑
> 名，以此轉關。⑳

可見慎到重「法」，其「法」往往也就是「刑名」。《慎子・威
德》說：

> 明主之使其臣也，忠不得過職，而職不得兼官，……
> 守職之吏人務其治，而莫敢滛偷其事，官正以敬其
> 業，和順以事其上，如此則至治矣。㉑

這就是其後申不害所說的各守其職的「刑名」術。《荀子・非
十二子》這樣批評他們：

> 尙法而無法，下修而好作，上則取聽於上，下則從眾於
> 俗……則倜然而無所歸宿，……是慎到、田駢也。㉒

　　荀子隆禮重「分」，視慎到、田駢一派「與物逶迤」、因
任外物的主張爲和稀泥，說他們「尙法而無法」。《莊子・天
下》也批評慎到、田駢等人過度任物而喪失體道的主體心靈，是
崇「道」而「不知道」。然慎到去己棄智、因循、刑名，游走調
和於道、法之間的學說，正是黃老道、法、刑名融合的特質。彭
蒙、田駢著作雖亡，卻一再地被與慎到合論，可見也屬這一系的
黃老學說。這就是司馬談爲何說田駢、慎到等人「學黃老道德之
術，因發明序其旨意」的原因。惜環淵、接子、田駢諸人著作皆

---

⑳ 清・永瑢等編撰《四庫全書總目提要》，頁2455。

㉑ 清・錢熙祚校《慎子》，《新編諸子集成》第5冊（台北：世界書局，1991年），頁5。

㉒ 戰國・荀卿撰，清・王先謙集解《荀子集解》（台北：藝文印書館，1973年9月），頁229。

不傳，無由深入了解。

《愼子・因循》又說：

> 天道因則大，化則細。因也者，因人之情也。人莫不
> 自爲也……人不得其所以自爲也，則上不取用焉。故
> 用人之自爲，不用人之爲我，則莫不可得而用矣，此
> 之謂因。㉓

它教統治者「依順」人心自私、自我的本能，設法讓他感覺他的
一切作爲都是爲了他自己，而不是爲了你；這樣，他就能爲你竭
力效勞。「因」的權謀的意味，由此透顯了出來。

愼到之外，申不害、韓非亦然。《北堂書鈔》一五七引《申
子》說：「地道不作，是以常靜，常靜是以正方擧事爲之。」
《申子・大體》說：

> 善爲主者倚於愚，立於不盈，設于不敢，藏於無事，
> 竄端匿跡，示天下無爲。㉔

《韓非子・揚榷》也說：

> 人主之道，靜退以爲寶，不自操作而知拙與巧，不自
> 計慮而知福與咎……不言而善應，不約而善增。㉕
> 明君……虛靜以待令……虛則知實之情，靜則知動者
> 正。㉖

㉓ 清・錢熙祚校《愼子》，《新編諸子集成》第5冊，頁3。
㉔ 戰國・申不害《申子》，清・嚴可均校輯《全上古三代秦漢三國六朝文》，頁33。
㉕ 陳奇猷集釋《韓非子集釋》，頁68。
㉖ 陳奇猷集釋《韓非子集釋》，頁67。

這些說法都尚在黃老的叮嚀中，但申不害既已叮嚀人主要「竄端匿跡」，〈主道〉又說：

> 術者，藏之於胸中，而潛御群臣者也。法莫若明，而術不欲見。
>
> 道在不可見，用在不可知，虛靜無爲，以闇見疵。
>
> 函其□，□其□，下不能望；掩其跡，匿其端，下不能原[27]；去其智，絕其能，下不能意，……謹執其柄而固握之，……大不可量，深不可測……。

要人君「去好去惡」、「去舊去智」，讓人臣看不清，猜不透，也無法「測」、「量」，人臣才會無所巧飾地安分戮力其事。既要「竄端匿跡」、「藏之於胸中……不欲見」，又要「以闇見疵」、「大不可量，深不可測」，再加上對「八奸」、「五壅」種種防範之術的強調，法家無限深圉、陰鷙的權謀本質至此展露無遺。而這一切基本上雖說是遠承於老子，實際上卻是透過「黃老」過渡、轉化過去的。這就是爲什麼司馬遷既將申不害、韓非與老子合傳，卻又說申、愼、韓三人學「本于黃老」，「學黃老道德之術」的原因。但黃老卻並不如此陰鷙尖刻，黃老道家與法家之「術」的不同在此。除了以闇見疵的虛靜因任之「術」外，申不害、韓非也與愼到一樣，主張採用一種分官分職、循名責實的刑名術來公開考核臣下。〈定法〉說：「術者因任而授官，循名而責實，操生殺之柄，課群臣之能者也，此人主之所執也。」[28]

---

[27] 上文原作「函掩其跡，匿其端，下不能原」，陳奇猷以爲「函」下當有脫文，當作「函其□，□其□，下不能望；掩其跡，匿其端，下不能原。……」今據以校改，說見陳奇猷集釋《韓非子集釋》，頁68。

[28] 陳奇猷集釋《韓非子集釋》，頁68。

黃老學家與法家都一致相信，這就是最井然有序而精簡高效的管
理策略。

2. 法生於衆適，合于人心：采儒墨之善

　　上文說過，〈論六家要旨〉稱「黃老」爲「術」，是
「君綱」；班〈志〉也稱「黃老」爲「君人南面之術」，這個
「術」主要是指「靜因」、「刑名」的君綱，其「因道全法」的
「法」，主要指「刑名」，而不是律令、賞罰。這種現象普遍
顯現在黃老重要文獻典籍中。作爲黃老合卷的重要文獻——馬王
堆四篇黃老帛書，從頭到尾強調的，就是一種因天道以爲政道之
理。〈內業〉、〈心術〉上、下、〈白心〉四篇也都只談治身、
治國之術，不大及律令、賞罰。被推爲「尙實派法家」的《管
子》，整體上當然也重法，而有〈法禁〉、〈重令〉、〈法法〉
等強調明法審令、勿輕赦的篇章。然〈法禁〉所說的近二十項
「聖王之禁」，內容仍多屬君術、君綱問題。即便在其開宗明義
的三大要則中，「法制不議」與「爵祿毋假」兩項，講的也仍是
君術問題。其論述律令的重點篇章〈法法〉說：令重而不行，是
賞罰不信，賞罰信而不行，是人君「不以已身先之」。它因此告
誡人君，「禁勝於身，則令行於民」，又說，人君應「置法以自
治，立儀以自正」。㉙要求人君自己作法令施行中的第一隻白老
鼠，躬身踐法，以爲民先。

　　漢代黃老要典《淮南子》說得更澈底了，《淮南子・主術》
說：

㉙ 安井衡纂詁《管子纂詁》卷六〈法法〉第十六，頁1、13。

> 法籍禮儀者，所以禁君，使無擅斷也。㉚

談到法令設立的根源時，〈主術〉說：

> 法者非天墮，非地生，發於人間而反以自正。是故有
> 諸己不非諸人；無諸己，不求諸人。所立於下者不廢
> 於上，所禁於民者，不行於身。㉛
> 法生於義，義生於眾適，眾適合於人心。㉜

歸法令的根源爲民心的需要，並以人君爲法令約束的第一對象。
這是黃老之「法」和法家之「法」最大的不同。以民爲本是儒家
的基本呼籲，黃老之法重民約君的叮囑，就是司馬談所謂黃老道
家「采儒墨之善」。

3. 明堂陰陽的天人政綱：因陰陽之大順

其次，我們再來看《管子・四時》、〈五行〉、《呂覽》
十二紀、《淮南子・時則》、《禮記・月令》一系的明堂陰陽天
人政綱。中國農耕文明起源甚早，觀象授時的記載可以早到《尚
書・堯典》。但是眞正以農作配合天候、節令的定式記載，最早
見諸《大戴禮・夏小正》，應可視爲早期陰陽家說，也應是中國
最早的農民曆。其重點既在指導農事，當然是治政要項。茲單舉
「一月」爲例，以推知一年十二月之大要：

> 正月啓蟄，……雁北鄉。……九月遣鴻雁，……雉
> 震呴。……正月雷，……魚陟負冰。……農緯祭

㉚ 劉文典集解《淮南鴻烈集解》，頁295。

㉛ 劉文典集解《淮南鴻烈集解》，頁296-297。

㉜ 劉文典集解《淮南鴻烈集解》，頁296。

耒。……時有俊風。……寒日滌凍塗。……田鼠
出，……農率均田，……獺祭魚，其必與之獻，……
鷹則為鳩。……農及雪澤。初服于公田。……鞠
則見，……初昏參中。……斗柄縣在下。……柳
稊。……梅、杏、杝桃則華。……緹縞。……雞桴
粥。㉝

這裏只有天象、物候、簡單的農作與出產的記載，而到了《管
子‧四時》、〈五行〉、《呂氏春秋》十二紀、《淮南子‧時
則》，篇幅、性質、內容都繁複了起來，所配列的天人事物也多
了起來。《管子‧四時》先說：

令有時，無時，則必視順天之所以來……唯聖人知四
時。不知四時，乃失國之基。不知五穀之故，國家乃
路。……陰陽者，天地之大理也；四時者，陰陽之大
經也……。㉞

馬王堆黃老帛書也說：

天有死生之時，國有死生之政，因天之生也以養
生……，因天之殺也以伐死……則天下從矣。（〈經
法‧君正〉）㉟

人主者，……號令之所出也，……不天天則失其神，

㉝ 唯今所見〈夏小正〉，為宋代傅崧卿據所藏兩種〈夏小正〉文稿彙集而成的《夏小正傳》而
　來，內中經注文混而不分，筆者試為刪省注文，恢復古經文之原貌，此處所引「一月」經文
　內容即刪去注文所成者。

㉞ 安井衡纂詁《管子纂詁》卷十四，第四十，頁8-9。

㉟ 河洛圖書出版社主編《帛書老子》，頁196。

不重地則失其根，不順〔四時之度〕而民疾。（〈經
法・論約〉）㊱

　　司馬談〈論六家要旨〉說陰陽家「陰陽、四時、八位、十二
度、二十四節各有教令，順之者昌，逆之者不死則亡」。其說雖
「未必然」，但「春生、夏長、秋收、冬藏、弗順則無以為天
下綱紀」，卻是基本事實。黃老學說強調人事之道與政道配合
天時、天道的重要性，由此可見。因此，在〈四時〉裏，從星、
時、氣、木、骨、德的配列，以迄人事祭祀、農事、公共工程的
進行、政令的發佈，乃至災眚的相應合，都有繁複的配應。值得
注意的是，它開始強調政令與災眚的密切關聯。後來，通過進一
步結合著五行觀念，經過《呂氏春秋》十二紀到《淮南子・時
則》，與《禮記・月令》，上述配應達到了最繁複整齊的定式。
思慮所及的所有人文元素──月分、天文、方位、干支、蟲、
音、律、數、味、臭、祀、祭、天候、物象、政令、服飾、旗
幟、顏色、食物、官、動植物，以迄順時令之政事，琳琅滿目，
逐月搭配，構成了一幅豪華氣派的明堂月令施政總綱㊲。這是黃
老因天道以為政道最具體明白的構圖，它具體呈現了司馬談所說
的黃老「因陰陽之大順」的整體格局。姑不論其在當代或後世被
遵循、落實的情況如何，它至少代表黃老天人合一政綱的極品，
在歷朝歷代得到了程度不一的尊重與依循。

㊱ 河洛圖書出版社主編《帛書老子》，頁202。

㊲ 茲以「孟春」之配列與論述為例，以見其大要，其餘十一月類此：「孟春之月，招搖指寅，
　昏參中，旦尾中。其位東方，其日甲乙，盛德在木，其蟲鱗，其音角，律中太蔟，其數八，
　其味酸，其臭膻，其祀戶，祭先脾。東風解凍，蟄蟲始振蘇，魚上負冰，獺祭魚，候雁北。
　天子衣青衣，乘蒼龍，服蒼玉，建青旗，食麥與羊，服八風水，爨萁燧火。（下配合時令之
　政事與逆政災眚）正月官司空，其樹楊。」見劉文典集解《淮南鴻烈集解》卷十一，頁55。

以上是黃老道家「術」化《老子》之「道」為治事、治國綱領的大要。但司馬談早就說過,黃老道家認為,治國的基礎在形、神,而《老子》原本也是治國、治身並論的,認為治國要清靜無為,治身要重神、寡欲。黃老道家依循、推闡《老子》哲學,除「因陰陽之大順」、「撮名法之要」,以術化其治事、治國之「道」外,也同樣「術」化其「治身」之「道」。然而,要論黃老的治身之「術」,須從其根源,即「氣」化《老子》之「道」說起。

四、「道」的「氣」化:氣化宇宙與精氣養生

《老子》全書論「道」,重在進行本體性鋪寫,而不大論創生。它只推「道」為「天地根」,稱之為「玄牝」,唯一涉及生成命題者只有一則:

> 道生一,一生二,二生三,三生萬物。萬物負陰而抱陽,沖氣以為和。[38]

對於「道」如何由「無」生「有」,《老子》沒有其他說明。黃老道家除了繼承《老子》對「道」的本體性論述外,也試為解證《老子》之「道」對萬物的生成。《老子》的「道」是虛無的,其所生不論一、二、三或萬物,都是「有」,這由「無」到「有」的間距要如何拉近?黃老道家以一個介於有無、虛實之間的「氣」作為媒介與緩衝,因為「氣」既具備「道」的一切虛無性,卻又明顯是物質性存在,同時具備「有」的特徵,被視為

---

[38] 魏・王弼《老子道德經注》第42章,頁26-27。

初始狀態的「有」。總之，它介於虛、實或有、無之間，很方便溝通兩面。戰國秦漢的黃老文獻，談到創生，因此都以「氣」替代「道」去推衍。

（一）氣化宇宙：「氣」在時空中

黃老學說之所以以「氣」替代「道」，論生成，主要是因爲《老子》四十二章末兩句「萬物負陰而抱陽，沖氣以爲和」。黃老道家認爲，根據這兩句，「道」生化萬物的條件就是陰陽之「氣」的平和穩定。「氣」是「道」生萬物的核心質素，「道」只作爲根源性的存在，「氣」才是「道」創生活動的核心。馬王堆黃老帛書〈原道〉說「道」：「濕濕夢夢（濛濛），未有明晦。」「濕濕夢夢」指水氣充滿，可見「道」有物質的質性。《管子・內業》說：「道者所以充形」，〈心術下〉說：「氣者身之充」，顯見「道」就是「氣」。〈內業〉又說：「氣，此則爲生，下生五穀，上爲列星。流於天地之間，謂之鬼神，藏於胸中，謂之聖人。」[39]「氣」是天地間最細微精純的物質元素，它生化一切天地萬物，包括了天上的星晨、地上的五穀，無形的鬼神，靈妙的聖人心靈，當然也包括了人與地面上的一切生靈。《韓非子・解老》也說「死生氣稟焉」，都把「道」生化萬物看作是一種「氣稟」的過程。《莊子・知北遊》說：「臭腐復化爲神奇，神奇復化爲臭腐。故曰：『通天下一氣耳』。」「人之生，氣之聚也，聚則爲生，散則爲死。」亦以一切的生命狀態爲「氣」的變化與作用，視「氣」爲一切生命的原質。凡此種種表

---

[39] 安井衡纂詁《管子纂詁》卷十六〈內業〉第四十九，頁1。

明：就生化而言，「道」就是「氣」，道生萬物就是「氣」化萬物。

秦漢以下，《呂氏春秋·大樂》說：

> 萬物所出，造於太一，化於陰陽。⑩

所謂「太一」，孔疏解釋曰：「謂天地未分，渾沌之氣也。」據此以觀，〈大樂〉所言，等於說萬物的生成是來自天地未分前的渾沌之氣，由這渾沌之氣再分生陰陽，生成萬物。這正是《老子》第四十二章「萬物負陰而抱陽，沖氣以為和」之意。

《淮南子》則終於開始正面以「氣」來詮釋萬物的創生，並大篇幅地鋪寫其過程，完成了黃老氣化宇宙論的建構。〈天文〉說：

> 天地未形，馮馮翼翼，洞洞灟灟，故曰太始。⑪太始生虛霩⑫，虛霩生宇宙，宇宙生元氣。元氣有涯垠⑬，清陽者薄靡而為天，重濁者凝滯而為地。清妙之合專易，重濁之凝竭難，故天先成而地後定。天地之襲精為陰陽，陰陽之專精為四時，四時之散精為萬物。⑭

---

⑩ 許維遹集釋《呂氏春秋等五書集釋》，頁207。

⑪ 「太始」本做「太昭」，王引之據《易》緯《乾鑿度》與《太平御覽·天部一》，認為當作「太始」。見劉文典集解《淮南鴻烈集解》，頁79引王念孫說。今從校改。

⑫ 「太始生虛霩」本作「道始於虛霩」，茲從王引之校改，見劉文典集解《淮南鴻烈集解》，頁79引王引之說。

⑬ 「宇宙生元氣，元氣有涯垠」，本作「宇宙生氣，氣有涯垠」。王念孫據《太平御覽·天部》，今從校改。

⑭ 劉文典集解《淮南鴻烈集解》，頁79-80。

〈天文〉雖以「太始」爲宇宙生成之始源，但其眞正之生成活動卻是從「元氣」出現後才開始，而「元氣」是肇生在時空中的。有了宇宙時空，才產生元氣，然後，因著元氣有「清陽」、「重濁」質性之不同，才分生天地，繼之而有四時、萬物。較之以前各家，此處雖鋪寫得更加詳細豐富，但述說萬物的生成，基本上仍是通過「氣」區分陰陽，陰陽或和合而生，或分生天地，天地之氣再和合，才生萬物的。不管總論，還是由道分生天、地的分論，基本上都是氣（或元氣）的運作過程。

值得注意的是，幾乎所有黃老文獻，講「道」也罷、「氣」也罷，不論如何地抽象無形，基本上都是落實于時空中或現象界中來講，而不大強調其超現象的質性。因爲黃老重經世，尙用、求用，是「術」，當然要在現象界裏操作。更何況萬物、萬象本來就是時空中的物質性存在，其生化萬物、萬象的「氣」或「元氣」，不論如何地虛無遍在，終究是被界定在「宇宙」形成之後的「時空」之中。萬物、萬象的生化、形成，因此也都是時空中（「天地」間）的活動。這是黃老詮釋《老子》「道生一，一生二，二生三，三生萬物」命題，建構其氣化宇宙論的必然結果；而不少學者甚至直接將「一」解釋爲「氣」，也就很可理解了。

這種以「氣」的出現爲晚于「時空」的概念，甚至呈現在上海博物館購自香港古董店的戰國楚簡〈亙先〉中。〈亙先〉在論及一個類似於「道」的始源──「亙先」的生成時，也以「氣」爲生成活動運作的開始與基本元素；生成的始源雖是原初至樸、至虛、至靜狀態的「亙先」，但那時候沒有任何生息與活動，只有自然而整全的狀態。然後，一種類似「空間」概念的「或」出現了：

有「或」焉有「氣」，有「氣」焉有「有」……⑤

空間性的「或」概念出現之後，「氣」才自然產生，萬有的生成活動這才揭開序幕：

> 濁氣生地，清氣生天，氣信神哉，云云相生。⑥
>
> 異生異，鬼生鬼，韋生韋，非生非……。⑦

〈互先〉雖然強調，不論始源的「互先」、空間概念的「或」、或作爲生成元素的「氣」，都是自然、自生，彼此只有先後問題，而沒有母子關係，但「氣」的出現同樣被安排在空間概念「或」之後出現；並且，也同樣通過不同質性的清、濁之「氣」，來分生天、地，再續生萬物，所謂「異生異，鬼生鬼，韋生韋……」。總之，〈互先〉也是以「氣」代替始源之「互先」，運作其生成，一如「黃老」以「氣」代「道」，執行生成活動。不少學者因此歸〈互先〉爲黃老類文獻，從義理相關性角度看，是有道理的。

（二）精氣養生：從重神輕形到形神兼治

既然人的生命與萬物、萬象一樣，都是宇宙元「氣」的化生，而生命的健全又是「治天下」的基礎，黃老在論治國之「術」時，因此也重治身之理。其理且須從生命的根本元素──「氣」的調理著手，由「氣」化宇宙論因此延伸出精氣養生論。

---

⑤ 馬承源主編《上海博物館藏戰國楚竹書（三）》（上海：上海古籍出版社，2003年），頁288。

⑥ 馬承源主編《上海博物館藏戰國楚竹書（三）》，頁291。

⑦ 馬承源主編《上海博物館藏戰國楚竹書（三）》，頁290。

其實，不只黃老，《老子》原本在談治國的同時，也都論及治身問題。只不過，《老子》論「治身」，總以精神爲主，視形體的存在爲生命的負擔，越自然、清簡越好。所有虛靜、儉、嗇、寡欲的主張，目的都在還精神、心靈一個清新、清明的空間。黃老則重視經世、治事。現象界裏的活動，需要生命健全存在，才能運作。因此，除了精神，形身的存在與健康也是黃老重視的焦點。司馬談說「形者生之具」——所有生命現象與活動，都寄託在形體上，沒了形體，或形體不健康，精神的運作也將落空。《管子·內業》說：

> 精存自生，其外安榮，內藏以爲泉原，浩然和平，以爲氣淵。淵之不涸，四體乃固；泉之不竭，九竅遂通。乃能窮天地、被四海，中無惑意，外無邪菑，心全於中，形全於外，不逢天菑，不遇人害，謂之聖人。[48]

> 搏氣如神，萬物備存。能搏乎？能一乎？能無卜筮而知吉凶乎？能止乎？能已乎？能勿求諸人而得之己乎？思之，思之，又重思之，思之而不通，鬼神將通之，非鬼神之力也，精氣之極也。四體既正，血氣既靜，一意搏心，耳目不淫，雖遠若近。[49]

物質性的精、氣是精神靈明的基礎，它若充滿於形身（四體）之內，人的生命狀態便如有源之水永不枯竭，智慧也跟著靈明起來，一切天地、人間事物之理，都能了然通透，清楚明白，

---

[48] 安井衡纂詁《管子纂詁》卷十六〈內業〉第四十九，頁6。
[49] 安井衡纂詁《管子纂詁》卷十六〈內業〉第四十九，頁7。

如有神助，能預知吉凶、禍福。其實不是真有神助，只是由於
精氣的凝聚、儲積，強健了形體生命，也連帶清明了精神狀態。
在〈內業〉裏，「精」和「氣」一體混說，因爲「精也者，氣之
精者也」。⑩稱之爲「精」，只是要強調其質性之細微、純粹不
雜，因爲只有高品質的「氣」，才能有高品質的形、神狀態，以
便運作高品質、高效率的生命活動。

就情緒而言，〈內業〉說：

> 凡人之生也，必以其歡，憂則失紀，怒則失端，憂、
> 悲、喜、怒，道乃無處。⑪

保持愉快的心情是健康的要訣，情緒起伏太大，會使精神亂
了條理與分寸。而保持精神良好、心靈清明的不二法門就是沉澱
思慮的雜質，讓內心穩定平和。〈內業〉主張「節其五欲，去其
二凶。不喜不怒，平正擅胸」，「正心在胸，萬物得度」。過度
的思慮是有礙健康的，《老子》曾經如此叮囑。〈內業〉也說：
「思索生知，……思之而不舍，內困外薄，……生將巽（讓）
舍。」寡欲、清靜一直是《老子》與黃老共同的叮囑⑫，但黃老
對於生理調養有更多的關注。〈內業〉說：

> 凡人之生也，天出其精，地出其形，合此以爲人；和
> 乃生，不和不生。⑬

---

⑩ 安井衡纂詁《管子纂詁》卷十六〈內業〉第四十九，頁4。

⑪ 安井衡纂詁《管子纂詁》卷十六〈內業〉第四十九，頁9。

⑫ 《老子》曰「不見可欲，使民心不亂」（〈第三章〉），並要求人戒除五色、五音、五味、
馳騁田獵等亂人心性的活動項目（〈第十二章〉）。

⑬ 安井衡纂詁《管子纂詁》卷十六，第四十九，頁8。

人是天地之氣和合所生，其精神由於虛無不可見，〈內業〉想當然爾歸其來源爲無形的「天」氣；形體則具體可察，故歸其來源爲可見、可察的「地」氣。人就是由這天、地之精氣與形氣和合產生的，這等於是從人的生成角度解釋了《老子》所說的「負陰而抱陽，沖氣以爲和」。《淮南子・原道》說：

> 今人之所以眭然能視，營然能聽，形體能抗，而百節可屈伸，察能分白黑、視醜美，而知能別同異、明是非者何也？氣爲之充而神爲之使也。……無所不充，則無所不在。[54]

換言之，不論生理官能運作，還是精神意識判別，基本上都被認爲是「氣」的充盈作用在推動。「氣」充盈到哪裏，形體、精神就運作到哪裏。精神、形體或生理、心理活動，本質上都是一氣之作用。《呂氏春秋・盡數》早就說過：

> 凡精氣之集也，必有入也。集於羽鳥，與爲飛揚；集於走獸，與爲流行；集於珠玉，與爲精朗；集於樹木，與爲茂長；集於聖人，與爲敻明。[55]

因此，要讓形、神得以正常運作，不只是要充盈精氣，還要讓這些充盈的精氣得以流通而不鬱滯。《盡數》說：

> 精氣之來也，因輕而揚之，因走而行之，因美而良之，因長而養之，因智而明之。流水不腐，戶樞不螻，動也。形氣亦然，形不動則精不流，精不流則氣

---

[54] 漢・劉安撰，劉文典集解《淮南鴻烈集解》，頁40-41。
[55] 許維遹集釋《呂氏春秋等五書集釋》，頁138-139。

鬱：鬱處頭則爲腫、爲風，處耳則爲挶、爲聾，處目
則爲曎、爲盲，處鼻則爲鼽、爲窒，處腹則爲張、爲
疛，處足則爲痿、爲蹙。⑤⑥

儲積的精氣必須通過「動」以暢通，只有這樣才能正常運作。
不動地鬱積在不同部位，便要產生各種疾病。除〈盡數〉之外，
《呂氏春秋》又有〈達鬱〉篇討論精氣的鬱積、通暢與形身健康
及病痛的關係，它說：

凡人三百六十節，九竅五藏六府，肌膚欲其比也，血
脈欲其通也，筋骨欲其固也，心志欲其和也，精氣欲
其行也，若此，則病無所居，而惡無由生矣。病之
留、惡之生，精氣鬱也。⑤⑦

養生問題，不論形、神，說穿了，都只是個精氣的疏通調
理問題。而精氣的疏通調理，要從平日的生活起居與飲食習慣注
意起。〈盡數〉認爲，必須讓「精神安乎形」，年壽才得長。
而所謂「長」，不是設法延續它，而是做好日常生活的保健，去
除一切生「害」的條件，飲食不要大甘、大酸、大苦、大辛、大
鹹，情緒不要大喜、大怒、大憂、大恐、大哀，避免處於大冷、
大熱、大燥、大濕、大風、大雨、大霧的環境中。總而言之，
生活習慣要簡單、正常而良好。居住「不處大室，不爲高臺」；
穿著不必厚衣暖襖；飲食要定時、定量，不要過饑、過飽，不
喝烈酒，喝時要小口小口吞咽，讓它順暢、不嗆，不撐、不脹，
以便善待腸胃、保護五臟，體會美味的好道理。在〈盡數〉、

---

⑤⑥ 許維遹集釋《呂氏春秋等五書集釋》，頁139-140。
⑤⑦ 許維遹集釋《呂氏春秋等五書集釋》，頁954-955。

〈達鬱〉、〈重己〉各篇中，《呂氏春秋》把這些養生、衛生之「術」寫得相當細微、深入、淋漓盡致。講到最後，連水質的好壞，也都被納爲健康與否的因素。不同水質地區的人，形象、面貌的美醜，乃至健康情況的好壞都不同，所說非常合乎現代科學與醫學的道理。而這一切說穿了，都是在呼籲人，重視形身的健康問題。總結這一切，《淮南子・原道》說：

> 形者，生之舍也；氣者，生之元也；神者，生之制也。一失位，則三者傷矣。是故聖人使各處其位，守其職，而不得相干也。故夫形者非其所安也而處之，則廢；氣不當其所充而用之，則泄；神非其所宜而行之，則昧。此三者不可不愼守也。[58]

形、氣、神三位一體，一者出狀況，會有連鎖的骨牌效應。這是黃老治身之「術」的基本思維。其詳細而深入的專業之「術」，涉及古方技類房中、醫方等學問。《黃帝內經》與馬王堆出土諸多帛書醫經，如〈天下至道談〉、〈卻穀食氣方〉，以及各種脈經、灸經、養生方、病方、雜療方等文獻，都有深入而具體、豐富的記載，由於已越出哲學範圍，姑且不論。

總之，形神兼顧的黃老精氣養生論，和《老子》的原旨與重點有相當大的差距。到了東漢，經過《河上公章句》、《太平經》、《老子想爾注》等養生家與宗教家的推闡與過渡，直到魏晉神仙家葛洪的《抱朴子》裏，表面上看來，這些著述對於「精

---

[58] 劉文典集解《淮南鴻烈集解》，頁39。其中，「氣者，生之元也」本作「氣者，身之充也」。王念孫認為：「充本作元，此涉下文『氣不當其所充』而誤，元者本也。言氣為生之本也。」王念孫說見劉文典集解《淮南鴻烈集解》，頁39-40。今從校改。

神」的推崇力度似乎不曾稍減，但對形身調養的重視程度實際上一直在增強。最終，通過宗教長生不老修煉目標的提出，「形身」的重要性被推崇到了極致。而這一切，正是從黃老的形、神兼治過渡過去的。

值得一提的是，自武帝罷黜百家、儒術獨尊後，治國的黃老治術從此成爲過去。但治身的黃老養生術，誠如司馬談所說，因統治者政權延續之需求，反而更加蓬勃、茁壯，最終形成了東漢、魏晉的道教養生長生說。

要之，黃老之學是由戰國時期田齊稷下學宮推闡、開展起來的學術思潮。稷下學宮海納百川的特殊質性，決定了黃老學說兼糅並包、涵融各家的體質。作爲稷下學者集體著作的《管子》，很明顯地體現了這種相容並包的特徵。當然，因著姜齊以來太公尚權變、桓公成霸業的立國傳統與風教，以及尤其是田齊「東帝」理想之需求，黃老思潮在兼合各家的同時，有一定的目標、主調與策略。它們以黃帝爲標幟，目標在經世、治事，主調是道家，素材是《老子》，策略是「因道全法」，主張天道、政道一體，治國、治身一理。

黃老思潮承繼並轉化《老子》的虛無、柔弱、雌後之「道」，結合著法家的「刑名」督核方案，發展出「虛靜——因循」之「術」，其理想是既積極高效，而又和順溫潤的政治統御。黃老學者們參采觀天授時的陰陽說，架構其明堂月令的天人政綱，由「體」入「用」，最終在西漢初期大致完成了理論的建構工作，並成功地落實爲高效的治術——黃老之治。

此外，黃老學術轉移了《老子》論「道」重視本體這一

焦點，轉而試論「道」的「創生」。圍繞著《老子》的「道生一……沖氣以爲和」命題，黃老學者以「氣」代「道」，嘗試詳述宇宙萬物的創生過程。爲此，他們架構起戰國秦漢以下延續了幾千年的中國傳統氣化宇宙論的基本模式，並進而開展出傳統中國的精氣養生說，完成了治身治國一體、形神兼養並治的黃老治身論，成爲中國傳統醫理的基本綱領與方技文化的主要源頭。

與此同時，黃老思潮具有「兼儒墨」的成分。雖然與法家思想淵源密切，但黃老之學並不一味強調嚴賞重罰，而是以民心爲法令產生的根源，且以人君作爲法令約束的第一對象，顯示出與儒家躬身立教及民本思維的內在關聯。此外，從《管子‧牧民》的「四維」說，到《淮南子‧原道》末對仁、義、禮退而求其次的肯定，我們也可以看出黃老之學對儒、墨的兼采。由於儒墨不是黃老核心思想，本文故不細論，而著重其「因陰陽之大順」、「撮名法之要」以「術」化、「氣」化《老子》之「道」的思想特質。

五、餘論：黃帝標幟的轉化與提升

最後，我們還要談一個值得注意的問題，那就是：作爲「黃老」標幟的「黃帝」最後的去處問題。

在黃老學術思潮與治術發展的過程中，「黃帝」與「老子」的功能性質原來就大不相同。「老子」是實際運作的素材與內容，「黃帝」只是標幟，其階段性的意義非常明顯。然而，當六國統一，稷下學宮與田齊政權成爲歷史，「東帝霸業」成爲過去

之後，「黃帝」標幟的熱潮事實上也隨之褪去。在秦漢以下道家名著《呂氏春秋》、《淮南子》中，清楚可見不論治國或治身，都只推衍《老子》之說，而不大談「黃帝」了。較之班固〈漢志〉所列諸多附會依託的黃帝之作，這種變化非常明顯。

至於西漢的偉大治術──黃老治術，雖仍留有「黃」的外王印記，內容卻都是清靜無爲，事實上仍是《老子》學說在政治上的體現。呈現在學術上的，不再有黃帝說，而只有《老子》說。《老子》被奉爲經典，有傅氏經、鄰氏經⋯⋯，以及諸多解老之作。而唯一的治身寶典《黃帝內經》，事實上材料來源甚早，可能早至六國時期，與〈漢志〉所列諸多方技類醫典以及馬王堆諸多醫經、經方文獻或有來源上的關聯。這些文獻被精粹而系統地整理出來，其時間大致在西漢早期以前，可視爲先秦醫典的集大成之作。

更重要的是，武帝以後，百家盡黜，黃老治世、治國術受挫，道家思想影響力衰退。但幾乎與此同時，司馬遷卻在《史記・五帝本紀》裏，爲「黃帝」確立了歷史尊位，推之爲中國歷史第一帝。從此，「黃帝」非但不專屬於田齊，也不專屬道家，而是歸屬了全體「中華民族」。從此，大家不再提「黃老」，而改提「炎黃」。「黃帝」的標幟，並非消失了，而是升格了。

貳、齊文化與黃老思想的核心精神
——因循、時變、宜適

前　言

　　黃老思想是《老子》哲學的外王應世之用。它因承《老子》虛無、定靜、自然、柔弱的思想，因天道以論治道，循著天道的規律與軌則去提煉政道、人事之道，「因」是它最重要的核心精神。司馬談〈論六家要旨〉前後三次界定黃老「道家」是一種「術」，一種因陰陽，采儒墨，撮名法之「術」，明示了其應用的入世性質。又說這種「術」：

> 以虛無爲本，以因循爲用。無成勢，無常形，故能究
> 萬物之情。不爲物先，不爲物後，故能爲萬物主。有
> 法無法，因時爲業；有度無度，因物與合。①

三次強調這種「術」以「因（循）」爲操作原則，「因時」、「因物」，「因」一切該「因」的條件與事物，行事故能理想而有效。司馬談「習道論於黃子」，本身是黃老道家，清楚告訴我們，「虛無」與「因循」是黃老思想的兩大綱領。「虛」

---

① 劉宋・裴駰集解，唐・司馬貞索隱，張守節正義《史記集解》卷一三〇〈太史公自序〉，頁1350。

是「本」、是「常」、是「體」；「因」是「術」、是「用」。《老子》哲學本尚「虛無」，「虛無」則不可聞見、捉摸，故曰：無「成勢」、「常形」。黃老既是「外王」之「術」，作為「用」的「因（循）」，當然更被強調，此司馬談之所以三次叮囑申說。

「因」什麼？司馬談舉「時」與「物」為說，顯示它們是「因」的常態和大宗。黃老道家認為，時機的準確拿捏與掌握，對所處理事物自然之理的理解與尊重，是決定事物成敗的關鍵時機，就是所要「因」的對象。尊重「自然」和崇尚「虛無」是《老子》學說的本旨，「因」與「時」則是黃老的提煉與轉化。

黃老道家儘管崇功尚用，積極入世，認清「時」機的重要性，卻不是現實的功利主義者；換言之，它務實、尚實，卻不現實。它當然在乎績效，卻不只在乎績效，而更在乎過程的恰當、品質的理想，與結果的圓滿。因此兩次強調：治「術」的成敗，不是「有法」、「無法」，「有變」、「無變」，甚至「先」、「後」的問題，內容、品質、過程，都是它所在乎的。在重視實際成效的同時，它更冀求處理手法與過程的合理適切、普遍圓滿。因此，與積極、尚用同時，它也審慎溫厚，希望在諸多不同的需求中，取得一種和諧、穩定的共識，普遍能容受的「宜」、「適」之道，以確保永世經營之可能。因此需要多方揖注，多元參采，冀能提煉出一種人人稱便的廣應大通之道，司馬談因此說它「因陰陽之大順，采儒墨之善，撮名法之要。」這就是「黃老」。

以下我們便循著「因」、「時」、「適」三義，觀測黃老如何在高玄難及的《老子》哲學與剛硬嚴苛的法家理論中，挹取各

家養分，淬鍊出其既溫潤適切，卻又不失矩度、高效的理論來。

一、因循

（一）從齊文化、稷下到黃老

　　《史記・齊世家》說：昔太公封齊，有鑑於境內族群多元，乃「因其俗，簡其禮」；又見領地多「舄滷」，可耕地少，卻近海，海洋資源豐富，乃「通工商之業，便漁鹽之利」。〈魯世家〉也說：太公治齊，「簡其君臣之禮而從其俗。」在這樣寬容褒大，多元尊重的精神原則下，齊國果然在最短期間內，迅速穩定秩序，富厚起來，五月報政周廷。相較於齊國的簡易褒大，魯國身為王室至親，先天上有著宣揚王室禮樂文教無可旁貸的天職；周公治魯，「變其禮而革其俗」，一切悉依王室規劃，重新來過，故伯禽就國，三年報政。稍前於《史記》，《淮南子・齊俗》也有相關的記載。這些記載說明了：1.齊、魯兩國立國風教、言語文化歧分的因由。2.不論是齊文化、齊國的立國風教，還是產業結構，基本上都是站在依循本然，多元尊重的原則下開展起來的，這就是「因」。

　　孕生於田齊稷下學宮的黃老學術思潮也就因為這樣，承繼了太公以來，歷經姜、田齊數百年代代傳承，多元尊重、順勢營功的傳統，溫厚平和，卻又氣象萬千地，流行於戰國秦漢之際的學術、政治與社會，「因」是黃老思想的第一特質。

（二）從雌柔、和光同塵到靜因

　　《老子》哲學原本尙雌柔、戒剛強，力忌與物牴迕，第四章說：「挫其銳，解其紛，和其光，同其塵。」告誡人去除銳角，與物透迤，和周遭事物、條件取得協調，同步無迕，以避免矛盾、衝突，減少無謂的耗損，庶能平順開展，久視長生。

　　因承《老子》的雌柔思維和與物透迤的教誥，馬王堆黃老帛書〈十大經〉也尙雌節而戒雄節，〈十大經〉有〈雌雄節〉專章闡述雌吉雄凶的道理；但〈十大經・順道〉卻同時說：之所以「守弱節而堅之」，是爲了「胥雄節之窮而因之」。守柔、守弱、守雌是爲了待得一個可以順勢開展的契機。〈十大經・兵容〉說：

> 參□□□□□□□□□之，天地刑（形）之，聖人因
> 而成之。聖人之功……因時秉□，□必有成功。聖人
> 不達刑，不襦傳，因天時，與之皆斷。[2]

馬王堆〈經法〉等四篇是戰國以來的黃老思想在治國、治世方面的理論呈現。它積極正面而崇「功」，道法結合的理論傾向非常明顯。〈十大經〉三次提及「聖人」的事功，都說要「因」，尤其是「因時」，才能成功。

　　繼黃老帛書之後，《管子》四篇也以「因」爲君術的核心綱領。〈心術上〉說：「道貴因」，何謂「因」？〈心術上〉既簡明扼要又入裏地說：

---

② 河洛圖書出版社《帛書老子》，頁219。

因也者，舍己而以物爲法者也。感而後應，非所設
也；緣理而動，非所取。③

因也者，無益無損也。以其形，因爲之名，此因之術
也。④

其應也，非所設也；其動也，非所取也。⑤

「因」是完全排除一己之主觀，完全依「物」、緣「理」，尊重
並依順事物本然質性去處理，被動不主動，審愼不毛躁，客觀不
預設、不專斷、不偏執，純就事物之理，該怎麼做，就怎麼做。
既虛心客觀，又尊重本然。這樣觀測事物會比較正確而精準，處
理起來爲較省力、適切而有效。

作爲統御綱領祕笈的《管子》四篇，將這種「因」的哲學
有機地結合《老子》的「虛靜」思維，完成了淵默高深君術的建
構。〈心術上〉說：

有道之君，其處也，若無知。其應物也，若偶之。⑥
惠人之言，不義不顧。不出於口，不見於色，四海之
人，又庸知其則。⑦

不顧，言因也。因也者，非吾所顧，故無顧也。不出
於口，不見於色，言無形也。四海之人，庸知其則，
言深囿也。⑧

③ 安井衡纂詁《管子纂詁》卷十三，第三十六，頁7。
④ 安井衡纂詁《管子纂詁》卷十三，第三十六，頁3。
⑤ 安井衡纂詁《管子纂詁》卷十三，第三十六，頁3。
⑥ 安井衡纂詁《管子纂詁》卷十三，第三十六，頁3。
⑦ 安井衡纂詁《管子纂詁》卷十三，第三十六，頁2。
⑧ 安井衡纂詁《管子纂詁》卷十三，第三十六，頁6。

「惠人」就是「有道之君」，指政治上的領導高人，不應輕易號令發言，心意不輕形於色，令人覺其深沉，卻無由揣測其眞意。其所以不輕易發言，不綻露形色，是因爲面對事物時，心中無有先定的是非判斷，也無有拘執顧慮之念，完全放空著心去面對所要管理的事物，看著辦，因此說「不顧」就是「因」，是看事辦事，就事論事，非心中先有念慮堅執。這樣才能因物應物，因事應事，無限可能，因此說「深囿」。這就是司馬談所說的：「虛者道之常，因者君之綱」，目的是透過處理者沉穩淡定，靜心耐性，讓所要處理的人、事、物能充分展現其全貌，處理起來才能徹底完整而有效，不致瞎子摸象。這是黃老外王治事之術的總綱。這種「因」而無設的君綱，最後所推衍出來的，就是因任授官，循名責實，絕對客觀公道的「刑名」術。以後到了法家申、韓的「術」論中，這些「靜因」的君綱，更往權謀方向轉化，成爲了法家督姦之術中最陰鷙厲害的招數──人君必須高度隱藏自己一切語言、形色、情緒、好惡、舉止，讓臣下無由捉摸，造成一種神祕莫測的情境與效果，他則由暗窺明，讓一切姦欺無縫可插針，才能保全至高無上的統御尊威，這是法家的無爲「因（陰）」術，黃老「因」術卻不如此。

（三）依順情勢，自然開展

　　黃老的「因」術稍早在法家一系學者的思維中，固然很難避免地，成爲無限神祕的統御權術；但它在黃老理論中卻不如此陰鷙。在後期黃老道家若《呂氏春秋》、《淮南子》的理論中，也始終是一種隨物、順勢以理物、應物，尊重自然而力求客觀的治事法則。《呂氏春秋·任數》論「君道」說：

> 君人者，………至智棄智，至仁忘仁，至德不德。無
> 言無思，靜以待時，時至而應，心暇者勝。………無
> 唱有和，無先有隨。⑨

又說：

> 古之王者，其所爲少，其所因多。因者，君術也；爲
> 者，臣道也。爲則擾矣，因則靜矣。因冬爲寒，因夏
> 爲暑，君奚事哉？⑩

和《管子・心術》一樣，上兩則講的也是「靜因」的君術。成
功的君道要知「棄」、能「忘」，放下自己的思慮才幹，不思不
言，保持一顆沉穩淡定的心，聽任臣下去作爲，而勿加干擾，再
「因冬爲寒，因夏爲暑」，就事論事，做出合理的裁決（貶黜或
賞罰），這就是黃老的無爲「君術」。透過這種靜「因」的原則
去處理事物，最後必然落實在「因」任臣下之能、之德而「循名
責實」的「刑名」督核方案上。但《呂氏春秋》和《管子》四篇
一樣，都只言清靜省事，無爲無主，虛心因應的操作法則，與因
任核實的「刑名」方案，並不涉及尖刻陰鷙的窺伺、查姦之術。
黃老重視政治，卻不只是政治。在黃老思潮普遍推演開展後的
《呂氏春秋》與《淮南子》中，「因」術被推闡得更爲多面向，
成爲一種治事、應世的普遍通則。

《呂氏春秋》有〈貴因〉，專篇討論「因」的功能與妙
用。又有〈任數〉，推「因」爲國君治政的要領。〈貴因〉說，
做任何事都要有憑藉的條件與切入的關鍵點，對於這些條件與

---

⑨ 許維遹集釋《呂氏春秋集釋等五書》，頁758。
⑩ 許維遹集釋《呂氏春秋集釋等五書》，頁758。

關鍵點，我們必須了解、重視與配合，才能確保後續作爲之準
確有效。比如：透過「察列星、知四時」，才能知道什麼叫
「天道」；「視日月、知晦朔」，才能推得「歷數」，這都是
「因」。古來聖賢立功行事沒有不「因」而能成的。冠蓋大聖禹
入裸國，也隨俗「裸入衣出」；墨子尚儉非樂，見楚王則「錦衣
吹笙」；孔子好德而不好色，爲見衛君，仍不得不「道彌子夏，
見釐夫人」；湯武遭亂世，也「臨苦民，揚其義」這些在在都是
「因」。換言之，要涖事成功，沒有個人喜不喜歡的主觀問題，
這叫「虛」；客觀情勢該怎麼做，就怎麼做，這叫「因」。做任
何事，只有審愼評估客觀情勢，該從那兒下手，就從那兒下手，
才能圓滿成功，〈貴因〉說：

　　　因則功，專則拙，因者無敵。⑪

這樣的管理，明爽利落，明晰清新，輕鬆高效，這是黃老治政上
的「無爲」。

　　到了《淮南子》，推闡得更爲豐富了。集黃老理論大成的
《淮南子》論「因」，詳盡而澈底，極其根源性地從「自然」啓
論。〈原道〉說，天地萬物莫不有其本然之性與自然之理，「萍
樹根於水，木樹根於土，鳥排虛而飛，獸蹠實而走，蛟龍水居，
虎豹山處。」萬物各自有其先天不可改易的質性。「橘樹至江
北，化而爲枳；鴝鵒不過濟；貉渡汶而死。形性不可易，勢居不
可移。」是萬物這些絕對而不可改易的天性，成就了繽紛多彩的
宇宙。它不可改，也不應改，只能依順、尊重，這叫「因」。這
個「因」事實上也是萬物在與他物共處的狀態下，天生自然就能

---

⑪ 許維遹集釋《呂氏春秋集釋等五書》，頁663-664。

的，與外物、外境妥合的利己遂生本能，它是極自然而不待費力
學知的。〈原道〉說：

> 禽獸有茫，人民有室，陸處宜牛馬，舟行宜多水，匈
> 奴出穢裘，干越生葛絺。各生所急，以備燥濕；各因
> 所處，以禦寒暑……。⑫

什麼樣的自然條件與天生質性，就自然能蘊生出什麼樣的應對本
能，動物、植物、人類都一樣，天生具備「因」的本能。案〈原
道〉的說法，「因」不只是萬物後天人為的調整和適應，也是先
天生具的本能展現，一點也不勉強。透過「因」，可以把人類
應對外物的本能發揮到極致，「因」是處理事物最自然而必然的
法則。從積極面說，只有因順人性、物性，才能真正看清人、物
的真相而有效應對處理，獲致無牴無迕、皆大歡喜的圓滿結果。
《淮南子》各篇章隨處充滿這種對「因」道的推闡和叮嚀。

〈精神〉說，做事要「循道理之數」、「因天地之資而與
之和同」。〈詮言〉說：「三代之所道者，因也」、「天下之事
不可為也，其可因也。」大禹治水，「因」水性而成功；后稷
播穀，也「因地之勢」；先王制禮之教，也「因民之欲」。「因
其好色」，制婚姻；「因其喜音」，制雅頌；「因」其樂友，教
以悌。即使冶匠鍛鐵鑄刀，車匠駕馬服牛，也都須「因其可」、
「因其然」。政治上，〈主術〉說：「主道員者，虛無因循，常
後而不先。」應該「乘眾人之智，用眾人之力。」這是《管子》
和《呂覽》的「靜因」之術。〈齊俗〉說：「先王之法籍，非所
作也，其所因也。」在兵道上，〈兵略〉說：要隱形持靜，「因

---

⑫ 劉文典集解《淮南鴻烈集解》卷一，頁2。

形而與之化」、「視其所爲，因與之化」、「因資而成功」，因乘一切可趁之條件以出擊。〈脩務〉在詮釋道家最高妙的「無爲」之義時說，「無爲」不是「寂然無聲，漠然不動，引之不來，推之不往」，而是順情勢作爲，「因高爲山，因下爲池」，「循理而舉事，因資而立功，推自然之勢，而曲故不得容。」

　　總之，宇宙人間無物不「因」，無事不「因」，「因」是天經地義、隨處遍在的自然之理，也是無與倫比的人事法則。作爲集黃老思想理論大成的《淮南子》把黃老第一核心精神──「因」的眞諦，發揮得淋漓盡致，推闡到了最全面、周遍的高峰。

二、時變

　　馬王堆黃老帛書與傳世的黃老文獻儘管都重視「因」，推崇「因」；但在眾多可「因」、當「因」的對象與事物條件中，各家最大共識，也最重視的，是「時」。〈論六家要旨〉說黃老道家「以因循爲用」，要「因時爲業」、「因物與合」，「因物」是與所要處理的事物同步、協調，不牴迕；「因時」是要相準時機，經營事功，「時」是建立事功所須「因」的第一要項。這樣的思維被認爲是黃老道家結合法家的明顯印記。因爲「時」與「變」是現實感強烈的法家所最在乎的，從商鞅到韓非，沒有法家不重「時」，不求「變」的。時機的恰當與否被認爲是決定事物成敗的關鍵。黃老道家在外王上「因道全法」，「因」是道家虛無、雌柔「道」思維的延伸與發展，「時」的叮囑與關切則被視爲是對法家元素的參采。《老子》第八章雖然也說過「動善

時」之類的話，但《老子》尚「柔」守「後」，戒躁動，追求永恆，始終憧憬一種周行不殆、久視長生的眞理，而不爭先，不搶「時」，不喜若飄風、暴雨之「不終」。因此，除第八章外，我們不大看到《老子》對「時」的重視與強調。黃老則不同，它既崇功尚用，機動性是不可忽略的特質，與現實的條件同步配合變成了必要的條件，「因循」的第一對象因此是「時」。「歸本於黃老」的法家申、韓重「時」就不用說了，從馬王堆黃老帛書、《管子》到後期（秦漢）傳世的黃老文獻《呂氏春秋》、《淮南子》中都充滿著對「時」的積極強調與叮囑。

（一）以時為斷，動靜當時

馬王堆黃老帛書〈經法〉、〈十大經〉中，尤其是〈十大經〉，充滿了對「時」的關切與重視。〈經法·道法〉說：

> 生必動，動有害，曰不時。⑬

〈十大經〉說：「聖人不朽，時反是守」、「爲人主者，並時以養民功。」所謂「並時」就是「順時」、與時俱行，春教耕，夏教耘，農忙時節，不徵調民力。〈十大經·兵容〉說：

> 聖人之功，時爲之用，因時秉□，□必有成功……聖
> 人因天時，與之皆斷。⑭

理想的領導者行事要看「時機」；行事成敗，決定在時機。而「時機」是自然的，其到來，在黃老道家看來，有一定的發展過

---

⑬ 河洛圖書出版社《帛書老子》，頁193。
⑭ 河洛圖書出版社《帛書老子》，頁219。

程，無法催熟，故曰「天時」。其未到來，黃老帛書說，當「柔身以待之時」（〈十大經・前道〉），要耐心等待。〈稱〉也說：

> 時若可行，亟□勿言；〔時〕若未可，塗其門，毋見其端。⑮

最理想的關鍵時刻尚未到來之前，當韜晦潛隱，「隱於德」，以德守之；一旦時機成熟，〈十大經〉說，當迅速出擊，因爲時不可再，機不可失，一旦錯失良機，追悔莫及：

> 聖人當天時，與之皆斷；當斷不斷，反受其亂。（〈觀〉）⑯

> 靜作得時，天地與之；靜作失時，天地奪之。（〈姓爭〉）⑰

〈十大經〉並舉黃帝戰蚩尤爲例，說明「時」的關鍵與重要：當蚩尤亂逆出現時，大臣閹冉告黃帝：「今天下大爭，時至矣，后能慎勿爭乎？」黃帝於是審慎評估，作了充分準備，然後「出其鏞鉞，奮其戎兵」，一舉滅了蚩尤。值得注意的是，黃老帛書一再稱「時」爲「天時」，顯見帛書作者視「時」爲一種自然發展之機，這正是黃老道家的觀點。

---

⑮ 河洛圖書出版社《帛書老子》，頁228。
⑯ 河洛圖書出版社《帛書老子》，頁213。
⑰ 河洛圖書出版社《帛書老子》，頁217。

（二）以備待時，以時興事

到了《管子》四篇，雖不似商、申、韓之強勢，到底也被歸為尚實派的法家之作。法家講時效，《管子》上承姜齊桓公、管仲霸業之遺風，下開田齊東帝與稷下大業，也重視「時機」的掌握。在〈心術下〉、〈白心〉，乃至〈牧民〉、〈霸言〉、〈宙合〉我們都可清楚看到對「時」的重視。〈牧民〉說：「知時者可以為長。」〈宙合〉說：

> 成功之術，……必周於德，審於時，時德之遇，事之會也，若合符然，故曰是唯時德之節。……聖人之動靜、開闔、詘信、淫儒、取與之必因於時也。時則動，不時則靜。⑱

成功的事業需要「時」、「德」密切吻合。「德」是從事者本身的內在條件，「時」是外在客觀的機宜，兩種條件兼備齊全，事情沒有做不成的。因此聖人一切言行舉止，悉皆因時而為，順時而動。換言之，成功事業不僅有賴自我內在條件的齊備，外在客觀的時機更是決定成敗的關鍵。〈霸言〉說得更明白了：

> 聖人能輔時，不能違時，知者善謀，不如當時，精時者日少而功多。……違時易形，無不敗者也。⑲

時機的關鍵遠比智慮強得多，聖人做事只能順時、因時，不能違時、逆時，懂得充分掌握時機，才能精簡省力地奏功。不因順時機、錯失時機，只有走上衰敗一途。將時機對事情成敗的決

---

⑱ 安井衡纂詁《管子纂詁》卷四，第十一，頁4-5。

⑲ 安井衡纂詁《管子纂詁》卷九，第二十三，頁11-12、17。

定性，說得肯定而絕對。但，所謂「輔時」、「因時」、「不違時」並不是全然被動地做時間的奴隸，隨時間的波浪浮沉，而是因趁時機，乘風破浪，〈心術下〉說：

> 聖人之道，……與時變而不化，應物而不移，日用之
> 而不化。[20]

所謂「不移」、「不化」，都充分說明了在因時順勢作爲的過程中，其實仍不失自我積極清明的裁度。換言之，是我在觀測、審度、駕馭時間，乘載時間以成事，不是時間在凌駕我，差役我。靜與作的主權仍操之在我，〈白心〉說：

> 聖人之治也，……不可常居也，不可廢舍也，隨變斷
> 事也，知時以爲度。[21]

可見黃老所謂「因」，所謂「應而不設」，被動而不主動，並不是消極偷惰，放逸閒散，而是嚴重關切、相時機變、靈動回應。這些都把黃老積極化《老子》雌後哲學的眞諦，清楚地凸顯出來，〈山至數〉因此說：「王者乘時。」[22]

其實在先秦，愼到也尙「因」，在後世所輯佚的《愼子》文獻中，知其有〈因循〉篇。四庫提要歸其爲道家轉入法家的橋梁，因爲它依循道家排除主觀、棄己去智的思想精神，澈底尊重外在客觀事物；《莊子·天下》說它無我無主，全然被動，「緣不得已」，「椎拍輐斷，與物委迤」。全然因循外物的結果，「塊不失道」，認定土塊、石塊之道都遠比吾心之道客觀。過度

---

[20] 安井衡纂詁《管子纂詁》卷十三，第三十七，頁12。

[21] 安井衡纂詁《管子纂詁》卷十三，第三十八，頁15。

[22] 安井衡纂詁《管子纂詁》卷二十二，第七十六，頁38。

重外遺內，主體棄盡，其「因循」終究變成「若飄風、轉蓬」，一任外物，不知所止。其所追尋之道，亦因此而被譏為「死人之道」，而非「生人之道」。其關鍵就在能「因」而不知「時變」，故無由做妥適之裁量與機動的調整。

（三）法與時變，遇合在時

到了秦漢以下，後期黃老文獻——《呂氏春秋》與《淮南子》中，又不同了。《呂氏春秋》不但有〈貴因〉、〈任數〉專篇敷論「因」的重要，也有〈審時〉、〈首時〉，專篇闡述「因時」、「適時」的重要。又有〈遇合〉論述人的際遇與時機的密切關係。〈不廣〉說：「智者之舉事必因時」，〈首時〉說：「聖人之所貴唯時」，事情的難易、大小、緩急、利害都不是問題，關鍵在於「知時」、「待時」，準確了解什麼時候是適當的切入時機。〈首時〉說：

> 聖人之見時，若步之與影不可離。故有道之士未遇時，隱匿分竄，勤以待時。㉓
> 天不再與，時不久留，能不兩工，事在當之。㉔

要成功立業，「時」機的準確掌握與切入是重要的關鍵。

但《呂氏春秋》對於「時」的重視與推闡，較聚焦於「法」的興革與人事的遇合問題，尤其是後者；〈察今〉說：

> 世易時移……變法者，因時而化，……因時變法者，

㉓ 許維遹集釋《呂氏春秋集釋等五書》，頁552。
㉔ 許維遹集釋《呂氏春秋集釋等五書》，頁552。

賢主也……時已徙矣，而法不徙，以此爲治，豈不難
哉。㉕

凡先王之法，有要於時也。時不與法俱至，……時已
與先王之法虧矣，……而法之，以此爲治，豈不悲
哉。㉖

「法」是處理人事問題的依據，人與事會隨著時空條件而改變，
「法」的適效性因此也會相應產生變化，必須配合調整，這是
「因」；但什麼時候調整最適切？則是「時」的問題。各派法家
都如此說，這樣的觀點也爲黃老道家所吸收繼承，《呂氏春秋》
正是這個意思。

「時」的關鍵性既然是處理人世事物的普遍勝因，則小至個
人際遇的窮通，大至社會、國家的治亂安危，都與「時」有關，
〈長攻〉、〈遇合〉專篇討論這類問題。〈遇合〉說：

凡遇，合也；時不合，必待合而後行。㉗

〈長攻〉說：「凡治亂、存亡、安危、彊弱，必有其遇，然後可
成。」一個人要成功勝出，一個社會、國家的優劣狀況，《呂氏
春秋》說，都有一定的機遇。而機遇的到來是時間的自然發展與
演變，時間沒發展到那個階段，機遇不會顯現，事情便不會發
生。桀紂雖暴虐，湯武未出現前，桀紂不會亡；反之，湯武雖賢
聖，桀紂的暴虐不出現，湯武也不王。而湯武賢聖的出現和桀紂
暴虐的發展都是「天」，都是自然的機運；機運不來，成敗事件

㉕ 許維遹集釋《呂氏春秋集釋等五書》，頁669-670。

㉖ 許維遹集釋《呂氏春秋集釋等五書》，頁665-668。

㉗ 許維遹集釋《呂氏春秋集釋等五書》，頁584。

是不會發生的。這樣的說法把黃老審時、因時以致功的積極義，弱化了不少。一九九三年上海博物館購自香港古董店的戰國儒簡〈窮達以時〉，亦有類似的思維，把人的際遇窮通相當無奈地委諸「時」的際遇問題，而充滿了無限低迴的喟嘆。

到了東漢，批判思想大家──王充在《論衡》中更寫了〈逢遇〉、〈適偶〉，把人世間諸多因果事件，都看成非因果的適時偶然交錯，亦即發生時間點的巧合，完成其適偶的自然論。王充自己說，自己的言論「違儒家之說，合黃老之義。」[28]事實上黃老雖重自然，卻是呼籲積極審慎地掌握、觀察「時機」，去興功、立業，並不消極刻板。

但，或許是基於黃老的外王崇功宗旨，或許是怕人待時過度，消極偷怠，《呂氏春秋‧首時》最後還是提點人：「湯遇桀，武遇紂」乃至舜遇堯，雖然是「天」，也需要「待時」、「遇時」，未「遇時」之前與「遇時」之後截然不同：未「遇時」時，「以其徒掘地財，取水利，編蒲葦，結罘網，手足胼胝」，辛苦備嘗；「遇時」之後，「登為天子，賢士歸之，萬民譽之，丈夫女子振振殷殷，無不戴說。」前後狀況判若雲泥；但「為是故，因不慎其人，不可。」也就是說，遇「時」與否，固然是「天」，是「自然」而無可奈何。然而，一旦有了「天時」，也要人為的努力配合，「湯武修身積善為義」，憂苦於民；舜耕歷山，陶河濱，釣雷澤，也都積極努力，才能換得正果，這一說總算回復了黃老積極正向的精神。

---

[28] 王充說：「夫寒溫、譴告、變動、招致，四疑皆已論矣。譴告於天道尤詭，故重論之，論之所以難別也。說合於人事，不入於道意。從道不隨事，雖違儒家之說，合黃、老之義也。」《論衡‧自然》。說見劉盼遂《論衡集解》（台北：世界書局，1967年12月），頁371。

（四）時之反側，間不容息

　　到了《淮南子》，除了因承前此黃老諸說外，更把黃老
轉化自《老子》的崇功尚用的積極義，淋漓盡致地推闡開來。
它承認「時」機對於決定事物成敗的關鍵性，也認定時機是事
物發展的客觀規律，是自然的，亦即《呂氏春秋・首時》所謂
「天」。但它卻不朝消極無奈方面去陳述，而從用心觀察、積極
把握方面去叮嚀和提醒。它說，古來確實有許多「所行同而利害
異」，造成窮達不均的案例（〈人間〉）[29]。太公、比干同德，
太公封，比干剖（〈繆稱〉）[30]，關鍵當然在「時機」的遇合問
題，可見「仕鄙在時不在行。」（〈齊俗〉）[31]。但，它更關切
的是：「功所與時成」（〈詮言〉）[32]的道理，深切感受到「事
周於事則功成，務合於時則名至。」（〈齊俗〉）[33]「得在時，
不在爭；治在道，不在聖。」（〈原道〉）[34]成功不能專靠才性
與智慧，時機是很重要的關鍵。但，正因如此，才更需審慎地叮
準時機，掌握時機，把精力用在該用的關鍵處，不虛耗不必要的
精力，做無謂的爭鬥，庶能精簡省力以成事，這是智慧。要之，
成功不專恃才幹與努力，要在審時應變，把握時機。它更把「時
機」的可貴與難能捉摸鋪寫得淋漓盡致；它說：

　　　時之至，不可迫而反也，要遮而求合；時之去，不可

---

[29] 劉文典集解《淮南鴻烈集解》卷十八，頁26。

[30] 劉文典集解《淮南鴻烈集解》卷十，頁46。

[31] 劉文典集解《淮南鴻烈集解》卷十一，頁76。

[32] 劉文典集解《淮南鴻烈集解》卷十四，頁41。

[33] 劉文典集解《淮南鴻烈集解》卷十一，頁73。

[34] 劉文典集解《淮南鴻烈集解》卷一，頁14。

進而援也。（〈詮言〉）㉟

時之反側，間不容息，先之則太過，後之則不逮。夫
日回而月周，時不與人遊。故聖人不貴尺之璧，而重
寸之陰，時難得而易失也。（〈原道〉）㊱

時機稍縱即逝不等人，也極難掌握，必須密切關注，一毫不可輕
忽。

與此同時，自《管子》、《呂覽》以來，源自商、韓法家的
「法與時變」觀點，《淮南子》也有所依承。不但在討論政治的
專章〈主術〉中有正面表述，在〈氾論〉、〈齊俗〉中都作了同
樣的闡述。〈齊俗〉說：

世異則事變，時移則俗易。故聖人論世而立法，隨時
而舉事。㊲

法令是用來管理人事的，人事行為常因時空換轉而有所改變，
管理人事的「法」也需相應調整，才能適切有效，在因應時機
時，「變」成為不可避免之事。「時」變，「事」當然需相應以
變。「因」、「時」、「變」往往成為連續事件。〈氾論〉說：
「聖人法與時變，禮與俗化」、「知法治之所由生，則應時而
變」，㊳都是和法家一樣，承認法令應該同步時空條件，機動調
整，才能適切有效。對時機的重視與強調是黃老道家轉化《老
子》柔後之「道」為積極應世之「術」的新元素。

<hr>

㉟ 劉文典集解《淮南鴻烈集解》卷十四，頁47。

㊱ 劉文典集解《淮南鴻烈集解》卷一，頁17。

㊲ 劉文典集解《淮南鴻烈集解》卷十一，頁69。

㊳ 劉文典集解《淮南鴻烈集解》卷十三，頁8。

三、宜、適

不論是立國之初，姜太公體諒境內多元族群不同文化、禮俗、風教所採取的「因其俗而簡其禮」策略，還是司馬談提挈黃老道家核心思想的「因時為業，因物與合」，都是基於尊重的原則，希望營造出一種普遍接受的局面，與共存共榮皆大歡喜的結果。這其間充滿洋溢的，是寬大的胸襟與溫厚的情懷，希望把不方便、不適合的因素降到最低。從「因循」到「時變」之間，有著不斷觀察、思考、反省、調整、改進的機制，目標都在通向一個人人稱適的結果。分寸的拿捏與手法的恰當合宜，因此是「因」、「時」有效與否的關鍵，較早的馬王堆黃老帛書已關切到這個問題了。

（一）刑德相養，文重於武

黃老帛書論證焦點儘管集中在兵道、政道當因順天道，與文武、順逆、興亡、禍福、刑德、刑名等議題上，但在敷論因天道為政道時，卻不只一次地叮囑「失當」與否的問題，也一再關切文、武、刑、德的適切調配問題。《經法·國次》說：「過極失當，天將災殃。」《十大經·正亂》說：「過極失當，擅制更爽」，最後的下場「視蚩尤共工」，都強調行事的適切不過度，才能無有災殃。「過極」不過極、「失當」不失當，指的是什麼？依〈經法〉等四篇看來，是文、武、刑、德的實施問題。

> 天有死生之時，國有死生之政。因天之生也以養生，
> 謂之文；因天之殺也以伐死，謂之武：〔文〕武並

行，則天下從矣。（〈君正〉）㊴

動靜參於天地謂之「文」……因天時，伐天毀謂之
武。（〈論約〉）㊵

〈四度〉說：

文則明，武則強，……文武並立，……可以定天下，
可安一國。……
用二文一武者強。㊶

「文」、「武」指的是人事，尤其是政治行為配合自然節令的
生長、肅殺來運作。自然節候長養之時，下長養之令，施長養之
政，行文教，謂之「文」；節候凋零肅殺之際，下肅殺之令，施
肅殺之政，行誅伐，謂之「武」。㊷「文」、「武」因此是配合
節令所調整的各種寬嚴合度的政治措施。自然節候有生、有殺，
政治措施不能獨寬不嚴，或獨嚴不寬，要文教、誅伐並行共施，
這叫「天當」──一種自然合宜的成功之理。〈論約〉說：

始於文而卒於武，天地之道也……三時成功，一時刑
殺，天地之道也。㊸

自然規律以春生始，冬殺終，叫做「始於文，卒於武」；一年四
季之中，春、夏、秋三季分主生、長、成，只有冬季主肅殺，因

㊴ 河洛圖書出版社《帛書老子》，頁196。

㊵ 河洛圖書出版社《帛書老子》，頁200、201。

㊶ 河洛圖書出版社《帛書老子》，頁200、201。

㊷ 陳鼓應先生以為：「文」指的是「文教」，「武」指的是「誅伐」。見陳鼓應《黃帝四經今
注今譯》（臺北：臺灣商務印書館，1995年6月），頁279。

㊸ 河洛圖書出版社《帛書老子》，頁206。

此是三「文」一「武」。自然節令的循環與安排如此，人事政治「因」天道、天時也當如此。按照〈論約〉說法，先「生」後「殺」，三「生」一「殺」是天理、天「道」、天「當」，人政的安排與操作也當三「文」一「武」，（〈四度〉說是「二文一武」），終歸是多文教，少誅伐；先文教，後誅伐，才不致「過極失當」。「刑」、「德」意思也一樣。〈十大經〉說：

> 贏陰布德，……宿陽脩刑，……春夏爲德，秋冬爲刑。先德後刑以養生。……凡誎之極，在刑與德。刑德皇皇，日月相望，以明其當，……先德後刑，順於天。（〈觀〉）[44]

〈姓爭〉又重複了一次類似的論述，說：

> 凡誎之極，在刑與德。刑德皇皇，日月相望，以明其當。望失其當，環視其殃。天德皇皇，非刑不行；繆（穆）繆（穆）天刑，非德必傾。刑德相養，逆順若成。刑晦而德明，刑陰而德陽，刑微而德章。[45]

說的都是同一個道理：政道當從天道中去體悟、提煉。天道陰盈則陽生、德布，陽積則陰生、刑蘊，二者交遞衍生。春夏「德」先呈，秋冬「刑」後生，兩者輪替相輔，以成歲功。其體現於人事政道上的，也應該是先文教，後誅伐；春作農，夏勸學，秋冬修武備。唯依〈觀〉的說法，似乎只在強調「刑德相養」、「先德後刑」，對於「刑」與「德」之間的輕重分配並無著墨。〈論約〉則不同，它把自然節候的「秋」也納入生、養的「文」中，

---

[44] 河洛圖書出版社《帛書老子》，頁212-213。

[45] 河洛圖書出版社《帛書老子》，頁217。

若基於萬物「秋」熟成的觀點,這樣的說法並無不妥。然其目的顯然是要論證三「文」一「武」,多「德」少「刑」的比率分配。其於人事上的實踐,因此自然是多文教,少誅伐,充分透顯了黃老慈惠寬厚之精神。換言之,黃老道家雖務實尚功,也擷取法家積極的元素,卻始終不忘在諸多不免對立的人世事物中,力求一個合理的平衡點。這個平衡點,不論是在刑德相養的二分之一處,「二文一武」的三分之二處,還是「三時成功,一時刑殺」的四分之三處,都是指的一個溫潤宜人的理想點,一個能合適大眾的普遍容受點,黃老帛書稱之為「當」。落實在政道上就是一個教化優高於誅伐的適切點。這種「文」多於「武」,「德」先於「刑」的精神,以後在《呂氏春秋》與《淮南子》裏,都得到充分的推闡與詮釋。

(二)以身先行,令尊於君

這樣溫潤的平衡精神,在稷下之作的《管子》中,充分顯現在其對法家苛硬法論的改造。《管子》被列為「尚實派」法家,關鍵就在它閎大包容,在尚法、重法的理論中多了不少溫潤的元素。在「法」的尊嚴下,將統治者與被統治者做了平等考量。〈版法解〉說:

> 明君兼愛以親之,明教順以道之,……兼愛無遺,是謂君心。必先順教萬民鄉風,旦暮利之,眾乃勝任。[46]

「明教順以道之」、「順教萬民鄉風」就是〈經法〉、〈十大經〉所說的「文教」與「德恩」,也就是對民心接受度的培成

---

[46] 安井衡纂詁《管子纂詁》卷二一〈版法解〉第六十六,頁8。

與考量，因爲它關係著法令執行的成效，希望「眾乃勝任」。
這樣的思維尤其顯現在對法令根源與執行的討論上。不論商、
申、韓，都一致認爲，法令是官定的，它象徵著公權力與人君的
尊威，以人君爲代表的政府，就是法令訂定、執行與推動者。在
法家尊君的前提下，君威與公權力幾乎是畫上等號的。立法的宗
旨，固在斷是非、持公道，也在維護君權、君威，保障人君的利
益。因此法家儘管強調王子犯法與庶民同罪，卻從來不談人君犯
法的問題。《管子》卻不同，它不但說：「不爲愛民虧其法，法
愛於民。」也同時說：

> 明君……置法以自治，立儀以自正也。[47]
>
> 不爲君欲變其令，令尊於君。（〈法法〉）[48]

法令的尊嚴高於人君。又說，賞罰如果「信而不行」，那一定
是立法執法者「不以身先之」。在〈法法〉作者看來，法令的訂
定，當然來自以人君爲代表的官方政府；但其訂定，首先是用
來管理立法者自己的，人君應該是法令約束的第一對象。〈法
法〉說：「明君置法以自治，立儀以自正也。」立法者應率先奉
循法令，法令的推行才有說服力與公信力，其成效也才能得到保
證，「令勝於身，則禁行於民。」把人君也納入法令的管轄範圍
之內，清楚講明，也澈底宣示了法令的尊嚴高於人君，法令也管
理人君，而不只是管理臣民或維護人君的尊嚴與權益。這類思維
以後到了集黃老思想大成的《淮南子》中，有了更堅定的繼承，
與更進一步的開展。其實，不止法家，各家涉及公共紀律與規章

---

[47] 安井衡纂詁《管子纂詁》卷六〈法法〉第六十六，頁13。

[48] 安井衡纂詁《管子纂詁》卷六〈法法〉第六十六，頁17。

的時候，都一致認定公平、公道的必要性。但，黃老道家對於
「法」的公道性，卻有更溫厚、適切的界定。

（三）文武有常，政必「和」、「適」

　　承繼馬王堆黃老帛書的始文終武、重德輕刑說，《呂氏春
秋・召類》說：

> 文者愛之徵也，武者惡之表也。愛惡循義，文武有
> 常，聖人之元也。⑭

〈適威〉說：

> 古之君民者，仁義以治之，愛利以安之，忠信以導
> 之，務除其災，思致其福。⑮

篇名叫「適威」，明白顯示，其所討論的，是合理的統治權威
該如何建立的問題。而依其表述內容看來，指的正是以仁義、愛
利、忠信的文教爲先導。而不論是〈經法〉的三文一武，二文
一武，還是刑德相養，都在求得一個「恩」、「威」適切結合的
範式，〈適威〉的表述應合了黃老帛書的文武、刑德觀。在〈大
樂〉與〈適音〉篇裏，作者更藉音樂的「和適」之理，論述了治
國的宜適之道。〈大樂〉說：

> 聲出於和，和出於適。和適，先王定樂由此而生。⑯

作爲移風化俗、治國安邦的「樂」，其形成的基本條件是

---

⑭ 許維遹集釋《呂氏春秋集釋等五書》，頁949。
⑮ 許維遹集釋《呂氏春秋集釋等五書》，頁896。
⑯ 許維遹集釋《呂氏春秋集釋等五書》，頁208。

「適」，〈侈樂〉說：「音亦有適」，何謂「適」？〈適音〉說：「衷，音之適也。……衷也者適也。」音樂之「適」須是由衷、發乎「衷」，也就是內在本「情」。可見「適」與「衷」都指「樂」內在之「情」的平和妥適。如果「不知樂之情」，「以侈為務」，必然導致過分失當，導致「其民必怨，其生必傷。樂不樂者，失樂之情，其樂不樂。」（〈侈樂〉）〈侈樂〉又以養生作喻，說「寒、溫、勞、逸、饑、飽」六種狀況都不是「適」，善養生就必須：

> 瞻非適而以之適者也。能以久處其適，則生長矣。[52]

也就是說，眼見各種不理想的生存狀況，必須想辦法讓它理想化，若能使之長久處於理想狀況，生命便能久長。這是以樂理喻證治身之道。治國之道，其理相通。樂音放佚失「適」，便當「以之適」，設法調整回來，使之「適」，才是能使人樂的先王正「樂」。〈適音〉並分析「以侈為務」之「樂」所以令人「不樂」的因由，乃在「心」之不「和」。可見「失樂之情」，指的是「樂」的放佚失適，導致心不「和」；心不「和」，聽樂因此不「樂」，興不起接受的欲望與歡愉之情。〈適音〉說：

> 心必和平，然後樂；心必樂，然後耳目鼻口有以欲之，故樂之務在於和心，和心在於行適。夫樂有適，心亦有適。人之情，欲壽而惡夭，欲安而惡危，欲榮而惡辱，欲逸而惡勞。四欲得，四惡除，則心適矣。四欲之得也，在於勝理。[53]

---

[52] 許維遹集釋《呂氏春秋集釋等五書》，頁215。
[53] 許維遹集釋《呂氏春秋集釋等五書》，頁217。

音樂要紓解人心，必須通解人情，順乎人情，使人心「和」、「適」。而要順乎人情，和適人心，就必須「勝理」，在人心、人性的需求上，能夠適切恰當，不侈、不逸。〈適音〉說音樂的侈佚是「太鉅」、「太小」、「太清」、「太濁」，皆「非適」，只有「衷」才「和」、「適」。這不但是樂理、樂道，更是政理、政道。〈適音〉說：

> 有道之世，觀其音而知其俗矣，觀其政而知其主矣，
> 故先王必託於音樂以論其教。⑭

養生之道、定樂之理與治國之道是相通的，定樂之理在「和」、「適」，治國之道亦在「和」、「適」，因為它們都循「心」以治。前述的二文一武、先德後刑、刑德相養，目的也都在求得一個「和」、「適」不「侈」的「當」度。

（四）法出眾適、因宜用世

　　承繼馬王堆黃老帛書、《管子‧法法》、《呂氏春秋》以來刑德相養、不違天當、平衡和適的觀點，《淮南子》做了整體而全面的推闡，將黃老公平公正與多元尊重的精神發揮到了極致。

　　首先，對於《管子‧法法》納君入「法」的管轄之下，《淮南子‧主術》不但繼承，而且采入儒家「民本」思維，作更高度的發揮。〈主術〉不但承繼〈法法〉「人君立儀以自正」的觀點說：

---

⑭ 許維遹集釋《呂氏春秋集釋等五書》，頁220-221。

人主之立法，先自爲檢式儀表，令勝於身，則禁行於
民。⑤⑤

法者，天下之度量，而人主之準繩也。⑤⑥

更將法令訂定的依據與根源回歸到「人心」之需求上，說：

法生於義，義生於眾適，眾適合於人心。⑤⑦

法者，非天墮，非地生，發於人間，而反以自正。是
故有諸己不非諸人，無諸己不求諸人。⑤⑧

法令的訂定，以人心之需求，所謂「眾適」爲依歸，考量的也是
接受度與執行成效的問題，這就是「因」，因民之所需、所欲去
立法。

此外，在〈齊俗〉裏，《淮南子》更提出一種圓滿而周遍的
新價值觀，作爲處理事務的普遍依據。《莊子》有〈齊物論〉，
《淮南子》有〈齊俗〉篇，統一不同事物的價值判斷。循著《莊
子‧齊物論》萬物平等的基本觀點，〈齊俗〉說：

飛鳥主巢，狐狸主穴，……各樂其安，致其所
蹠，……故以道論者，總而齊之。⑤⑨

百家之言，指湊相反，其合道一體也。⑥⑩

萬物莫不各有其性，各有其是，處理天下事物，應該站在「道」

---

⑤⑤ 劉文典集解《淮南鴻烈集解》，頁20。

⑤⑥ 劉文典集解《淮南鴻烈集解》，頁19。

⑤⑦ 劉文典集解《淮南鴻烈集解》，頁20。

⑤⑧ 劉文典集解《淮南鴻烈集解》，頁20。

⑤⑨ 劉文典集解《淮南鴻烈集解》，頁74。

⑥⑩ 劉文典集解《淮南鴻烈集解》，頁67。

的較高角度，普遍兼顧，一體重視，相容而並重。它說：

> 伊尹之興土功也，修脛者使之蹠鑺，強脊者使之負
> 土，眇者使之准，傴者使之塗，各有所宜，而人性齊
> 矣。胡人便於馬，越人便於舟，異形殊類，易事而
> 悖，失處而賤，得勢而貴，聖人總而用之。⑥

面對歧異殊分的各形各色人力資源與現實條件，如何統合出一種
普遍適用的均衡原則，一直是尚用崇功的黃老學家共同努力的方
向。〈齊俗〉的作者認為，亦不過就是一個多元尊重的問題。應
該普遍認可其各別的價值，使其各自展現功能，以組成一個和諧
分工、齊同並進的有機體，它說：

> 堯之治天下也，舜為司徒，契為司馬，禹為司空，后
> 稷為大田師，奚仲為工。其導萬民也，水處者漁，山
> 處者木，穀處者牧，陸處者農。地宜其事，事宜其
> 械，械宜其用，用宜其人，……各從其所安。⑥

這就是「因」，讓不同個性、人才的個體，各自有其恰當的安
頓，去充分展現其功能價值。如此，則天下皆安而無不適，這
正是黃老承襲前賢《莊子》的「齊物」思維，所開出的「立俗施
世」、「以道通物」的平寬大道。

---

⑥ 劉文典集解《淮南鴻烈集解》，頁70-71。
⑥ 劉文典集解《淮南鴻烈集解》，頁58。

結　論

　　黃老思想源於田齊稷下學宮，重因循、講時變，力求透過兼糅各家，多元尊重，開展出既普遍適用，又機動靈活、精簡省力，能廣應大通的治世通則。他以田齊鄉先賢——陳國老子的思想為基礎，上承姜齊太公以來，尊賢容眾、簡便平易、崇功尚用的立國風教與文化傳統，以及齊國因順地理條件而發展的魚鹽工商產業結構所形成，與時俱進、積極機動的族群性格；下繼稷下百餘年群英薈萃、華山論劍所蔚成的閎闊氣象，醞釀出博采綜納、相容並包，卻又不失溫潤寬厚的學術思潮。

　　它以《老子》的虛靜、自然、柔後、無私等思想元素為基礎，糅採法家重時求變、積極進取的精神，與儒家尚德本民的思維有機地結合，轉化成為一種尊重客觀、順勢發展，卻又精簡省力、成效圓滿的「因」術，靈動且強化了慎到「因循」說的積極性，使之成為一種既自然客觀，又沉穩淡定，既能普遍適應，也富創造力的通則。

　　在其所「因」的各類客觀事物中，「時機」的掌握被列為第一要素。從馬王堆黃老帛書對「動」、「靜」應「天時」，「靜」、「作」當「時」的強調，與《管子》四篇聖人「精時」、「輔時」、「知時」、「乘時」、「不違時」的反覆論述，《呂氏春秋》對「法與時變」與「遇合在時」的重視，下至《淮南子》大事鋪衍「時」之迅疾切要來看，都可見黃老對「時」的重視。而依《管子·心術下》與《淮南子·齊俗》的觀點，所謂「因」與「時」的被動、等待，並不是消極地接受安

排，而是細心、用心的觀測，與耐心的等待，希望獲得一個可以
積極駕馭或挺進的條件與機會，去乘風破浪，大展鴻圖，甚或旋
乾轉坤。

　　黃老之所以尚「因」重「時」，無非在力求一種過程平順易
入，內容適切、公道，成果普遍可期的成效。從黃老帛書對「過
極失當」的再三告誡，對刑德、文武政風的勻稱叮囑，《呂氏春
秋》對人心「和適」的重視，與《淮南子》「法出衆適」、「因
宜」、「用適」新價值觀的提出，都可見黃老學術思潮在強權交
征，百家爭鳴難衷一是的戰國時代，如何順應時代潮流，以《老
子》思想爲主軸，務要虛納各家，提煉出一種能應「衆適」的均
衡、和諧之道的努力。又是如何地萃取姜、田兩齊優良的風教與
文化，暨姜齊桓公霸業的溫厚風華 [63]，濾除霸氣，鋪墊出一條可
以千年萬代廣應大通的治世坦途。

　　從前太史公說管仲：

> 下令如流水，令順民心，故論卑而易行。俗之所欲，
> 因而與之；俗之所否，因而去之。其爲教也，善因禍
> 而爲福，轉敗而爲功。 [64]

管仲不但深諳「因」術三昧，也深知「時變」與「用宜」、「和
適」的道理，多方尊重體諒，一如太公治齊之初的因俗簡禮，寬
厚包容，把《老子》海納百川的精神發揮到了極致，終能成就桓

---

[63] 《論語・憲問》載孔子說：「晉文公譎而不正，齊桓公正而不譎。」南宋・朱熹：《四書集
　　註》（台北：學海出版社，1988年6月），頁153。
[64] 劉宋・裴駰集解，唐・司馬貞索隱，張守節正義《史記》卷六十二，〈管晏列傳〉，頁
　　855。

公溫厚大器而不粗暴囂張的霸業。

如今我們透過對上述先秦、秦漢間黃老相關文獻的了解分析，可以更清楚看到，其所呈現的核心思維，正和司馬遷所提挈的管仲佐霸精神完全密切吻合。這不但是黃老思想的主軸精神，也是太公、桓公以來閎博大器齊文化之充分展現，無怪乎其在戰國秦漢間能成爲百川匯海、廣爲接受的時代思潮。事實上它也成爲兩千年以下中國人治政理務溫厚風格的典範。其輻射所及，內聖、外王之理無不周遍照應。本文由於時間、篇幅所限，僅抽繹其外王部分，概說其核心精神；至其「內聖」治身部分之通則，過去已分別論述於拙著先秦各家養生說中，其整體提挈，則待他日專文細說。

（2017年9月8-9日，北京大學哲學系、山東淄博市人民政府、齊文化研究院主辦「2017齊文化與稷下國際高峰論壇」會議論文，收入《道家文化研究》29輯，2016年12月）

參、黃帝事蹟與黃老法論

——以〈五帝本紀〉與馬王堆黃老帛書爲討論核心

前　言

　　長江、黃河導源於巴顏喀喇山，其雄奇偉大處卻不在巴顏喀喇山。它們蜿蜿蜒蜒，流經無許多不同地段，匯納無數水源與資源，終於成就其數千里浩蕩的雄偉氣勢。其最爲驚心動魄、閎博寬廣、景觀絕佳之處不在巴顏喀喇山，而在河套，在錢塘，在黃果樹，在中原，在江南。在多處山岩嶙峋、地貌迥異之處，因此能風情不盡，氣象萬千。數千里無數的資源融匯，成就了江、河向東的偉大堅持，共構了江、河的雄奇閎闊。中國數千年歷史文化與文明的演進、開展，也是在炎、黃兩大旗幟的標舉之下，幾千年來全體族群努力共構的成果。這一路上來源不一，複雜多元的載記與傳說正似那江河不斷匯入的水源，共構了炎、黃文明的雄偉與神奇，他們都是炎、黃文明雄偉的核心力量與元素。從這一路上不同的增益、潤飾、修補、轉易，清楚反映了這個族群要爲其種姓尋找根源的努力、堅持與氣象。這種努力、堅持與氣象，顯現在《山海經》，在《國語》，在《左傳》，其最爲明晰

而大格局的呈現，就在稷下學宮，在《史記‧五帝本紀》，在馬
王堆四篇黃老帛書，尤其是稷下學宮大量依託的黃帝著作與馬王
堆帛書〈十大經〉中。它們是黃帝傳說與文化、文明敘寫中，最
閎偉的奇觀。

　　古軒轅部族的活動代表中國早期文明的初樸躍進，其躍進的
經過與痕迹，經過長期的流傳，尤其是周人的增益、潤飾，更加
鮮明、豐富。其增益、潤飾之最大宗，始於戰國時期田齊的稷下
學宮，到西漢太史公的〈五帝本紀〉，黃帝終於登山上了歷史尊
位，成爲中國歷史第一帝。從馬王堆黃老帛書的理論內容，對應
著司馬遷黃帝本紀的記載，可以清楚看到其形象刻劃與演化的成
果。

一、古黃帝傳說與歷史形象

　　作爲黃老思想標記的「黃帝」，形象原本是很多元的，從神
話到歷史，從傳說中的古部族領袖，到開啓華夏文明的第一帝，
《山海經》、《國語‧魯語》、〈晉語〉、《左傳》所載記的黃
帝，形象面貌相當紛歧。面對諸多性質歧異的黃帝資料，司馬遷
在寫〈五帝本紀〉時，曾經困擾萬分地說：「百家言黃帝，其文
不雅馴，搢紳先生難言之。」因爲在《山海經》較早的〈五藏山
經〉和〈海外經〉中，有關黃帝的記載就已經存在，唯因《山海
經》是神話載籍，故內中的黃帝形象充滿了神話圖騰色彩。在稍
後的〈太荒北經〉及〈海內經〉中，黃帝卻成了有世系的人祖與
歷史人物，而且明顯進入了父系社會。〈海外西經〉裏的黃帝是
個遙遠地區的蛇圖騰部族，到了《左傳》中，黃帝成了雲圖騰的

部族，形象相當參差。在《國語・晉語》與〈魯語〉中，黃帝已被姬姓子孫宗法化，其形象也漸次明顯和穩定。[1]總承這一切，司馬遷終於慎擇其合理而可信者，完成了〈五帝本紀〉。在《史記・五帝本紀》裏的黃帝，因此已不再是不雅馴的神話角色，而是不折不扣的歷史大帝了。

從上述春秋時期的古籍《左傳》、《國語》以及《山海經》中較早的〈五藏山經〉與〈海外經〉早已有相關於黃帝的載記與神話傳說看來，黃帝的事蹟並不全然是戰國中晚期田齊稷下學宮的憑空捏造。他可能是中國歷史文明演進過程中，較為早期的某個階段的部族或領袖名號。這個部族，一方面因為時代稍後，另一方面也因為族群特質，較諸前此各部族，有著明顯的進化與開展，在中國遠古各部族中，其文明開展與進化跨度較大，顯得較為突出，因此在周代的神話與史傳中一再見載。

在軒轅部族的時代之前，相傳是炎帝時代，再前是伏羲時代。根據《國語・魯語》的說法，前此伏羲部族已知畜養禽獸，故稱「伏羲氏」。炎帝神農部族也知火耕，故稱「炎帝」、稱「神農氏」。較之前此的伏羲、神農部族，軒轅部族或許更長於開發腦力，因此能夠站在前此各時代的進化基礎上，快速地創造發明。結合著這些較為明晰的線索，司馬遷開始了他在《史記・五帝本紀》中的黃帝形象摹寫。

---

[1] 以上有關黃帝形象與事蹟如何從神話、傳說逐漸鮮明定型為歷史大帝，個人已於〈黃老與黃帝〉一文中詳細討論過，今不贅述，僅略述其要。該文原刊於北京人民大學國學院《國學學刊》，2012年第一期，2012年3月，頁76-83。後收入拙著《漢代道家思想・附錄・貳》，頁390-406。

二、〈五帝本紀〉中的黃帝形象與事蹟

根據〈五帝本紀〉的摹寫，黃帝是一位天資特異、聰穎非凡的遠古部族領袖，他：

> 生而靈異，弱而能言，幼而徇齊，長而敦敏，成而聰明。②

天資高，格品好，才能出眾，天生有統眾合群的氣質與才幹，而且文武兼備，驍勇善戰，戰無不克。他生處炎帝神農部族末期，各部族相爭難平的混亂之世，竟能「習用干戈，以征不享。」終使「諸侯咸歸」，真正地統合了各部族。於是一戰炎帝於阪泉，再戰蚩尤於涿鹿，皆大勝，終於取代炎帝，成為遠古部落的共主，同時開始大規模地開疆闢土，經營帝業：

> 東至于海，登丸山及岱宗；西至崆峒，登雞頭；南至於江，登熊湘；北逐葷粥，合符釜山，而邑於涿鹿。③

這大概就是古黃帝部族勢力及號令所及的大致範圍。司馬貞索隱注「合符釜山」曰：「合諸侯符契圭瑞，而朝之於釜山，猶禹會諸侯於塗山然也。」遠在古軒轅部族時代是否有如殷周執圭合符的統屬禮制雖未可知，然謂其猶如其後禹之大規模合會各部落則是可信。從此，帝業的基本態勢大致是形成了。黃帝也成了中國歷史上第一位雄才大略，有計畫經營統治事業的第一人。帝業的

---

② 劉宋・裴駰集解，唐・司馬貞索隱，張守節正義《史記集解》，頁26。
③ 劉宋・裴駰集解，唐・司馬貞索隱，張守節正義《史記集解》，頁27-28。

氣象與格局雖已形成，這時的軒轅部族其實仍未完全脫離上古游牧部族的生活形態。〈五帝本紀〉說他們：

> 遷徙往來，無常處，以師兵爲營衛，官名皆以雲命，爲雲師。④

圖騰標誌顯然襲用的是《左傳》一系的說法。《史記集解》引應劭釋「雲師」曰：

> 春官爲青雲，夏官爲縉雲，秋官爲白雲，冬官爲黑雲，中官爲黃雲。⑤

這應該是戰國秦漢以後五行家的附會配屬，非古軒轅游牧部族的立官實況。但謂其以雲爲部族圖騰，則仍是可信，此後也不見再有變動之說。

有了較明確的勢力範圍，軒轅部族開始設官，分群領屬，全面了解、掌握一切天人事務，並進行有步驟的統籌管理。〈五帝本紀〉說黃帝：

> 置左右大監，監于萬國。萬國和，而鬼神山川封禪與爲多焉。獲寶鼎，迎日推策。⑥

他立了左右兩位大佐，協助管理，成效顯然不錯，一切天、地、人乃至祭祀之事都搞定，天下大定，國家規制的雛型漸漸呈顯了出來。說「獲寶鼎」，只是漢代人象徵性、習慣性地表明其成效良好，有明顯正向發展之意，未必真有其事。要之，在其分官領

---

④ 劉宋‧裴駰集解，唐‧司馬貞索隱，張守節正義《史記集解》，頁28。
⑤ 劉宋‧裴駰集解，唐‧司馬貞索隱，張守節正義《史記集解》，頁28。
⑥ 劉宋‧裴駰集解，唐‧司馬貞索隱，張守節正義《史記集解》，頁28。

屬的規劃管理之下，來源不一的各部族逐漸和睦，不相征伐，也得到了初步的安定。然後，他開始有步驟而務實地經營他的統治事業。他：

> 舉風后、力牧、嘗先、大鴻以治民。[7]

這是任賢佐治。進而，

> 順天地之紀、幽明之占、死生之說、存亡之難；時播
> 百穀草木，淳化鳥獸蟲蛾；旁羅日月、星辰、水波、
> 土石、金玉，勞動心力耳目，節用水、火、材物。[8]

他開始用心觀察所生存環境中，以前或許未曾細察的存在規律與現象。包括了在上日、月、星辰的輪替規律與節序，在下高高低低參差不一、起伏不定的地貌，及其土宜、水文、出產，各生類的生命狀況、生活環境中的災難、禍患、生滅與繁衍問題。從可知可見的現象（明）中，推知許多不可知、不可見的存在與問題（幽）。

前此神農和伏羲部族，《國語》說，他們已分別發明了農耕和圈養禽獸，對食物的供給來源，有了較穩定有效的掌握。站在這些基礎上，黃帝部族或許更深入，更有效地墾殖、孳育，〈五帝本紀〉因此說他們「時播百穀草木」、「淳化鳥獸蟲蛾」。較之先前的伏羲、神農部族，因為時代在後，軒轅部族較懂激盪與開發腦力，故能有機結合天、地、人的資源條件，去利用厚生，明民共財，開展文明。這應該是中國歷史上第一位能統合天地資

---

⑦ 劉宋・裴駰集解，唐・司馬貞索隱，張守節正義《史記集解》，頁28。
⑧ 劉宋・裴駰集解，唐・司馬貞索隱，張守節正義《史記集解》，頁28。

源，做整體考量與規劃的統治者，後人推爲中國文化與文明之開
創者原因在此。較之前此的統治族群，軒轅部族的確有較大的跨
越。或許因爲這些跨越，古軒轅部族終於完全走出「遷徙往來無
常處」的游牧階段，逐漸進入了二十五子、十二姓，如〈五帝本
紀〉所載枝繁葉茂，瓜瓞綿綿的華夏文明中。

　　總之，在眾多黃帝神話與傳說中，司馬遷審慎擇取其較爲合
理可信的部分，簡要地撰作了中國上古第一帝的本紀，黃帝也從
此由神話、傳說正式進入了歷史。在黃帝本紀對黃帝的載述中，
除了盛讚其優越的資質，與開拓的大致勢力範圍外，對於黃帝形
象與功業的描寫，大致集中在其任賢用人，與統合天、地之道，
肇啓人政之道兩大焦點。這樣的黃帝形象與風格，論述焦點和被
公認爲最能代表黃老思想的文獻的馬王堆黃老帛書裏的黃帝載
述，有相當一致的相應性。

三、黃老帛書中的黃帝形象與事蹟

　　一般判斷黃老思想有兩把標準尺，一把是司馬談〈論六家要
旨〉裏所論「道家（黃老道家）」的內容，它清楚勾勒了黃老道
家治身、治國之論的主要議題。另一把標準尺是馬王堆三號漢墓
出土的黃老帛書（唐蘭稱爲《黃帝四經》），它天道、治道一體
相通、道法結合的理論內容，充分補述了司馬談〈論六家要旨〉
中所述各黃老治國議題的詳細內容。至於〈論六家要旨〉所述
形、神並重的黃老治身理論，則在馬王堆三號漢墓與黃老帛書同
時出土的各類養生、房中寶典——〈天下至道談〉、〈十問〉、
〈合陰陽〉、〈炙經〉、〈經脈〉等醫經、經方文獻中的衛生、

攝生理論，清楚顯示其思想內容。

　　總之，研究黃老思想，《史記》（〈論六家要旨〉）和馬王堆黃老帛書二者，一爲綱領，一爲理論內容，彼此呼應相當密切，是首要的文獻。其反應於黃帝的傳說與載記的情況也如此。有關黃老思想的理論內容，個人已於《秦漢時期的黃老思想》一書中詳細論述過，今只討論其相關於黃帝的載述。

　　戰國時期田齊篡奪姜齊，爲了漂白政權、高遠來歷，宣示自己源自優良血統，建造了稷下學宮，標舉傳說中的遠古部族雄主——黃帝以爲招牌，結合法家理論，轉化《老子》的學說，製造了影響廣大而深遠的黃老學術思潮。輻射所及，戰國中晚期、秦、漢以下各類傳世或出土的道家文獻、若馬王堆黃老帛書、定州八角廊殘簡《文子》、法家的《管子》、《韓非子》，雜家的《呂氏春秋》、《淮南子》，乃至〈漢志〉所載數術、方技、小說家類中的許多文獻理論，都莫不有其形迹。即以最能代表黃老思想理論的馬王堆黃老帛書〈經法〉等四篇的理論內容爲例，更可以看出，司馬遷〈五帝本紀〉裏所載那些黃帝事蹟與思維較詳細的內容。

　　在總共約壹萬壹千多字⑨的〈經法〉等四篇中，主要的論述議題有數：

　　（一）外王經世議論（包括政治與戰爭）。

　　（二）借「道」論「政」，由天地律則提煉刑名法論，統合天、地、人之道爲一，以論治政、用兵。

---

⑨ 根據四篇帛書各篇文末自己的字數統計：「〈經法〉凡五千」，「〈十大經〉凡四千」，「〈稱〉千六百」，「〈道原〉四百六十四」，合共約壹萬壹千多字。

（三）大量黃帝諮賢、用賢的載述（尤其是〈十大經〉），豐富補充了《史記・五帝本紀》中黃帝任賢協治的記載。

（四）轉化並改造《老子》的「道」論與雌柔哲學，爲積極的治政權謀策略。

其中，除第（四）項爲〈五帝本紀〉所不見載外，其餘大致與之相應，其內容正可以作爲〈五帝本紀〉中黃帝形象事蹟的補充說明。尤其是〈十大經〉，幾乎全是黃帝君臣議政、論兵之對話。

有關第（四）黃老轉化並改造《老子》的「道」論與雌柔哲學的部分，個人已於〈黃老與老子〉一文中詳細討論過，本文不再細述，只論與黃帝外王事功相應的任賢協治、天人政道、與刑名法論。⑩

（一）一統帝王的氣象與格局

〈十大經〉開宗明義便如〈五帝本紀〉，對黃帝的人格特質、形象與用人治政風格做了相當生動的論述：〈十大經・立命〉說：

> 昔者黃宗質始好信，作自爲象，方四面，傅一心，四達自中，前參后參，左參右參，踐位履參，是以能爲天下宗。吾受命於天，定位於地，成名於人。唯余一人，德乃配天。乃立三公，立國置君、三卿。數日、歷月、計歲，以當日月之行。吾類天大明，允地

---

⑩ 詳見拙著〈黃老與老子〉，收入《漢代道家思想・附錄・壹》，頁364-389。

廣裕，吾畏天愛地親民，立有命，執虛信。吾愛民
而民不亡，吾愛地而地不曠。吾愛民而民不死，吾
位不失。吾苟能親親而興賢，吾不遺亦至矣。⑪

〈立命〉先簡述黃帝的形象與人格特質，再直述類似於就位宣言的告白，鮮明鈎勒出上古雄主的志業與風貌。依照它的刻畫，黃帝真樸合道而誠信。他氣象雄偉地自詡其形象與行事風格是：以一「心」統四面，經營各方事務。他多方面觀測照應，審慎評估處理，終能妥適統合天、地、人之道，以任賢愛民為宗旨，分官協佐，依循天道、天德以施治，自信必能久大其業。在這樣的自信與宣示下，黃帝踏上了一統帝王的尊位。

這樣的黃帝，有著相當程度的道家氣質，深通執「簡」御繁，以「一」應多之理，這個「簡」與「一」就是居「中」之「心」，這是值得注意的。在上述對黃帝形象的側寫裏，它一再強調「心」與「中」對統治的重要。心靈的開發本來就是軒轅部族優越於前此伏羲、共工、神農（炎帝）各部族的最大特色，〈十大經‧立命〉注意到，也強化了這一點。在黃老思想源生故鄉──稷下學宮的集體著作──《管子》中，也收錄了四篇以「心」為統御核心的文獻──〈心術〉上下、〈內業〉、〈白心〉。「心術」──優越的領導統御心靈，從此成為黃老思想重要的論述核心。

在簡單描述黃帝的形象與治事風格之後，〈立命〉假借黃帝之口，宣說了自己治天下的原則、理念與步驟。根據他的說

---

⑪ 河洛圖書出版社《帛書老子》，頁217。唯本節引文多處闕文，悉依陳鼓應先生《黃帝四經今注今譯》（台北：臺灣商務印書館，1995年6月），頁254-257校補。

法，黃帝是很強調天、地、人一體相通之道的。他上受天命，故畏天、敬天，努力使德配天。他要因順天道運行的自然軌則，去規劃歲時，以及一切人世事務。他立足大地，統轄群眾，以成帝業，因此要愛大地，妥善開發。但地大人眾，鞭長莫及，一人難能兼顧，因此要立三公、三卿、諸侯，要多立賢以分轄協治。而帝業以民為主體，他因此要親民、愛民，以長保此承自天命之位。除了缺少勢力範圍的載述之外，〈十大經‧立命〉的黃帝描繪和《史記‧五帝本紀》相當相應。較之〈五帝本紀〉，〈十大經‧立命〉可以更清楚地看到其順天察地以治人，天、地、人之道一體相通的核心思維，這種思維其後成為黃老思想的基礎與核心，始終貫穿在戰國、秦、漢以下所有黃老治身、治國的思想理論中。

（二）任賢協治的統御特質

　　〈五帝本紀〉說黃帝不但置「左右大監，監于方國」，也「舉風后、力牧、常先、大鴻以治民」，有任賢使能的習慣與制度。馬王堆黃老帛書的〈十大經〉各節，真的充滿黃帝與其臣論兵戰與論政的對話。舉凡重要的施政與征伐，幾乎都是黃帝和其賢臣討論出來的結果，尤其是最重要的敗蚩尤那一戰。〈十大經〉前後記載了兩次黃帝戰蚩尤，篇幅都不小，一次在〈五正〉，一次在〈正亂〉。其所諮詢對話的賢臣至少包括了力黑、閹冉、果童、太山之稽、高陽，尤其是力黑，他應該就是〈五帝本紀〉所說的「力牧」。初步統計，〈十大經‧觀〉首載黃帝令力黑「浸行伏匿，周流四周，以觀无恆善之法則」，力黑真的盡心盡力地「布制建極」。在〈五正〉中，黃帝跟閹冉談如何「布

施五正」，闔冉教他「始在於身」，要「中有正度」，眞的如前〈立命〉所說，要「傳一心」、「四達自中」，最後闔冉勸黃帝要掌握時機、伐蚩尤，果然一戰成功。〈果童〉一節載黃帝問果童等四輔，欲以一人而「兼有天下」，當如何「畜而正之，均而平之」？果童引天地之常則，答以嚴明法度、端正名分。〈正亂〉較爲完整記載黃帝與力黑、太山之稽詳細考量，並規劃伐蚩尤的始末，及後續處理過程，文中涉及了另一位賢臣高陽。〈姓爭〉載高陽與力黑談論如何審度時機，爭其當爭，在「靜」與「作」之間取得一個合理的平衡點。〈成法〉載黃帝問力黑，天下有可以正民之成法？力黑答以「循名復一」，也是歸結於「名」與「道」。〈順道〉載黃帝問力黑，如何能如上古大庭氏治天下之無爲以治。力黑答以「安徐正靜」，持守柔節，常後不先。〈十大經〉據原作標注只有四千多字，黃帝與群臣對話就佔了三分之二以上。

　　根據〈十大經〉的載述，力黑似乎是黃帝的首號謀臣，受諮詢的頻率最高，應答的內容也最豐富，舉凡論政、用兵，每一議題，每次諮詢，他幾乎都參與，也幾乎都是主論。〈十大經〉裏這些黃帝與群輔的諮議，補充了〈五帝本紀〉中黃帝任賢佐治的內容。〈稱〉也說：

> 帝者臣，名臣，其實師也；王者臣，名臣，其實友也；霸者臣，名臣，其實賓也；危者臣，名臣，其實庸也；亡者臣，名臣，其實虜也。[12]

因著對待臣下態度的優劣懸殊，領導統御者的功業也很自然有了

---

[12] 河洛圖書出版社《帛書老子》，頁227。

極大的落差，這是黃老帛書對帝王尊賢的提醒與重視。這些載述
或許在一定程度上反映了上古開明進步的軒轅部族的政治智慧與
成功關鍵；但和黃老思想的主要推動故鄉——田齊稷下學宮，乃
至姜齊的崛起背景與需求，尤其有絕對的關係。

　　齊國從姜齊到田齊，一向有尊賢容眾的傳統，也重視經世
的外王事功。昔姜齊太公因賢功，以異姓，依尊尊之義，受周王
朝封於齊，開啟了齊國尊賢的傳統。桓公之於管仲，景公之於晏
嬰，都是顯例。田齊先祖自陳奔齊，也因賢受姜齊桓公之器重，
逐漸取得尊位，子孫終而有機會篡齊。《戰國策·齊策》所載，
不乏齊君尊賢、禮賢之事。尊賢容眾、崇功尚用始終是齊國優良
的立國傳統，從姜齊一直延續至田齊。由田齊稷下學宮所製造出
來的黃老學術思潮，先天上也因承尊賢容眾、崇功尚用的外王風
格，因為稷下學宮本身就是田齊政府尊賢容眾的大場域。

　　根據前論可知，不論就黃帝原始傳說中的角色形象，姜齊的
立國傳統，還是田齊政權哄抬黃帝、高遠來歷的政治目的，黃老
思想基本上都必然是外王經世的性質。在西帝、東帝、合縱、連
橫紛擾相征的戰國，田齊政權一方面要漂白政權，扶正血統，另
一方面要接續姜齊霸業，甚至完成一統帝業，種種因由，在在影
響了黃老思想的理論內容。

　　但是，所標舉的招牌人物儘管是遠古部落社會時代的盛
主——黃帝，所用以推闡運用的思想材料卻有很大成分是《老
子》學說。因為黃帝不論在神話或傳說中都不是哲學領域中人，
而是事功中人。而《老子》是道家論著，是重視天地自然之道
的。換言之，《老子》的道家理論深化了黃老的思想內容。

　　將《老子》的重視自然之道與黃帝一統帝業的外王事功形象相結合，黃老思想先天上注定脫不了天地自然之道與人間政治功能合一的體質與色彩。黃老思想道、法結合、「因道全法」的核心思維源於此。

　　〈五帝本紀〉記載黃帝治政「順天地之紀……旁羅日月、星辰、水波、土石、金石……。」以「時播百穀鳥獸，淳化鳥獸蟲蛾，……節用水火材物。」亦即因順天地之道、之質，以治人施政。其反映於馬王堆黃老帛書的，正是這樣的思維模式──從天地自然之道去建制查核人間政治之道。因此，〈經法〉、〈十大經〉、〈稱〉到〈道原〉，充滿了天、地、人三道一體的論述。

　　〈經法・道法〉說：

> 天地有恒常，萬民有恒事，貴賤有恒位，畜臣有恒道，使民有恒度。天地之恒常：四時、晦明、生殺、剛柔；萬民之恒事：男農、女工；貴賤之恒位：賢不肖不相妨；畜臣之恒道：任能毋過其所長；使民之恒度：去私而立公。⑬

天地有自然的軌則和秩序，才能永恆運作，無災殃。人事政治也應該有軌則、有秩序，才能成功而久長，作者深信宇宙之理一體和諧相通，從天地自然律則到人事秩序的定位，到政治倫理的安列，施政分寸的拿捏，不但有一定的軌則可尋，而且道理相通，這叫做「常」，叫做「度」。能妥善理解，並掌握住這個「常」與「度」，則天道、人事、政道都能安穩順遂、和諧圓滿。違背

---

⑬ 河洛圖書出版社《帛書老子》，頁194。

了這個準則，失常失度，則天覆地滅，人政遭殃。黃老帛書再三強調這種道理，也由天道的自然、恆定中領悟、提煉出政道的公正無私、各安其位。〈經法〉、〈十大經〉各節裏，到處充滿了這樣的論述，〈經法〉說：

> 天地無私，四時不息；天地立，聖人故載。（〈國次〉）[14]

> 天有死生之時，國有死生之政。因天之生也以養生，謂之文；因天之殺也以伐死，謂之武。文武並重，則天下從矣。（〈君政〉）[15]

> 王天下者之道有天焉，有人焉，有地焉。參者參用之，然後而有天下矣。（〈大分〉）[16]

> 始於文而卒於武，天地之道也；四時有度，天地之理也；日月星辰有數，天地之紀也；三時成功，一時刑殺，天地之道也。四時時而定，不爽不忒，常有法式，天地之理。一立一廢，一生一殺，四時代正，終而復始，人事之理也。逆順是守，功溢於天，故有死刑；功不及天，退而无名；功合於天，名乃大成，人事之理也。（〈論約〉）[17]

〈六分〉說王道必須參合天地之道，天地的規律不是單一狀態地呈現，而是生殺輪替，各自依則盡分，共構圓滿。處理人間的政

---

[14] 河洛圖書出版社《帛書老子》，頁195。

[15] 河洛圖書出版社《帛書老子》，頁196。

[16] 河洛圖書出版社《帛書老子》，頁198。

[17] 河洛圖書出版社《帛書老子》，頁206。

務應該明白這種各自盡分，共構圓滿的道理，不可恆常以單一方式處理，而應如自然律則一樣，有生殺、消長、進場、退場、恩威、賞罰，交替並用，以共營一個理想的社會。從自然規律與現象的運轉輪替中，黃老帛書作者體悟也提煉出了理想的政道，叫做「道生法」，叫做「因道全法」。不只〈經法〉，〈十大經〉和〈稱〉中也充滿了這類論述。而〈經法〉第一節就叫〈道法〉，〈道法〉第一句就說「道生法」，除了清楚標示了黃老法論多轉化自《老子》道論之外，也同時顯示了黃老政論剛柔互濟、恩威並用，以共構圓滿的特質。只不過這個「道生法」的「法」可以指律令，卻不盡止於律令之意。〈經法・道法〉在說明了「道生法」之後，立刻詮釋「法」說：

> 法者，引得失以繩，而明曲直者也。故執道者生法而弗敢犯也，法立而弗敢廢也。[18]

這樣的「法」當然是律令義，〈道法〉又說：

> 斗石已具，尺寸已陳，則無所逃其神。故曰：度量已具，則治而制之矣。[19]

這個能「治而制之」的斗石、尺寸，當然可以是律令義的「法」，但它卻說這是一種「度量」，律令、法都可以是「度量」，「度量」卻不僅止於律令。遍觀四篇黃老帛書相關於政論的闡述，我們不大看到對律令「法」的申誡或論證，而是對刑名的重視與推闡。綜理〈經法〉和〈稱〉中相關於「法」的論述，約可得數則：

---

[18] 河洛圖書出版社《帛書老子》，頁193。
[19] 河洛圖書出版社《帛書老子》，頁194。

是非有分，以法斷之；虛靜謹聽，以法爲符。（〈經
法・名理〉）⑳

有儀而儀則不過，待表而望則不惑，按法而治則不
亂。（〈稱〉）

弛欲傷法（〈稱〉）㉑

法度者，政之治也。而以法度治者，不可亂也。而生
法度者，不可亂也。（〈君正〉）㉒

這些「法」，表面上看來，都可以是商、韓一系律令義的
「法」，卻不僅止於「律令」義。〈稱〉的「弛欲傷法」的「傷
法」，與其說是「違犯律令」，不如釋爲「失度」來得直接而
準確。〈君正〉一則就更清楚了，它用的是「法度」，而不是
「法」，〈明理〉所重視的也是是非之「分」。應該都是寬泛指
稱公正而客觀的裁量標準。黃老學家在乎的，是管理上公正無私
而且穩定可靠的操作標準與依據，同時也強調它的有效可期性，
而不一定是具體條文，終於找上了崇高的天道作爲依據與根源。
〈經法〉等四篇因此隨處充滿著對天恒地常的強調，與順天、順
道的叮囑：

天有恒幹，地有恒常，與民共事，與神同光。……天
惡高，地惡廣，人惡苛。高而不已，天闕之；廣而不
已，地將絕之；苛而不已，人將殺之。（〈十大經・
行守〉）㉓

⑳ 河洛圖書出版社《帛書老子》，頁208。

㉑ 河洛圖書出版社《帛書老子》，頁224。

㉒ 河洛圖書出版社《帛書老子》，頁197。

㉓ 河洛圖書出版社《帛書老子》，頁222。

> 兵不刑天，兵不可動；不法地，兵不可措；不法人，
> 兵不可成……天地刑之，聖人因而成之。（〈十大
> 經・兵容〉）㉔

從治民、蒞政到作爭、用兵都應循守天地常道。何謂天地常道？依〈行守〉的說法，就是禁絕「不已」之行事，也就是防止「過度」，說穿了，仍是節度問題，亦即《老子》所說的持盈之「儉」。〈兵容〉的「刑天」就是「法天」，亦即上察天文氣象，以爲出兵與否之考量；「法地」是下勘地理形勢，以爲山戰、澤戰之考量；「法人」是細審敵情與我方虛實狀況，所謂知己知彼，百戰百勝。〈兵容〉說，天地有法有象、可察勘，聖人知察天勘地，故能成功。這些當然是從《老子》道論的虛靜、持盈、儉嗇哲學裏移用過來的。但《老子》論「道」，除了是自然律則與秩序外，更重境界層次，黃老則因強烈外王質性，故不似《老子》重境界。黃老思想不論論「道」、「法」，或說「度」、「分」，都不涉及玄學的境界問題。而是注重定則與秩序、節度與分寸之掌握與運用，這是「黃」學的成分。因此，在遣詞用字上，它很喜歡運用明確的數字，來表達各種好壞程度不同的量與數，在〈經法〉裏有所謂「七」年教戰（〈君正〉）、觀國「六順六逆」（〈大分〉）、稽用之「八度」（〈四度〉）、建「八正」、「行七法」、「執六柄」（〈論〉）、害政滅國的「六危」、「三壅」、「三凶」（〈亡論〉）。在〈十大經〉裏亦有所謂「三樂」（〈觀〉）、「五政」、「五明」（〈五正〉）、用兵「三道」（〈本說〉）、「三遂」（〈兵容〉），在〈稱〉裏亦有「三死」。即使篇名、節名亦多以數名

㉔ 河洛圖書出版社《帛書老子》，頁197。

之，而有〈六分〉、〈四度〉、〈五正〉、〈三禁〉。從自然的
「度」（律則），到人事政道、兵道的「度」（分寸拿捏），
就是黃老帛書所謂的「法」與「道」，其實就是對律則的了解
掌握，與對分寸的適當拿捏。綜觀萬餘字的黃老帛書中，提及
「法」處，其實不多。反倒是刑名問題，全書四篇，篇篇都有著
力的推闡與強調。

四、以刑名爲核心的黃老法論

　　黃老再三強調因順天地之理，配合自然軌則以治政，那大
致上是原則性的提點。在實際事務的處理上，仍須有較爲具體的
方案可供操作才行，這種操作方案且必須依循自然的度、分、軌
則，事實上它是從自然的律度軌則中體悟、提煉出來的。不論就
黃老帛書還是《管子》等黃老文獻看來，這個「度」、「分」主
要是指「刑名」。換言之，在天、地、人三道相容相通的黃老前
提思維下，從自然的恒、常中所提煉出來的治政分、度，就是刑
名，四篇黃老帛書因此隨處可見對刑名的推闡與論證。

　　〈經法・道法〉在說完「道生法」，並定義了「法」之後，
又說：

> 見知之道，唯虛无有。虛无有，秋毫成之，必有形
> 名，形名立，則黑白之分已。……天下有事，无不自
> 爲形名聲號矣。形名已立，聲號已建，則無所逃迹匿
> 正矣。[25]

---

[25] 河洛圖書出版社《帛書老子》，頁193。

作者首先依循道家之說，認爲認識的關鍵在虛無，只有讓心靈處
於「道」的虛無狀態，才能認識事物真相，也才會知道天下事物
有其形，必有其名。要妥善處理人事，一定要準確掌握形、名。
形、名一旦確立，是非、對錯、好壞的分際也就了然，無可糊
混。〈道法〉又說：

> 凡事無大小，物自爲舍；逆順死生，物自爲名。刑名
> 已定，物自爲正。㉖

一切事物在天地間都有其居處之位，是逆、是順，是好、是壞，
是生、是死的結果，都因自己本身的狀況來決定。因此，如果能
了解並掌握事物的位置與狀態，就可以妥善處理該事物，這是黃
老名論的基本內容。〈論約〉說：

> 執道者之觀於天下也，必審觀事之所始起，審其形
> 名，形名已定，逆順有位，死生有分，存亡興廢有
> 處，然後參之於天地之恒道，乃定禍福、死生、存
> 亡、興壞之所在，故萬舉不失理，論天下而无遺
> 策。㉗

黃老思想雖然以《老子》理論爲推衍轉化之重要素材，但就對形
名的重視而言，與《老子》是很不相同的。《老子》反「名」，
認爲「名」是人爲暫時的設定，《老子》說「名可名，非常
名」，「名」本身沒有絕對的意義與價值。標舉黃帝外王標幟的
「黃老」卻認爲，「名」很重要。想要有效管理天下事務，首先
就要從根源掌握起。事物的根源在其「形」，在其「實」。在現

㉖ 河洛圖書出版社《帛書老子》，頁194。
㉗ 河洛圖書出版社《帛書老子》，頁206-207。

象世界裏，有一形、一實，必然生一「名」。「形」呈現事物的狀態，「名」稱謂事物的價值。處理現象界事物，觀形察名便可清楚了解其狀況，甚至後續發展，從而有效管理事物。這是管理事物較爲準確有效的方法。〈十大經〉說：

> 欲知得失，請必審名察形。形恒自定，是我愈靜，事恒自施，是我无爲，靜翳不動，來自來，去自去……萬物群至，我無不能應。[28]

〈道原〉說：

> 上信无事，則萬物周遍，分之以其分，而萬民不爭；授之以其名，而萬物自定。[29]

黃老帛書的作者相信，最高妙的管理應該是最精簡省力的處理。而這一切必須從形名的安頓著手。按照〈道原〉與〈十大經〉的說法應是：先依事物之「形」，予以一定之「名」，在各自的「名」下，賦予了各自的「分」。如此，不但安置了「形」，也標示了「名」，更確定了「分」。事物便能在各自的「名」、「分」之下，同時自行運作，不相干擾。換言之，落實在政治管理上，就是依其形實，進行規定與分配名位權責。讓所有人事在配合形實的規定與分配下，清楚有序地依自己的定分與軌式，自行運作處理，造成一種動作少，成效高的結果。這在申不害、韓非的法學理論中，就成了「因任而授官、循名而責實」的「形名」考核術。其核心思維就是審名定分，各令守分自治，故能收到不治而自治的成效。

---

[28] 河洛圖書出版社《帛書老子》，頁224。

[29] 河洛圖書出版社《帛書老子》，頁236。

　　就政治管理來講，那個「形」就是人才的內實（能力），「名」就是因其形、實而配予的「名（位）」，而那個「分」，就是那「位」上之職責。人君治政，要因其「形」而「授之以其名」、「分之以其分」，讓人才各自依其「名」去經營其「分」，自行運作管理，「來自來，去自去」，因為各有其「名」與「分」，便不須爭，也無法「爭」。因為各自經營其「分」，便無暇「爭」。人君因此只須靜收其經營與運作成效，不必躬操力為，當然可以「不動」、「无為」，聽物（人）自為，以逸待勞，卻「無不能應」。他唯一要做的，就只是第一步的「審名察形」，看對人才的「形（內實）」，給對合適的「名（位）」而已，這是治政任官的最精簡省力原則，這才是黃老帛書所強調的治政之「道」與「法度」。這種「道」與「法度」，依天、地、人一理通貫的前提思維，其靈感正是來自天地之道的律度、軌則之啟示。人才任用與官箴考核才是黃老刑名法論的深層內涵與終極目的。

　　以此道理回觀前述〈經法·道法〉「天地有恆常，萬民有恆事，貴賤有恆位，畜臣有恆道，使民有恆度……」一節之論，可以得到更精確入裏的理解，那就是：天地有四時輪替，晝夜迭代的規律與秩序，人間的事務也當男女分工，各司其職。其應用於政治運作上，則是使貴賤別位，賢不肖明分。在用人上，無論大材小材、高官、低職，都當令其各因物（人）之「形（實）」，而各處其「舍（位）」。最後究竟做得好？做不好（逆、順）？該罰？該賞（死、生）？也就自然各依其「名（位）」，有了判別，如此只要「審形察名」，人才、官箴都自然平「正」無失。這就是〈道法〉所說「物自為居」、「物自為名」、「物自為正」之理。

以此回觀前述〈道法〉的「見知之道，唯虛無有……形名已立，聲號已建，則無所逃迹匿正」一節，知其不僅指認識一般事物，事實上是論治政的用人考核之術。「見知之道」，不只是「見知」一般事物，而是指政治上了解考核人才官箴之道，基本上是以道家虛靜無爲爲要，其虛靜考核之術則在審用形名。只要依「形」授「名」，因才授位，則考核起來，優劣立分，善惡易判，賞罰也就有據而公正了。因此說，治天下之事，就是要透過依「形（才）」立「名（位）」，使之各司其職，則官箴自清明，虛假姦僞不生。故曰「無所逃迹匿正」。「形名」的運作與強調，正是〈道法〉所說：「道生法」的「法」，也是學者所說黃老「因道全法」的眞實內容。而這一切與《老子》學說的旨趣大相違異，它是抬挺「黃帝」名號，必然的轉換，而它卻是黃學的核心內容。

值得注意的是：在論證刑名的過程中，黃老帛書也同時一再強調「虛无有」、「自靜」、「自定」、「自爲」，這些當然保留了《老子》虛靜無爲、自然無爲的基本教義，然而，在黃老帛書中卻都轉成了對君術的講求。〈經法・名理〉說，審察名理、判別是非要「虛靜謹聽」。〈十大經・順道〉載力黑答黃帝問大庭氏之治天下也說，要：「安徐正靜，柔節先定」，都顯示了對《老子》基本教義的崇奉與轉化。黃老帛書這種虛靜、刑名的用人治官之術，在《管子・心術》等四篇中有相應的大篇幅推闡，在申不害與《韓非子》的政論中，更成爲其「術」治的核心成分，馬王堆黃老帛書的刑名法論應該是稍早的理論表現。而這種結合虛靜的刑名政術，事實上誠如《管子・心術》所說，是統治者操之在「心」，最重要的統御要領，也正是黃老帛書〈經法・

道法〉描繪黃帝形象時所說的「傳一心」的那「一心」之事，它是取法、提煉自天地之道的。透過對刑名的重視，去轉化《老子》「道」的應用理論之方向，使成爲絕對外王的統御綱領，這就是「黃老」的「黃」的成分。

結　論

　　黃帝原本應是中國遠古部落社會時代，文明演進較爲快速、跨度較大、勢力較強，成就較爲突出的部族或領袖。在戰國稷下學宮成立以前，已有各類形象不一的相關記載。到了戰國時代田齊的稷下學宮因了自己政權漂白、高遠來歷與一統霸業的需求，回頭重新標舉這一遠古優越強大的部族，以爲自己的先祖，並利用稷下學術群龐大的學術能源，細加增補潤飾，使其形象更爲鮮明穩定。到了西漢司馬遷，更綜理前此各類黃帝傳說事蹟，在黃帝本紀中，將這個形象原本複雜多元，卻不夠穩定鮮明的古軒轅部族領袖，更爲清晰地摹繪刻劃定位爲中國歷史上第一位懂得統合天人之道，任用賢才以佐治的文明大帝。他帶領他的部族掃除舊勢力，跨越不穩定的游牧階段，開啓新時代。在司馬遷所描繪的黃帝的形象與事功中，在被推爲黃老第一重要資料的馬王堆黃老帛書的理論中，都有相當大程度的相應記載。在黃老帛書中，黃帝是一統帝業的雄主，他順天、惜地、愛民，也威厲萬分地作戰、用兵，懲不軌，伐有罪，十足地雄霸氣象。這些理論內容和田齊政權一統大業的政治雄心，有著重大應合；和齊國尊賢容眾的傳統也吻合一致。更與稷下學宮學者們轉化運用田齊故鄉陳國哲學家——老子的理論，以爲外王經世的功能企圖有絕對關係。

經這一塑造、補強，中國文明的歷史源頭終於有了明確的交代。
而黃老帛書中所載那些黃帝治政的任賢、愛民與審形定名的用人
施政原則，在稷下學宮的集體著作《管子》，與戰國秦漢以下的
道法家相關理論中，都可以找到相應與推衍。其顯現於馬王堆黃
老帛書的理論情況，尤其可以看出較早推衍者極力為中華民族的
種姓根源尋找一種天人和諧、剛柔相濟、合度有則的氣象之努力
與堅持。

（收入北京清華大學法學院中國法治與義理研究中心論文集，徐
炳主編《黃帝軒轅研究（第二卷上）》《黃帝思想與先秦諸子百
家（上冊）》，2015年3月）

肆、《莊子》外、雜篇中的黃老理論

前　言

　　黃老以其強大的滲透力與輻射能量，使莊子後學的思想也無可避免地受其影響，站在老、莊的觀點，去談政道、論生化、理形神，也交融他家思想。他們以虛靜無爲爲帝道、聖道的最高原則與境界，卻崇功尚用、重時變，姑且放下萬物平等的「齊物」觀，去定上下、別君臣、分主從、列尊卑、講刑名，也求用，並有限度地容許仁義，也談「氣」，兼論形、神的一致健全，搭上了黃老的時代列車。唯在論這些理論的同時，更多的是對虛靜、無爲、寂寞、恬淡的一再推崇與叮囑。在正向界定仁義的性質與功能的同時，更大程度提醒過度強調仁義，將殘性裂德。它以「氣」爲萬物生化的基元，也了解「神」賴「形」之運作而健全、靈妙的道理，卻始終大量正面地強調「心」、「神」爲主的觀念，審愼、保守地涉及對形身的關切。

　　有關《莊子》外、雜篇中所呈現的後期道家理論，歷來學者推斷內中多黃老思想理論，尤其是〈天地〉、〈天道〉、〈天運〉、〈在宥〉、〈刻意〉、〈知北遊〉各篇中的氣化觀、外王論與養生論。與此同時，學者卻也認爲，在這些與內七篇思維不完全一致的外、雜篇黃老訊息中，其實也仍和其餘各篇的思想理

論，維持著一定程度的一致性。①換言之，整部《莊子》，雖非一時一人之作，然既被匯集在一起，思想上仍有相當的一致性，唯其間的異同依違情況如何，則有待細部釐清。

　　《莊子》外、雜篇部分內容之所以被推定爲黃老思想理論，主要是它們談到外王問題、氣化萬物與養生問題，這些問題都是《莊子》內七篇所不重視，卻爲戰國以下黃老思想的幾大核心議題。

一、黃老思想的核心議題

　　要釐清《莊子》外、雜篇中的黃老訊息，必須先深入了解黃老思想的核心課題。根據司馬談〈論六家要旨〉對黃老思想議題的提挈，實際參看馬王堆出土黃老帛書，以及戰國秦漢之間各黃老相關典籍文獻中的理論內容，可以清楚提挈出黃老思想的基本特質：②

　　（一）外王的目的與功能。

　　（二）兼融各家：陰陽、儒、墨、名、法皆所參采。儒、法、陰陽都被吸納進黃老道家虛靜無爲的君術中。

---

① 參見蕭裕民《〈莊子〉內外雜篇新論——從思想的一致性來觀察》，《興大人文學報》第36
　　期，頁159-186，2006年3月版，頁159-184。

② 這些黃老文獻與典籍包括馬王堆三號漢墓出土〈經法〉等多篇黃老帛書、《管子》四篇、
　　《韓非子‧解老》、〈喻老〉、《荀子‧解蔽》，以及《呂氏春秋》、《淮南子》等中的黃
　　老理論，乃至於董仲舒《春秋繁露‧基義》、〈立元神〉、〈離合根〉、〈循天之道〉中的
　　黃老理論，個人已於《戰國時期的黃老思想》、《秦漢時期的黃老思想》，乃至本書前章
　　《黃老思想要論》中細部討論過，茲不贅述。

（三）因天道以論治身、治國之道。

（四）「氣」化、「術」化《老子》的道，去論證治身、治事、治國之理。其「氣」多轉指「精氣」，其「術」主要指「靜因」與「刑名」。

（五）爲了實際操作的效用與功能，它們也重「時」變。

就（一）而言，黃老思想緣起於田齊政權的造祖運動與政權漂白，先天上其有崇功尚用的外王目的與功能。就（二）而言，那是黃老發源地——稷下學術的普遍特質。就（三）而言，它雖以《老子》學說爲核心素材，推崇「虛靜無爲」，治身與治國並論，卻都一本《老子》的基本教義，以「道」爲治身、治國的依據，由自然之道去推衍治身養生之理與治國統御之道，視自然天道、人事政道、養生之道爲一理相通，可以仿效取法。儒、法各家都被吸收進道家虛靜無爲的君術中。

就（四）而言，在治國的政道上，他們以虛無的「靜因」之理與具體的「刑名」方案，去「術」化《老子》的「道」，成爲可以操作且重「時變」的「君綱」。它的統御之「道」因此不是玄虛不可捉摸的形上思維，而是可以依循操作、切實把握的要領與原則。在治身養生方面，它以「氣」去詮釋替代《老子》的「道」，圍繞著《老子》四十二章「道生一……生萬物」的命題，開展出戰國以下的氣化宇宙論，從而突破老莊貴神賤形、養神遺形的傳統，推衍形神並重兼養的精氣養生說。它的道生萬物因此是氣化萬物。人的形神和萬物一樣，都是天地一氣之化生，特其生「氣」之品質優於它類，或稱「精氣」或「精」。安養人之形、神，因此須由「精」或「精氣」著手，形、神兼養。相較於《莊子》內七篇的輕「形」觀點，外、雜篇中多了「氣」的生

成說與對「形」的關注。而不論是「術」化的「道」或「氣」化的「道」，都明顯下降入天地之間，「天地」大於「道」。

總之，靜因、刑名的君術與氣化生成，精氣養生之說，加上儒、道、法兼糅的理論內容，都是黃老典型而明顯的標記。探討《莊子》外、雜篇的黃老成色與訊息，可以從這些地方去查索。

二、《莊子》外、雜篇中的黃老論述

今實際檢閱上述各載有黃老相關理論的篇章內容，可以清楚看到：

〈在宥〉基本上以「堯舜治天下」為苦情鉗性之事，以仁義為攪擾人心，認為「絕聖棄智」，天下大治，傾向「無君」、反治觀點。唯亦接受若「不得而已臨蒞天下，莫若無為」，只有「無為」，而後才能「安其性命之情」。換言之，對於外王，〈在宥〉作者認為，只有「貴身」，愛身的人，才可以寄託天下，因為只有貴身、愛身的人，才懂得以「安性命之情」去治天下。全篇大致遵循道家清淨、無為、重生、貴身、全性的觀點去論「治」。但與此同時，卻有兩小節論及情緒調養的形神問題；一節論及「道」及「天道」、「人道」一體的問題，卻以「天道」為「無為而尊」；「人道」為「有為而累」，並以「天道」擬「主」，「人道」擬「臣」，這三小節已是「黃老」的道法論。

〈天地〉全篇基本上以「道」為恍惚玄冥之類的存在，反機心，反炫名聲，嚮往一種無君、無政、象罔、混蒙，聽物自為，

自然從化的理想狀態。它所推崇的「德人」是去思慮、泯是非、率任自然；「神人」則是渾沌未開的混冥淡寞，任眞樸素。它藉諄芒對苑風的論述，所提出的理想管理，亦即所謂的「聖治」，是各業各人自行其事，自然而化。其中除了「聖治」，基本上都存留了相當高程度的老莊風教。

〈天道〉在各篇當中保留黃老理論較多，他開宗明義便串天道、帝道、聖道爲一理相通，標榜一種虛靜、無爲、寂寞、恬淡的管理模式，稱爲「天德」、「天樂」，說「帝道」當仿「天道」。又清楚定位君臣、上下、本末、先後之尊卑順序，清楚顯示了人倫與政倫的次序，推崇「古之明大道者」的「聖治」，畫定了天地、道法、仁義、分守、形名、因任、原省、是非、賞罰的先後位秩，以虛靜無爲爲「上畜下」之道，形名、禮法、度數爲「下事上」之理，又退仁義，責禮樂，以賞罰爲末。

〈天運〉以「六極」、「五常」爲「天」之內容，帝治順之則吉，逆之則凶。對於仁義，有相當的批駁。推崇一種「默默蕩蕩」、「乃不自得」，寂寥而超於視聽的自然之理，稱爲「至樂」、「至聲」。以「行流散徙」、「不主常聲」、達情遂命的境界爲「天樂」，既有黃老因天道以推政道的基本風格，卻又不脫去虛、沖漠的莊子情調。末了卻提出應時而變的法家與黃老新精神。本篇和〈天道〉一樣，是道、法融合材料最多、程度最深的一篇。

〈刻意〉以寂寞、恬淡、虛靜、無爲爲天地之道與聖人之德的內容，卻有專節討論形神與情緒的調理問題。

〈知北遊〉推闡「道」無所不在之理，也涉及萬物之生死榮枯不過一「氣」之轉化，應爲中國氣化宇宙論之先驅論述。

從上述〈天道〉等各篇的內容看來，黃老的相關論述，主要集中於〈天道〉、〈天地〉、〈天運〉、〈繕性〉各篇。〈刻意〉和〈知北遊〉則有專論氣化與形神的調理議題；但各篇一致通貫且反覆強調的，仍是恬和養性，虛靜無為、寂寞、恬淡的天道與聖德，相當程度地保留了莊子式的淡遠氣質與風格。但從各篇一定分量的黃老理論與素材中，仍可以看出，戰國時期由稷下學宮所引發的黃老學術輻射所及，在《莊子》外、雜篇中所呈現的某些狀況：

1. 它列序了「大道」內容的先後之次，依次是：天→道德→仁義→分守→形名→因任→原省→是非→賞罰。並謂：能循此事以治物、修身，則平治。這就是其所謂的「聖治」。

2. 在這個列序中，「道德」仍應該是道家的「道德」，非儒家的「道德」，故儒家之「仁義」居次。「原省」應是推原省察之意。在這一系列中，「天」與「道德」是道家治事依據，「仁義」屬儒家教義，從「分守」到「形名」、「因任」、「原省」、「是非」至「賞罰」，屬法家治政要項。依次由道而儒、而法，〈天道〉比列了其治事理政的高下層次與步驟，具體顯示了黃老以道為上，兼儒、墨、名、法的基本模式。

3. 在這個序列中，「天」是高於「道德」的，仁義也被納入了治道的要項中，列序尚在各法家要項之前。

以後到了《淮南子》列序更明白了，〈主術〉說政道的高下依次是：「太上神化，其次使不得為非，最下賞賢而罰暴。」所謂「神化」，就是精誠動化，指主政者透過心靈的精誠，去動化全天下，達到不治而自治的效果。《莊子・漁父》曾載孔子問「何謂真」？客答以「真者，精誠之至也，不精、不誠，不能

動人。……真在內者，神動於外」。③應是《淮南子・主術》之
所本，是道家所嚮往的管理。「使不得爲非」應是儒墨正向的道
德仁義教化。「賞賢而罰暴」則是法家以賞罰爲主的政道。〈主
術〉對道、儒、法政治的先後列序與《莊子》中〈漁父〉、〈天
地〉篇相同。

（一）天道治道一理相通

　　劉笑敢曾把《莊子》外、雜篇的內容依質性不同，區分爲述
莊派、黃老派與無君派三類。屬於「黃老派」的內容分見於〈在
宥〉、〈天地〉、〈天道〉、〈天運〉、〈刻意〉、〈繕性〉、
〈天下〉各篇，並謂其與內篇之關係是「同異參半」，其思想成
分多了「融合儒法」④。基本上都說中了《莊子》外、雜篇的黃
老質性，其實還包括了〈知北遊〉的氣化論和〈庚桑楚〉的形神
觀。它們常常是站在內篇的基點上，去融合儒、法，益以戰國時
期流行的氣化論與形、神觀，轉向了外王、入世的功能表述。然
內篇「述莊」、「無君」的思想仍不時自性強烈地貫穿、牽繫於
其中。〈天地〉和〈天道〉兩篇開宗明義就揭示了天道、治道一
理相通，因天道以挖政道的思維，它們說：

> 天地雖大，其化均也；萬物雖多，其治一也；人卒雖
> 眾，其主君也。君原於德而成於天，故曰古之君天
> 下，無爲也，天德而已。（〈天地〉）⑤

---

③ 郭慶藩集釋《莊子集釋》，頁1031-1032。

④ 劉笑敢《莊子哲學及其演變》（中國社會科學出版社，1987年），頁61-78。

⑤ 郭慶藩集釋《莊子集釋》，頁403。

> 天道運而無所積，故萬物成；帝道運而無所積，故天
> 下歸；聖道運而無所積，故海內服。明於天，通於
> 聖，六通四辟於帝王之德者，其自爲也，昧然無不靜
> 者矣。夫虛靜、恬淡、寂漠、無爲者，天地之平而道
> 德之至，故帝王聖人休焉。（〈天道〉）⑥

〈天道〉又假老聃之口論「天下」如何「無失其牧」說：

> 天地固有常矣，日月固有明矣，星辰固有列矣，禽獸
> 固有群矣，樹木固有立矣。夫子亦放德而行，循道而
> 趨，已至矣。⑦

上文揭示了幾個要點：（一）治道與天道一理相通，治道源自
天道。所謂「天道」之「常」就是日月星辰的運行，樹木禽獸的
生長活動。（二）天道以成萬物，治道以「歸」天下、「服」
海內。治道、帝道既源於天道，循天道以論治道，天道自然而必
然，帝道、治道因此也就自然而必然，愜理以厭心。透過「天
道」，肯定、保證了政道之必然，這就是《韓非子・大體》所說
的「因道全法」。這和《莊子》內篇乃至外、雜篇「無君」的觀
點是很不同的。（三）這天道、政道相通的一理就是「靜」，就
是「無爲」。這樣的觀點也是黃老的基本思維，馬王堆黃老帛書
和《管子》四篇等黃老文獻中充滿了這類思維。

馬王堆黃老帛書〈經法・道法〉說：

> 天地有恆常，萬民有恆事，貴賤有恆之（位），畜臣

---

⑥ 郭慶藩集釋《莊子集釋》，頁457。
⑦ 郭慶藩集釋《莊子集釋》，頁457。

有恆道，使民有恆度。⑧

一切政道、人事之道的矩度，事實上正如天地之道一樣，都是有
分寸可據，有軌則可循，也必須持守和依循。只不過〈天地〉、
〈天道〉篇所述，天道、政道一理，只是一個總括性的說法。黃
老帛書則較爲具體而明確地說出它的詳細內容，《經法・君正》
說：

天有死生之時，國有死生之正（政）。

〈論〉說：

天執一，明〔三，定〕二，建八正，行七法，然後
〔施於四極，而四極〕之中無不〔聽命〕矣。歧
（蚑）行喙息，扇蜚（飛）耎（蠕）動，无〔不寧其
心，而安其性，故而〕不失其常者，天之一也；天執
一以明三，日信出信入，南北有極，〔度之稽也；月
信生信〕死，進退有長，數之稽也；列星有數，而不
失其行，信之稽也；天明三以定二，則壹晦壹明，
〔壹陰壹陽，壹短壹長〕；〔天〕定二以建八正，則
四時有度，動靜有立（位），而外內有處。⑨

〈論約〉也說：

四時有度，天地之李（理）也；日月星晨（辰）有
數，天地之紀也。三時成功，一時刑殺，天地之道
也；四時而定，不爽不代（忒），常有法式，〔天

⑧ 河洛圖書出版社《帛書老子》，頁194。
⑨ 河洛圖書出版社《帛書老子》，頁202-203。

地之理也〕；一立一廢，一生一殺，四時代正，冬
（終）而復始，〔人〕事之理也。逆順是守，功溢
（溢）於天，故有死刑。功不及天，退而無名；功合
於天，名乃大成。人事之理也。順則生，理則成，逆
則死。⑩

這和前述《莊子·天道》所說：「天地有常，日月有明，星辰
有列，禽獸有群，樹木有位」的「天道」，要執政的「天子」，
當「仿德而行，循道而趨」，意思是一樣的，只是說得更豐富
詳贍。總之，人事上的禍福、存亡、興廢之理，和天地自然的生
殺循環，是一理相應，緊密連結、息息相關的。依循天地自然
的生殺循環去處理人事政務，便能稱心順手，這就是《莊子·
天地》、〈天道〉所謂「虛靜」而「無為」的「帝道」、「聖
道」、「天道」、「天德」的詳細內容。〈天地〉因此藉諄芒之
口，述「聖治」說：

聖治乎，官施而不失其宜，拔舉而不失其能，畢見其
情事而行其所為，行言自為而天下化，手撓顧指，四
方之民莫不俱至，此之謂聖治。⑪

換言之，一種主客合一，形式適切，施政輕鬆容易，順遂平穩的
人事與政事管理，叫做「聖治」，這是黃老所推崇的「虛靜」而
「無為」的政治範式。

---

⑩ 河洛圖書出版社《帛書老子》，頁206。
⑪ 郭慶藩集釋《莊子集釋》，頁440。

（二）靜而無為，以用天下

〈天道〉說：

> 夫帝王之德，以天地為宗，以道德為主，以無為為常。無為也用天下而有餘；有為也，則為天下用而不足，故古之人貴夫無為也。⑫

這裏的「道德」當然是道家的「道德」，而非儒家的仁義、忠信。理想的帝王之治是循天地之道，無為而治。這雖不合乎《莊子》的「無君」一系思想，至少不離《老子》以靜勝躁、自然無為的「聖人之治」。

值得注意的是：不論「天道」、「帝道」還是「聖道」，雖然都以「靜」而「無為」為核心之理，這「靜」而「無為」卻不是一無作為，它是「運而無所積」，永不止滯，生生不息，《老子》所謂「周行而不殆」，是一種理想有效，自然恆久卻不勉強的運作。對於黃老這一式的「靜」而「無為」，作為漢代集黃老理論大成的《淮南子》，在〈脩務〉中有很正面而直捷的詮釋，它說：

> 或曰：「無為者，寂然無聲，漠然不動，引之不來，推之不往。」如此者，乃得道之像。吾以為不然。……若吾所謂無為者，私志不得入公道，嗜欲不得枉正術，循理而舉事，因資而立功，推自然之勢，而曲故不得容者，事成而身弗伐，功立而名弗有，非

---

⑫ 郭慶藩集釋《莊子集釋》，頁465。

謂其感而不應，攻而不動者。⑬

這就是黃老所推崇的「無爲」。「無爲」不是甚麼事都不做，而是要求費力少而效果好，精簡有效的操作。表面上它「虛靜」，似無作爲；事實上，它恆定運作，永不止息，只是依循自然之理，尊重事物客觀規律，以求四兩撥千斤，精簡有效的成果，不妄造作。

其次，老、莊都不求用，至少不正面求「用」；〈天道〉卻說，「無爲」是要「用天下」、「爲天下用」，這是黃老崇功尚用的基本特質。

（三）君本臣末，上下異道

緊接著「古之人貴夫無爲也」之後，〈天道〉話鋒一轉，說：

> 上無爲也，下亦無爲也，是下與上同德，下與上同德則不臣；下有爲也，上亦有爲也，是上與下同道，上與下同道則不主。上必無爲而用天下，下必有爲爲天下用，此不易之道也。故古之王天下者，知雖落天地，不自慮也；辯雖彫萬物，不自說也；能雖窮海內，不自爲也。天不產而萬物化，地不長而萬物育，帝王無爲而天下功。故曰：莫神於天，莫富於地，莫大於帝王。故曰：帝王之德配天地。此乘天地，馳萬物，而用人群之道也。⑭

---

⑬ 劉文典集解《淮南鴻烈集解》卷十九，頁33。
⑭ 郭慶藩集釋《莊子集釋》，頁465。

這就轉入了法家君上臣下、君臣異道、君靜臣動、君逸臣勞、君無爲臣有爲的基本教義，與虛靜因任的治事之則，這就是道、法結合，以求精簡有功的黃老「無爲」。整篇〈天道〉就在這種道、法糅合交論的表述中，開展其黃老之論。〈天道〉說：

> 本在於上，末在於下；要在於主，詳在於臣。⑮

這幾乎就是法家君尊臣卑，君逸臣勞的同調表述。〈天道〉又說：

> 古之明大道者，先明天而道德次之，道德已明而仁義次之，仁義已明而分守次之，分守已明而形名次之，形名已明而因任次之，因任已明而原省次之，原省已明而是非次之，是非已明而賞罰次之。賞罰已明而愚知處宜，貴賤履位，仁賢不肖襲情，必分其能，必由其名。以此事上，以此畜下，以此治物，以此修身，知謀不用，必歸其天，此之謂太平，治之至也。⑯

這裏顯示了三點：

1. 偉大的政道極則是從自然的「天」中去逐次透過「道德」、「仁義」、「分次」、「形名」、「因任」、「原省」、「是非」、「賞罰」等種種過程與手法逐漸運作提煉出來的。

2. 儘管君上臣下、君主臣副所采的是法家的政治架構，在儒、道、法三家思想價值的列序上，黃老的列序依然是先道，次儒，最後才是法。

3. 只要透過道、儒、法的處理過程與手法，相信政治上，不論

---

⑮ 郭慶藩集釋《莊子集釋》，頁467。
⑯ 郭慶藩集釋《莊子集釋》，頁471。

名位、才幹的安排都能適切合宜，不多傷神費心，這叫「太平」，叫「至治」，這就是申不害、韓非所說的「因任而授官」。

（四）「天」、「德」、「道」的特殊列序 ── 德兼於道，道兼於天

〈天道〉、〈天地〉把天地之道與聖人之治、聖人之德劃上等號，清楚顯示其所論之道，指的是在天地之間的現實世界裏操作的政道。黃老之「道」是求用的經世之道，當然必須落實在現實世界裏操作。因此，儘管因爲黃老思想源自老子，其「道」也源自老子，老子之「道」超越天地，生天生地，是「天地根」：黃老之「道」質性功能雖與之相同，位階卻常是落在天地間、時空中，這在戰國的黃老文獻中便已如此。《管子‧心術上》說：

> 道不遠而難極也，與人並處而難得也，……道在天地之間也。……故曰不遠而難極也，道之大如天，其廣如地。[17]

〈內業〉說：

> 道滿天下，普在民所，……上察於天，下極於地，蟠滿九州。[18]

說來說去，這個「其大無外」的「道」，終究只是「在天地間」、「滿天下」的天地之物。至於馬王堆黃老帛書裏所論的，

---

[17] 安井衡纂詁《管子纂詁》卷十三，第三十六，頁4。
[18] 安井衡纂詁《管子纂詁》卷十六，第四十九，頁5。

不管是有律、有度、有則的「天道」，還是循天道而爲的刑名政道，基本上也都是由天地既成後開始講的，所有虛靜因任的刑名之理、刑名之治，也都是爲了「執道者之觀於天下」（詳〈十大經〉、〈經法‧論約〉、〈名理〉）。⑲因此，在黃老的經世之論中，「道」是「天地」間「道」，《莊子‧天地》、〈天道〉中的「道」，位階也經常如此呈現。〈天道〉說：

> 技兼於事，事兼於義，義兼於德，德兼於道，道兼於
> 天。⑳

〈天道〉序列「古之明大道者」的順序，以「天」爲第一序位，「道德」次之，帝王之德「以天地爲宗，道德爲主」也就可以理解了。〈天下〉同樣說「聖人」要：

> 以天爲宗，以德爲本，以道爲門，兆於變化。㉑

「以德爲本，以道爲門」就是〈天道〉所謂「仿德而行，循道而趨」。聖人的治道要以「天」爲根源；以「德」爲基礎；以「道」爲關鍵，同時還要能掌握「變化」之機兆。這是黃老的思維，而非老、莊本旨。依照《老子》的序列，原是道——德——天（地）；《老子》說「失道而後德」，〈天道〉卻以「天」爲「宗」，「德」爲「本」，「道」是事物變化的關鍵。這樣的「道」，顯然不是宇宙本源的自然之「道」，而是人事變化、運作、處理之治道，這就是黃老「道」和老莊「道」的重點歧分。

此外，在「聖人」、「聖治」的「天」、「德」、「道」

---

⑲ 詳河洛圖書出版社編印《帛書老子》，頁217、207、208。

⑳ 郭慶藩集釋《莊子集釋》，頁404。

㉑ 郭慶藩集釋《莊子集釋》，頁1066。

之間，這幾篇黃老相關文獻中，總是相當一致地，先「天」，次「德」，後「道」，「道」不只在「天」中、「天」後，更在「德」之後，這是《莊子》外、雜篇各黃老篇章中一致的特殊列序，爲其他先秦黃老文獻之所未見。其他黃老文獻頂多是「道在天地間」，「道」在「天」之下，未聞在「德」後者。以「道」、「德」爲在「天地」之間，不論是「道」、「德」分稱，還是合稱，基本上都是黃老的思維；以「德」更在「道」先，則是《莊子》外、雜篇的黃老論述所獨有。

更值得注意的是：聖人之治除了宗「天」、本「德」、循「道」之外，還要兆見「變化」之機，知所應變，非只「虛靜」而已。因爲〈天道〉說過，不論「天道」、「常道」、「聖道」都是「運而無所積」的，當然是「變動」不已的，自然能兆見「變化」之機。〈天下〉的說法和〈天道〉是一致的。

（五）仁義的義涵與功能

在較早版本的郭店《老子》中，原本是看不到對仁、義的批駁與反對的，今本《老子》中都還有「動善時，與善仁」的論述。但到了《莊子》外、雜篇，卻有大量剷剝儒墨仁義的論述，即使在上述充滿黃老理論的各篇章中亦然。郭店簡本《老子》的研究者多因此認爲，剷剝仁義是《莊子》外、雜篇之事，非《老子》本旨。

1. 剷剝仁義

今檢視外、雜篇這些被認定多黃老理論的篇章，大致也如此，推闡「虛靜無爲」與否定「仁義」幾乎是各篇必然一提的公論。

〈在宥〉說「昔者黃帝始以仁義攖人之心，堯舜……愁其王藏以爲仁義，……施及三王，而天下大駭矣。……而儒墨畢起」，弄得「天下裹矣，……而性命爛漫矣。……而百姓求渴，……賢者優處，……萬乘之君憂慄」，[22]簡直天下大亂。

〈天地〉述「至德之世」是「不尙賢，不使能，……端正而不知以爲義，相愛而不知以爲仁，實而不知以爲忠，當而不知以爲信」，並說「蹠與曾史行義有閒矣，然其失性均也」。[23]

〈天道〉述老聃譏孔子之揭仁義爲「擊鼓而求亡子，……亂仁之性」，又假老子之口，以「形德仁義」爲「神之末」，要人「通乎道，合乎德，退仁義，賓禮樂」才能使「至人之心有所定」。[24]

〈天運〉載南大宰蕩問仁，莊子以「仁」爲「虎狼」，並謂「孝、弟、仁、義、忠、信、貞、廉，此皆自勉以役其德者也，不足多也」。又借老聃對孔子之言，以「仁義」爲「憯然憒心，亂莫大焉」之事。[25]

〈知北遊〉假黃帝之口，謂「道不可至，德不可至，人可爲也，義可虧也，禮相僞也」，以闡述《老子》「失道而後德」一章之旨，卻肯定道、德，否定仁、義。上述這些篇章，都程度不一地誹詆仁義之裂性殘德，禍亂天下。在「芴漠無形，變化無常，……獨與精神往來而不傲物」的莊子學派眼中，仁義道德眞

---

[22] 以上所引詳見郭慶藩集釋《莊子集釋》，頁373。

[23] 以上所引詳見郭慶藩集釋《莊子集釋》，頁445、454。

[24] 以上所引詳見郭慶藩集釋《莊子集釋》，頁479、486。

[25] 以上所引詳見郭慶藩集釋《莊子集釋》，頁497、499。

是鉗性累德的致亂根由。㉖

2. 假道於仁，托宿於義

　　儘管如此，上述各篇在剽剝仁義的同時，卻仍參差可見對仁
義、禮等儒家道德的挹取與參采。〈天地〉以「義」的位階爲介
於「德」與「事」之間，在天、道、德之下，至少不全然加以詆
斥。〈天道〉旨意相同，次「仁義」於「天」與「道德」之後，
「分次」、「形名」、「因任」、「原省」、「是非」、「賞
罰」之先，與其前後之各道、德元素參用並濟，以臻「治之至」
境。到了〈天運〉，接納的程度更深，它說：

> 古之至人，假道於仁，托宿於義，以遊逍遙之虛，食
> 於苟簡之田，立於不貸之圃。㉗

這叫「采眞之遊」。成玄英疏說，這是一種「逍遙任適，隨化
遨遊」。㉘《莊子》所推崇的「逍遙任適，隨化遨遊」理想至
境，竟然是要透過仁、義，藉由仁、義去過渡，才能臻至，這對
「仁」、「義」的功能價值已大大肯定了。〈繕性〉說：

> 夫德，和也；道，理也。德无不容，仁也；道无不
> 理，義也；義明而物親，忠也；中純實而反乎情，樂
> 也；信行容體而順乎文，禮也。禮樂遍行，則天下亂
> 矣。㉙

㉖ 以上所引詳見郭慶藩集釋《莊子集釋》，頁731。

㉗ 郭慶藩集釋《莊子集釋》，頁519。

㉘ 郭慶藩集釋《莊子集釋》，頁520。

㉙ 郭慶藩集釋《莊子集釋》，頁548。

〈繕性〉所嚮往稱揚的，原本是一種「在混芒之中，與一世而得澹漠焉，……陰陽和靜，鬼神不擾，四時得節，萬物不傷，……莫之為而常自然」[30]的古人、古境；也就是一種不治的，無治道的狀態。但與此同時，它也退而求其次地尋求一種較為不失其性的「治道」。它說「古之治道者，以恬養『知』；知生而无以知為也，謂之以知養恬。」郭象注「以知養恬」說：「無以知為，而任其自知，雖知周萬物，而恬然自得也。」[31]成疏曰：「以恬靜之德養真實之知，使不外蕩。」此處已不再堅持循性無知，而是略為放寬，求一種恬靜安和，知與不知、為與不為合一無別的自然之「知」，這叫「知與恬交相養，而和理出其性」。一切是那麼自然地寧靜、和順。這種自然的平靜和順叫做「德」，叫做「道」。「德」的外在體現，就是「仁」；「道」的軌則條理就叫「義」。軌則條理既明，外物自來親附，謂之「忠」；內在純實，合乎本情便是「樂」；真能體現內在真純的本質，而合乎一定的節文便是「禮」，這是〈繕性〉上節引文的義涵。很明顯地，它已將仁、義、禮、樂納入了道德的內涵中；然而，它卻仍然不忘提醒回歸老莊本旨，以禮樂的過度張揚為致亂的根源。

〈天下〉列序人的修為層次，有「天人」、「神人」、「至人」、「聖人」、「君子」之不同，「不離於宗」的「天人」，「不離於精」的「神人」，與「不離於真」的「至人」，都是老莊領域中的高修為典範。第四級的「聖人」，「以天為宗，以德為本，以道為門，兆於變化」，是黃老典範人物；到第五級的「君子」，「以仁為恩，以義為理，以禮為行，以樂為和，薰然

---

[30] 郭慶藩集釋《莊子集釋》，頁550。

[31] 郭慶藩集釋《莊子集釋》，頁548。

慈仁」，是儒家的標竿人物。第六級「以法爲分，以名爲表，以
參爲驗，以稽爲決，……百官以此相齒」，就不折不扣是法家政
道中事了。至第七級（末級）「以事爲常，以衣食爲主，蕃息畜
藏，老弱孤寡爲意，皆有以養」，以衣、食、農、畜爲常務，安
養老、弱、孤、寡以度日，這便是「庶民之理」。在這七級的
區分中，從管理者到被管理者，從治人者到治於人者，依序是老
莊、黃老、儒、法、民，層遞而下，黃老天、道、德的「聖人」
被列於第三級，儒家仁、義、禮、樂的「君子」次之，列於第
五級。[32]黃老雖然重政道，而采擷法家，法家列序卻始終不高，
總在老莊、黃老、儒家之後，這在《莊子・天道》、〈天地〉幾
篇黃老相關的篇章中，表現相當一致。黃老的統御叫做「聖人」
之治、「聖治」、「帝德」，儒家則以「仁義」、「君子」爲標
記。儒家雖屢遭剿剝，卻也得到一些肯定，列序總在老莊、黃老
之後，法家之前，各篇這種列序相當一致。

　　尤其是，雖然對仁義尚不滿意，卻仍能對其加以接受的觀
點，是上承《老子》而下入黃老的顯例。《老子》三十八章確實
是以仁→義→禮的出現爲道德的依次衰跌，認爲「禮」是「忠信
之薄而亂之首」，但法令則更後——「法令滋彰，盜賊多有」。
〈天地〉、〈天道〉乃至〈繕性〉、〈天下〉篇的意思大致都保
留了這樣的思維。戰國時代黃老學大本營——稷下學宮集體著作
的《管子》中也同樣有對義、禮下義界的論述，〈心術上〉說：

　　　君臣父子人間之事謂之義；登降揖讓，貴賤有等，親
　　　疏之體，謂之禮；簡物小未（一說作「末」）一道，

---

[32] 郭慶藩集釋《莊子集釋》，頁1066。

殺僇禁誅謂之法。……義者，謂各處其宜也。禮者，
因人之情，緣義之理，而爲之節文者也。故禮者，謂
有理也；理也者，明分以諭義之意也。故禮出乎義，
義出乎理，理因乎宜者也。法者所以同出不得不然者
也，故殺僇、禁誅以一之也。故事督乎法，法出乎
權，權出乎道。③

雖然一樣爲義、禮、法下義界，卻更清楚地說明了，禮、
義、法之所以不能不采從，只因爲要處理「人間」之事，人事
需要「節文」，也需有適切合宜的分度、理路，義、禮的功能因
此被肯定。而在不得已的特殊情況下，「法」也成了一時權宜的
手段。這一切總體地說，都是爲了切「道」、合「道」，這就是
義、禮、法不能避免要被采從。《韓非子‧解老》中也有類似的
觀點與載述。集法家理論大成的《韓非子》在〈說難〉、〈六
反〉、〈八說〉中，基本上都是反對「仁」、「義」的，視之爲
對賞罰威信之嚴重侵犯與挑釁。但在專門解老的黃老篇章〈解
老〉中，卻循其老師荀子之論，說：

仁者，謂其中心欣然愛人也，其喜人之有福，而惡人
之有禍也，生心之所不能已也，非求其報也。故曰：
「上仁爲之而無以爲也。」義者，君臣上下之事，父
子貴賤之差也，知交朋友之接也，親疏內外之分也。
臣事君宜，下懷上宜，子事父宜，賤敬貴宜，知交友
朋之相助也宜，親者內而疏者外宜。義者，謂其宜

③ 安井衡纂詁《管子纂詁》卷十三，第三十六，頁2。

也，宜而爲之，故曰：「上義爲之而有以爲也。」[34]

對仁、義、禮的義界與性質功能，都給予清楚的表述與相當的肯定。在〈難一〉中，對於「仁義」甚至賦予了合乎其法家君國政治義涵的詮釋，說：

> 夫仁義者，憂天下之害，趨一國之患，不避卑辱謂之仁義。[35]
> 仁義者，不失人臣之禮，不敗君臣之位者也。[36]
> 夫禮，天子愛天下，諸侯愛境內，大夫愛官職，士愛其家，過其所愛曰侵。[37]

換言之，仁義之價值，不光在其爲內在的道德自覺或者人間倫理；更重要的是，它合乎外王的政治規範。這是《韓非子》的仁、義觀。

以後，到了《呂氏春秋》、《淮南子》裏，仁義的論述更豐富了。編寫成書於秦始皇以法一統思想，經營六國之前的《呂氏春秋》，歷來學者多有歸其爲雜而偏儒者，說它以「儒」統合各家，主要就是因其內容中仁義說充斥全書。《淮南子》全書在「考驗乎老莊之術」（〈要略〉）的核心宗旨下，同樣多采仁、義之說，去「接」論「人間之事」。它先也是因承《老子》三十八章之旨，在〈俶眞〉、〈本經〉、〈齊俗〉裏，視「仁」、「義」爲「道」、「德」之衰跌與散溢，唱出「道散而

---

[34] 陳奇猷集釋《韓非子集釋》卷六，第二十，頁329-330。

[35] 陳奇猷集釋《韓非子集釋》，頁809。

[36] 陳奇猷集釋《韓非子集釋》，頁809。

[37] 陳奇猷集釋《韓非子集釋》，頁721。

爲德，德溢而爲仁義，仁義立而道德廢」，「道毀然後有仁義」
的高調；但與此同時，它又在相同或不同的篇章裏，對仁、義的
功能給予了一定程度肯定。它說：

> 道者，物之所導也；德者，性之所扶也；仁者，積恩
> 之見證也；義者，比於人心而合於眾適者也。（〈繆
> 稱〉）㊳

> 仁者，所以救爭也；義者，所以救失也；禮者，所以
> 救淫也；樂者，所以救憂也。（〈本經〉）㊴

> 禮者，所以別尊卑、異貴賤；義者，所以合君臣、父
> 子、兄弟、夫妻、朋友之際也。（〈齊俗〉）㊵

> 義者，人之大本也，雖有戰勝存亡之功，不如行義之
> 隆。（〈人間〉）㊶

> 國之所以存者，仁義是也；人之所以生者，行善是
> 也。國無義，雖大必亡。（〈主術〉）㊷

> 義者，循理而行宜也；禮者，體情制文者也。義者宜
> 也，禮者體也。（〈齊俗〉）㊸

> 禮者，實之文也；仁者，恩之效也。故禮因人情而爲
> 之節文，而仁發忭以見容。禮不過實，仁不溢恩也。

㊳ 劉文典集解《淮南鴻烈集解》，頁36。
㊴ 劉文典集解《淮南鴻烈集解》，頁80。
㊵ 劉文典集解《淮南鴻烈集解》，頁53。
㊶ 劉文典集解《淮南鴻烈集解》，頁14。
㊷ 劉文典集解《淮南鴻烈集解》，頁34。
㊸ 劉文典集解《淮南鴻烈集解》，頁62。

（〈齊俗〉）⑭

故善言歸乎可行，善行歸乎仁義。（〈泰族〉）⑮

〈繆稱〉界定了仁義之義涵。〈本經〉、〈齊俗〉、〈人間〉、〈主術〉論述了仁、義的價值功能與實踐之分寸節度。〈泰族〉更標舉「仁義」為人事行為的正向歸趨。從對「仁義」的否定到相當程度的肯定，清楚顯示了從老子到黃老轉化的軌跡。《管子》、《韓非子》、《呂氏春秋》、《淮南子》如此，《莊子》外、雜篇的「仁」、「義」論述亦復如此。這一轉化，在莊子後學或許有過相當的猶豫與遲疑，〈庚桑楚〉曾假南榮趎之口，顯示了這樣的猶豫與遲疑；南榮趎曾困惑地問老子：

不知乎？人謂我朱愚；知乎？反愁我軀。不仁則害人，仁則反愁我軀。不義則傷彼，義則反愁我己。我安逃此而可？⑯

南榮趎的猶豫與兩難可以代表莊子後學對於仁、義取捨之間的困惑與猶豫。但畢竟，當主要的「道」、「德」，或「天道」成為只能推崇、標舉，而難能具體實踐、操作的理想時，仁、義在濁亂紛雜的現實社會中，猶不失為可以維繫一定人心與規矩制度的準則。這就是南榮趎的猶豫與兩難抉擇之因由，也是黃老與《莊子》外、雜篇在標崇老莊虛靜無為的「帝道」、「帝德」之同時，偶或不能不退而求其次的原因。

---

⑭ 劉文典集解《淮南鴻烈集解》，頁62。

⑮ 劉文典集解《淮南鴻烈集解》，頁70。

⑯ 郭慶藩集釋《莊子集釋》，頁781-782。

（六）應時以變

原外、雜篇之所以猶豫遲疑於仁、義之間，主要在於「跡」與「所以跡」的問題。〈天運〉說：

> 夫水行莫如用舟，而陸行莫如用車。以舟之可行於水也，而求推之於陸，則沒世不行尋常。古今非水陸與？周、魯非舟車與？今蘄行周於魯，是猶推舟於陸也，勞而無功，身必有殃。彼未知夫無方之傳，應物而不窮者也。㊼

不同的需求，不同的狀況，要有不同的處理，刻舟求劍，膠柱鼓瑟，終必徒勞無功，甚或惹禍招殃。〈天運〉又說：

> 且子獨不見夫桔槔者乎？引之則俯，舍之則仰。彼，人之所引，非引人也，故俯仰而不得罪於人。故夫三皇、五帝之禮義法度，不矜於同而矜於治。故譬三皇、五帝之禮義法度，其猶柤梨橘柚邪！其味相反，而皆可於口。㊽

至於如何順應狀況，做有效的調配與斟酌損益，考驗著調制運用者的智慧。這種智慧是絕對心靈、軟體的。站在《莊子》內篇齊物的觀點，天下沒有絕對不可用的東西，也不會有永遠通行無礙的東西，只看使用者如何因物應時而變化操作，對於遠古聖王的「禮義法度」正當作如是觀。能不以古之「跡」看待，而能適時靈活運用，便能永遠煥發新生命，端在「用」者知不知因時變

㊼ 郭慶藩集釋《莊子集釋》，頁513。

㊽ 郭慶藩集釋《莊子集釋》，頁514。

用。〈天運〉因此說：

> 禮義法度者應時而變者也，今取猨狙而衣以周公之
> 服，彼必齕齧挽裂，盡去而後慊。觀古今之異，猶猨
> 狙之異乎周公也。故西施病心而矉其里，其里之醜人
> 見而美之，歸亦捧心而矉其里。其里之富人見之，堅
> 閉門而不出；貧人見之，挈妻子而去之走。彼知矉美
> 而不知矉之所以美。惜乎！而夫子其窮哉！[49]

儒家的仁義禮樂若能站在這樣的觀點看，就能看出一定的價值。
因為它們原來就是因對象、因人、事而設定調整的非定則，當然
不應永恆不變，也不可能一體通用。不得已而用時，則需把握根
源，因時、因事、因狀況而調整，仍是合宜可行；否則，一定
窘態百出，滯礙難通。換言之，一旦涉及現實人生問題，黃老
「用」的功能就必須列置首位，「不矜於同而矜於治」。這就在
道家唯「道」為絕對真理之外，開出了黃老道法家與時應變的新
方向。司馬談說黃老「道家」「有法無法，因時為業；有度無
度，因物與合」，就是這個意思。〈天運〉要人掌握「所以跡」
的根源，與時俱進，彈性調整，不窒不拘。

（七）「氣」的生化與調養

　　司馬談在〈論六家要旨〉裏談到黃老道家除了是相容各家，
以虛靜而無為、刑名考核與因循時變為操作原則與考核機制的
「君綱」外，同時也考量到治身是治國的先決條件，因此也重視
「形」、「神」的安養問題，說「形者生之舍，神者生之制，不

[49] 郭慶藩集釋《莊子集釋》，頁515。

先定其神而曰我有以治天下，何由哉？」黃老道家在提煉治國君綱的同時，因此也重形神兼養問題，且他們談形、神的安養，是從其原本的生成元素——「氣」的生化開始談起。

原本，在《老子》，論「道」都重在論其本體性質、律則、境界，不太談生成，只有「道生一，一生二，二生三，三生萬物。萬物負陰而抱陽，沖氣以爲和」（四十二章）一則，是唯一涉及生成的命題，隱約帶出了「氣」化的概念。此後，道家後期文獻與學者論道的生成，大致依據且圍繞此一命題作推衍，用「氣」去詮釋「道」的內容，開啓戰國以下的氣化宇宙論。氣化宇宙論是黃老學術思潮對中國哲學的重大貢獻，由是向下甚而衍生出「氣」或「精氣」的養生論。《管子‧內業》開宗明義便說：

> 氣，物之精⑤此則爲生。下生五穀，上爲列星，流於天地之間謂之鬼神，藏於胸中謂之聖人。

天地間一切有形無形的存在，包括自然現象、動植物，乃至人形身的健康與精神的靈明問題都是這一「氣」之變化生成與充盈。人體內的「氣」或「精氣」充盈飽滿，精神智慧便靈明，身體便康健。〈內業〉說：

> 精存自生，其外安榮，內藏以爲泉原，浩然和平，以爲氣淵。淵之不涸，四體乃固；泉之不竭，九竅遂通。乃能窮天地，被四海，中無惑意，外無邪菑。心

---

⑤ 安井衡纂詁《管子纂詁》卷十六，第二十，頁10。唯此處首句本作「凡物之精」，茲依張舜徽校改，說見《先秦道論發微》（木鐸出版社，1983年），頁278。

全於中，形全於外，不逢天菑，不遇人害，謂之聖
人。⑤

因此，要保持身心的靈明健全，須從充養其氣著手。〈內業〉
說：

搏氣如神，萬物備存。能搏乎？能一乎？能無卜筮而
知吉凶乎？能止乎？能已乎？能勿求諸人而得之己
乎？思之思之，又重思之；思之而不通，鬼神將通
之，非鬼神之力也，精氣之極也。⑤

《韓非子》也一樣，〈解老〉說「道」：

死生氣稟焉，萬智斟酌焉，萬事廢興焉。

萬物的生死，智慧的運作與開展，萬事的成敗，〈解老〉說，都
是一「氣」之作用，又說：

知治人者其思慮靜，知事天者其孔竅虛。思慮靜，故德
不去；孔竅虛，則和氣日入，故曰：「重積德。」⑤
身以積精為德，家以資財為德，鄉國天下皆以民為德。
今治身而外物不能亂其精神，則德盡在於民矣。⑤

一切形上的精神活動，《老子》所謂「德」、「不德」的問題，
在〈解老〉看來，全部都是精氣的盈虛問題。精氣貯積充滿，精
神便靈明，行事穩當，叫「有德」；反之，精氣消散虛餒，精神

---

⑤ 安井衡纂詁《管子纂詁》卷十六，第四十九，頁6。
⑤ 安井衡纂詁《管子纂詁》卷十六，第四十九，頁7。
⑤ 陳奇猷集釋《韓非子集釋》，頁351。
⑤ 陳奇猷集釋《韓非子集釋》，頁384。

行爲都會出狀況，叫「不德」。「德」與「不德」成了物質精氣
所造成的生理反應與作用，〈解老〉以此詮釋《老子》三十八章
「上德不德」之旨。老莊養神遺形之修養綱領到了黃老，有了相
當大的轉化。因了氣化論、精氣說的推衍，形的調養思維比重增
加了，這就是司馬談所呼籲的「形者生之舍，神者生之制」，二
者應該交修兼養。這類理論自管、韓而下，經過《呂氏春秋》，
到集黃老思想大成的《淮南子》，終於完成了中國傳統氣化宇宙
論的建構模式，及形、氣、神三位一體，交養兼修的黃老養生理
論。我們循著這一氣化生成與精氣養生說的發展軌式，檢索《莊
子》外、雜篇中黃老相關篇章的論述，仍然可見這樣的發展軌
跡。

　　〈知北遊〉說：

　　　人之生，氣之聚也，聚則爲生，散則爲死。若死生爲
　　　徒，吾又何患？故萬物一也，是其所美者爲神奇，其
　　　所惡者爲臭腐；臭腐復化爲神奇，神奇復化爲臭腐。
　　　故曰：「通天下一氣耳。」⑤⑤

人的生死與萬物的榮枯一樣，都是一「氣」之變化，這應該是很
典型的氣化宇宙觀念。但儘管承認人的生死是一氣之化生，在論
及「治身」的相關問題時，外、雜篇基本上仍不離老莊養神遺
形、貴神賤形的基本教義，只是不再如內七篇之強調齋忘、超越
而已。〈刻意〉說「養神之道」當如水之性，不雜則清，因此當
純粹不雜、靜一不變、淡而無爲，才能四達並流。〈達生〉說：

---

⑤⑤ 郭慶藩集釋《莊子集釋》，頁733。

> 達生之情者，不務生之所無以爲；達命之情者，不務
> 知之所無奈何。養形必先之以物，物有餘而形不養者
> 有之矣；有生必先無離形，形不離而生亡者有之矣。
> 生之來不能卻，其去不能止。悲夫！世之人以爲養形
> 足以存生，而養形果不足以存生。⑯

教人「棄世」、「無累」，才能使「形全而不虧」，又說「醉者
隨車，雖疾不死」是因「神全」之故。〈庚桑楚〉也以「抱一
勿失」、守眞不二爲「衛生之經」，基本上都不離老莊養生唯
「神」是崇之原旨，認爲「養形不足以有生」。但生命畢竟離不
開形體，形體的安養離不開「物」，不是只有「齋」、「忘」問
題而已。

　　但〈達生〉同時卻也承認，單豹清心寡慾，充養內在精神，
卻遇虎而傷形；張毅交遊高門，結友世貴，無外害，卻「病攻其
內」，最後皆不免一死。這似乎隱喻著：理想的全生、攝生之
道，應當是形神交攝、內外兼養的。較之《老子》以「身」爲
「大患」，與《莊子》內篇強調精神超越，「坐忘」、墮黜形
身的思維相較，〈達生〉對形骸的關照多了起來。〈知北遊〉也
說：

> 昭昭生於冥冥，有倫生於無形，精神生於道，形本生
> 於精，而萬物以形相生。⑰

有形有象可查之物雖然是來自不可知、不可見的存在；但萬物之
所以能夠生生不已地繁衍不息，主要仍是形骸的支撐。這似乎意

---

⑯ 郭慶藩集釋《莊子集釋》，頁630。
⑰ 郭慶藩集釋《莊子集釋》，頁741。

味著，沒有健全可依託的「形」身，一切的生命現象就要終止。這兩則雖不明言重「形」，「形」的不可忽略意味已逐漸明朗。〈達生〉載齊桓公田而自以為見鬼，有詼詒之病，齊士皇子告敖卻分析其「病」因是：

> 忿滀之氣散而不反，則為不足；上而不下，則使人善怒；下而不上，則使人善忘；不上不下，中身當心，則為病。⑱

成玄英疏此云：

> 夫邪氣上而不下，則上攻於頭，令人心中怖懼，鬱而好怒；下而不上，陽伏陰散，精神恍惚，故好忘也。夫心者，五臟之主，神靈之宅，故氣當身心則為病。⑲

說穿了，就只是「氣」的鬱積不暢所致。一切生理方面的形、神毛病，全肇因於「氣」，「氣」不平、不和、不順、不暢、「忿滀」，便要生病。身心是交互影響的，情緒不好，肯定傷害形身。因此，要精神能虛靜、寂寞、恬淡，首先就必須調理情緒，讓它平和穩定。〈刻意〉說：

> 悲樂者，德之邪；喜怒者，道之過；好惡者，德之失。⑳

必須使「心不憂樂」，才能全其德；「無所於忤」才能至於

---

⑱ 郭慶藩集釋《莊子集釋》，頁650。
⑲ 郭慶藩集釋《莊子集釋》，頁650。
⑳ 郭慶藩集釋《莊子集釋》，頁542。

「虛」、「粹」;「不與物交」,才能「淡」。最後,終歸結出:「形勞而不休則弊,精用而不已則勞,勞則竭。」終於注意到了形身健全的重要性,沒有了健康充沛的形身與精力,精神無論如何是「逍遙」不起來的。〈刻意〉終於得出了和司馬談〈論六家要旨〉與《淮南子》一樣的結論——「形」也須兼顧。而在〈庚桑楚〉中,庚桑子最後給予南榮趎的「治身之經」是:「全汝形,抱汝生,勿使汝思慮營營。」[61]精神虛寧當然是重要的,但全身形骸與耳目官能的完整健康、正常運作,正是精神寧明不可或缺的先決條件。

結　論

不論就治身或治國言,黃老都是崇功尚用,積極入世的。這樣的思想和「外天下」、一死生,以求卓然超乎物外的《莊子》內篇思想,基本上是不相容的。然而,作為一代學術思潮的黃老,以其強大的滲透力與輻射能量,終究使莊子後學的思想也無可避免地受其影響,也談帝道,推聖道,論氣化,關涉形身的處理。站在老、莊的觀點,去談政道,論生化,理形神,也交融他家思想。他們以虛靜無為為帝道、聖道的最高原則與境界,卻崇功尚用,重時變,姑捨萬物平等的「齊物」觀,去定上下,別君臣,分主從,列尊卑,講刑名,並有限度地容許仁義,也談氣,兼論形神的一致健全,搭上了黃老的時代列車。唯在論這些理論的同時,更多的是對虛靜、無為、寂寞、恬淡的一再推崇與

---

61 郭慶藩集釋《莊子集釋》,頁777。

叮囑。在正向界定仁義的性質與功能的同時，更大程度提醒過度強調仁義，將殘性裂德。它以「氣」為萬物生化的基元，也了解「神」賴「形」之運作而健全、靈妙的道理，卻始終大量正面地強調「心」、「神」為主的觀念，審慎、保守地涉及對形身的關切。

一般黃老推崇「虛靜」、「無為」為「帝道」、「聖道」之核心要則，卻始終只及政道、天道一理相通，也定上下、講刑名，一定程度地采法家，卻從未正面強調參驗、察姦之術，即使對因循任下的一般黃老常則也言之審慎，不輕深入。

總之，從《莊子》外、雜篇〈天道〉、〈天地〉等諸篇中所顯現的黃老論述看來，其所呈現的，應視為戰國時期黃老學術思潮在莊派後學族群中所輻射狀況之一斑。其理論之分量、比重，較之所謂「述莊派」、「無君派」，仍然遠有不及。儘管如此，亦可見戰國時期黃老思想輻射能量之廣遠。

（2017年4月23-24日，上海華東師大第二屆莊子國際學術研討會暨《子藏》第三批成果發佈會論文，收入《諸子學刊》第十七輯，2018年12月）

伍、黃老與陰陽

前　言

　　班固〈漢志〉與司馬談〈論六家要旨〉都說黃老「道家」是兼采儒、墨、名、法的君「術」。但司馬談說此「術」不只論治國，也談治身；不只采儒、墨、名、法，也兼采陰陽「術」。其治國之「術」從《大戴禮·夏小正》、《管子·四時》、〈五行〉、《呂覽》十二紀到《淮南子·時則》都以陰陽五行爲軸線，串配天象、物候顏色、節令、方位、農事，以迄政令，論其順逆之休咎災眚，構成一年十二個月天人一體的明堂施政總綱。其治身之術也不違「陰陽之大順」，這從戰國秦漢以下治身、養生之文獻──《黃帝內經》、《河上公章句》、《想爾注》，以迄馬王堆出土各房中、方技文獻中可見。可見不論治身與治國，黃老道家之「術」向來與陰陽家關係密切。班〈志〉一本獨尊的儒家立場，深見秦漢以下陰陽學以強大的滲透與傳衍能量，早成公共資產，非黃老「道家」所獨「因」，董仲舒儒術亦大量兼采陰陽，故獨立成「家」，不兼入「道家」。

　　道家哲學以「黃老」形態入世，影響所及，在中國思想史、政治史、文化史上傳衍了兩千多年，從戰國田齊稷下學宮所推動的黃老學術風潮，到前漢七十年的治術、魏晉南北朝的治身養生

術,乃至兩、三千年來中國傳統的數術、方技之學,都和它有密切的關係。

一、〈論六家要旨〉與《漢書・藝文志》的「道家」與「陰陽家」

黃老道家司馬談在〈論六家要旨〉中說,它是一種「術」:

> 其為術也,因陰陽之大順,采儒、墨之善,撮名、法之要,與時遷移,應物變化,立俗施事,無所不宜。指約而易操,事少而功多……至於大道之要,去健羨、絀聰明,釋此而任術……神大用則竭,形大勞則敝,形神騷動,欲與天地長久,非所聞也。①

又說:

> 道家無為,又曰無不為……其術以虛無為本,以因循為用。無成勢,無常形,故能究萬物之情。不為物先,不為物後,故能為萬物主。有法無法,因時為業;有度無度,因物與合……時變是守。虛者道之常也,因者君之綱也,群臣并至,使各自明也。其實中其聲者謂之端,實不中其聲者謂之窾。窾言不聽,姦乃不生,賢不肖自分,白黑乃形……凡人所生者神也,所託者形也,神大用則竭,形大勞則敝,形神離則死。死者不可復生,離者不可復反,故聖人重

---

① 劉宋・裴駰集解,唐・司馬貞索隱,張守節正義《史記集解・自紀》,頁1349。

> 之……神者生之本也，形者生之具也；不先定其神，
> 而曰「我有以治天下」，何由哉？[2]

根據其前後兩段的述說，黃老「道家」之「術」，一方面以「虛無」爲核心，兼糅各家思想。其所兼糅之各家思想，陰陽、儒、墨、名、法皆有，而以「因循」、「因時」、「因物」、「時變」爲要，講求順物、順勢、順時而爲，去除貪欲，掃除一切不必要的心機與智巧。其核心就是以「因」爲領導統御綱領，以「虛無」爲本，沉穩淡定，讓群臣各自展現其才能，領導者依其「聲」以核其「實」的刑名察「姦」術。希望達到「指約而易操，事少而功多」，「立俗施事，無所不宜」高效不敗的君綱與政術。另一方面，它又是一種以「神」爲「生之本」，「形」爲「生之具」，在「治天下」之先就必須先處理好形、神問題的治身之「術」。

司馬談在論述「道家」所兼采的各家學說中，「陰陽之大順」被列爲第一序。不僅如此，在所論的「六家」中，「陰陽之術」也是論序第一。而對於這個論序第一的「陰陽之術」，司馬談先說：

> 嘗竊觀陰陽之術，大祥而眾忌諱，使人拘而多畏，然
> 其序四時之大順不可失也。[3]

其後又說：

> 夫陰陽、四時、八位、十二度、二十四節各有教令，

---

[2] 劉宋・裴駰集解，唐・司馬貞索隱，張守節正義解《史記集解・自紀》，頁1350。

[3] 劉宋・裴駰集解，唐・司馬貞索隱，張守節正義《史記集解・自紀》，頁1349。

順之者昌，逆之者不死則亡，未必然也……夫春生夏
長，秋收冬藏，此天道之大經也，弗順則無以爲天下
綱紀也。故曰：「四時之大順不可失也。」④

司馬談對於陰陽家說，和「道家」一樣，稱之爲一種「術」，
這些「術」，司馬談肯定其「順四時大順」之「天道大經」，卻
「未必然」其「衆忌諱，使人拘而多畏」。

依〈論六家要旨〉所說，黃老道家不但包括了道、法（刑
名）、儒兼合的成分，還兼及依時令操作人事、發布政令的陰陽
說。事實上就是一種以道家思想爲主軸，兼糅各家之說的雜家，
這其中陰陽說是相當重要的成分，故在所兼糅各家中，列序第
一。

到了東漢班固的〈漢志〉，或許是劉向《別錄》所本有，同
樣述說黃老「道家」，卻有不同的角度。〈漢志〉說：

道家者流，蓋出於史官，歷記成敗、存亡、禍福、古
今之道，然後知秉要執本，清虛以自守，卑弱以自
持，此君人南面之術也。⑤

身處儒學一統的時代，班固雖站在儒家立場來看待「黃老」道
家，儘管批判它揚棄儒家的禮學、仁義，卻也同樣認定它是一種
以道家清虛、卑弱爲本的「君人南面之『術』」。與此同時，
他卻把西漢自詡爲「道家」的黃老集大成之作《淮南鴻烈》列爲
「雜家」，而且說：

④ 劉宋・裴駰集解，唐・司馬貞索隱，張守節正義《史記集解・自紀》，頁1349。
⑤ 清・王先謙補注《漢書補注・藝文志》，頁892。

雜家者流，蓋出於議官，兼儒、墨，合名、法，知國
體之有此，見王治之無不貫，此其所長也。⑥

合班〈志〉敘述的「雜家」和「道家」的內容爲一，大致就是司
馬談所說黃老「道家」的內容。唯一不同的是，少了「因陰陽之
大順」。也就是說，在首先出現「道家」一詞的西漢兩位大史學
家的記載中，「道家」指的應該都是「黃老治術」，都是領導統
御綱領。但兩家的認知顯然有不同：

（一）曾經「習道論於黃子」的司馬談，儘管他也和班
〈志〉一樣，對於「陰陽之術」的內容，有「然」與「未必然」
的批判，但他站在黃老道家的立場，認定「陰陽之術」和儒、
墨、名、法學說一樣，都是黃老道家重要的思想成分。班〈志〉
則說「陰陽家」：

蓋出於羲和之官，歷記昊天，歷象日、月、星辰，敬
授民時，此其所長也。及拘者爲之，則牽於禁忌，泥
於小數，舍人事而任鬼神。⑦

所批判陰陽家的優點與缺點基本上和司馬談的觀點大抵一致：都
以順天象、節令以操作人事、農事爲陰陽家的優點；而以順逆、
忌避之事言之過於鑿鑿，陷入詭異、神祕爲缺失。

（二）但班〈志〉似乎並不認爲黃老道家有吸收陰陽學的養
分，他將陰陽家獨立爲十家之一，也入「九流」，卻與道家、雜
家不相涉，和司馬談以「陰陽術」爲黃老「道家」的重要養分不
同。

---

⑥ 清・王先謙補注《漢書補注》，頁897。
⑦ 清・王先謙補注《漢書補注》，頁893。

（三）司馬談所說的黃老之「道」，不但包括兼含各家的治國統御術，還包括了安治天下的先決條件——形、神雙養的「治身」之術。班〈志〉的「道家」，則只是清虛卑弱的治國之術，不涉及安養形、神的「治身」問題。即使結合了「雜家」，也仍然專在「治國」議題，毫不及涉「治身」。

兩家對黃老觀點的歧異，癥結安在？所述黃老「道家」的思想內容與成分，究竟孰是孰非？這牽涉到黃老道家與陰陽家說的關係問題。

首先，司馬談對「六家」與班〈志〉對「九流（十家）」論述次第不同：司馬談以「陰陽」為首，依次而儒、墨、名、法，最後才以黃老「道家」順次「兼」、「合」上述各家，代表著黃老道家的學術觀點。班〈志〉則以儒家為首，依序而道、陰陽、法、名、墨、縱橫、雜各家，代表著儒學獨尊後的學術觀點。但不論司馬談或班固，「陰陽」都名列前茅，顯示「陰陽」學在漢代史學家心目中的地位，也顯示其在先秦兩漢學術思想史上的重要性。所不同者，司馬談視之為「術」，班〈志〉則以之為入「流」之「家」。而在司馬談所述的「六家」中，儒、墨稱「者」（「儒者」四稱，「墨者」兩稱），名、法各兩稱「家」，「道家」雖兩稱「家」，卻一再強調「其術」、「其為術」，前後一致，沒有例外。各家中只有「道」與「陰陽」兩家被特指為「術」，從其一致性看來，「道」與「陰陽」同被特標為「術」，應該不無微旨，至少顯示兩家某些內容特質的緊密或關聯性。

今詳考黃老道家相關之典籍資料，其較完整可信者，確實與「陰陽」關係密切，也都同時有專門篇章詳細討論司馬談所以為

「然」或「未必然」的「四時之大順」與政令休咎問題。而不論是司馬談的「陰陽之術」還是班〈志〉的「陰陽家者流」，基本上不是施發「教令」、「為天下綱紀」，就是用以「教授民時」的，都和政教號令有關，帶著濃厚的政治功能，其和以經世、治國為宗旨與質性的黃老道家相兼相合也就是必然的事了。

二、陰陽家的源起

不論代表上古中國人自然觀的「陰陽」概念起於何時，類似司馬談所述「陰陽術」與班〈志〉所述「陰陽家」的內容，從現存最早的典籍相關記載看來，都應該是周代以後的事。《尚書・堯典》說堯「乃命羲和，欽若昊天，曆象日月星辰，敬授人時。」分令羲仲、羲叔、和仲、和叔兩家兄弟，在不同時段，分別至東方海濱暘谷之地、南方大交山南、西方昧谷、北方幽都等地方，去觀迎日出、日入情形，祠日識影，察測初昏時天上鳥星、火星、虛星、昂星等不同星象的出現，以及日、夜的均分與長短狀況，來確立二分二至，同時指導催促民間春耕、夏耘、秋收、冬藏的農事。這樣的觀象、授時，基本上是很土法煉鋼的，用的是自然的田野觀察。因此在定分、至的同時，〈堯典〉亦各在其下簡述了二分二至的物候與民間作息狀況，所謂的「仲春，厥民析，鳥獸孳尾……仲夏，厥民因，鳥獸希革……仲秋，厥民夷，鳥獸毛毨……仲冬，厥民隩，鳥獸氄毛。」[8]〈堯典〉裏這些簡短的記載，完全應合了班〈志〉「陰陽家者流蓋出於羲和之官，歷記昊天，歷象日月、星辰，敬授民時」的「陰陽家」所

---

⑧ 屈萬里《尚書釋義》（台北：華崗出版部，1972年），頁4-5。

長；也大致合於司馬談「春生、夏長、秋收、冬藏，弗順則無以爲天下綱紀」的「天道大經」說法。〈堯典〉的載記，應該是迄今所見較早也較完整的「陰陽家」說。

至《大戴禮・夏小正》，內容便多了起來，由二分二至衍成十二月，但記述天象之內容極少，每月只留一句，其餘幾全是物候與人事之相關載述，各月載述內容詳略有不同，差異也不小。今刪省其訓詁性之傳文，獨存其經，大約如下：

> 正月啓蟄，雁北鄉……九月遣鴻雁……雉震呴……正月必雷……魚陟負冰……農緯厥耒……時有俊風……寒日滌凍塗……田鼠出……農率均田……獺祭魚，其必與之獻……鷹則爲鳩……農及雪澤。初服於公田……采芸爲廟……鞠則見……初昏參中……斗柄縣在下……柳稊……梅、杏、杝桃則華……緹縞……雞桴粥。二月往耰黍禪……初俊羔助厥母粥。綏多女士……丁亥萬用入學。祭鮪……榮菫采色，采蘩田胡……昆小蟲抵蚳……燕乃睇……有鳴倉庚……榮芸，時有見稊，始收……（是小正序也）。三月參則伏……攝桑……委楊……𦎫羊……螫則鳴……頒冰……采識。妾、子始蠶。執養宮事……祈麥實……越有小旱……田鼠化爲駕……拂桐芭……鳴鳩。四月昴則見，見初昏南門正……囿有見杏……壹正……鳴札札……鳴蜮……王萯秀取荼……秀幽越，有大旱……執陟攻駒。五月參則見……浮游有殷……規則鳴……時有養白……乃瓜……良蜩鳴……興五日翕，望乃伏……啓灌藍蓼……鳩爲鷹，唐蜩鳴……初昏大

火中……菽靡……頒馬。六月初昏，斗柄正在上……
蓋當依……煮桃……鷹始摯。七月莠葽葦……狸子肇
肆……湟潦生苹……爽死……漢案戶……寒蟬鳴……
初昏，織女正東鄉，時有霖雨灌荼……斗柄縣在下則
旦。八月剝瓜……玄校……剝棗……粟零……丹鳥羞
白鳥……辰則伏……鹿人從。駕爲鼠，參中則旦。九
月內火……遰鴻雁。主夫出火……陟玄□蟄……（能
罷貊、貉、鼺、鼬）……鞠榮而樹麥……王始裘……
辰繫於日。雀入于海爲蛤。十月豺祭獸……初昏南門
見……黑鳥浴……玄雉入于淮爲蜃。織女正北鄉則
具。十一月王狩……陳肋草……嗇人不從……萬物
不通，隕麋角……十有二月鳴弋，玄駒賁……納卵
蒜……虞人入梁……，隕麋角。⑨

這應是中國最早的農民曆，也是現存較早天象、物候、農事應
合的記載。各月內容記載篇幅詳略不一：一月最長，二月次之，
十一、十二月最短，尤其是十二月。而十二個月之中，只有二
月、十一月、十二月三個月沒有天上星象的記載，此或有可能是
遺漏，而十一、二月會不會是因爲〈夏小正〉本「敬授民時」以
指導農事，十一、二兩個月農事歛藏，因不記載？而各月所載，
總以物候、農作爲主，這就是司馬氏所謂「不可失」之「大順」

---

⑨ 桂案：今本《大戴禮記・夏小正》爲傅崧卿據所藏兩種〈夏小正〉文稿匯集而成的《夏小正
傳》來。內中經傳文混集爲一，卻無說明，今據《十五經古注易讀（二）》（台北：永康出
版社影印，明・程榮校本，1969年6月），頁11-12。經傳文混集之〈夏小正〉，刪略其解說
部分之文字，只存各月天象、物候、農作、民事部分之精簡敘述，庶幾可見〈夏小正〉經文
之原貌大要。

與治政「綱紀」，亦班氏所說「陰陽家」之長。其重點既在指導農事，自然是治政要項，卻相當素樸。

但此後，不論是在黃老道家文獻的《管子》、《呂氏春秋》、《淮南子》，還是儒家文獻的《禮記・月令》中相關的陰陽說，篇幅、內容、性質都繁複了起來，其關鍵時期應該是在陰陽與五行結合之後的戰國時代，由諸如鄒衍之類的陰陽家手中完成的。有關戰國秦漢陰陽五行說的緣起與演變，個人將於下篇中詳述⑩，此不贅述，只討論司馬談所以為「未必然」和班〈志〉所說「拘者」之說衍生的因由。

細索古素樸的羲和之學所以逐漸衍生出政令得失的休咎災眚理論，應該是齊學元素的注入。梁啟超曾推定，是陰陽與五行說結合後，才在原本「平淡」且各有來歷的素樸陰陽五行說中加入「惑世誣民」的「邪說」成分，其第一位關鍵性人物是戰國時期的鄒衍。⑪而鄒衍，司馬遷在《史記・孟荀列傳》裏說他「深觀陰陽消息，而作怪迂之變」，而且好「載其機祥度制」。⑫所謂「機祥」，根據《史記・天官書》張守節正義引顧野王說：「機祥，吉凶之先也。」⑬，與《史記・五宗世家》裴駰集解引服虔說：「機祥，求福也。」⑭則所謂「機祥」，指的都是預測吉凶

---

⑩ 參見本書第二篇〈陸、從循環、代勝到主從、尊卑——戰國、秦、漢陰陽五行說的源起與演變〉。

⑪ 梁啟超《陰陽五行說之來歷》，顧頡剛編《古史辯》第5冊（上海：上海古籍出版社，1982年），頁343。

⑫ 劉宋・裴駰集解，唐・司馬貞索隱，張守節正義《史記集解》，頁939。

⑬ 見「所見天變，皆國殊窟穴，家占物怪，以合時應，其文圖籍機祥不法」句下注。（劉宋・裴駰集解，唐・司馬貞索隱，張守節正義《史記集解》，頁526）。

⑭ 見「彭祖不好治宮室、機祥」句下注。（劉宋・裴駰集解，唐・司馬貞索隱，張守節正義《史記集解》，頁84）。

禍福之事。鄒衍既被推爲戰國陰陽家的總代表，又好「機祥度制」，則後世陰陽說中的那些治政順逆與禍福休咎之說當然與之有絕對關係。甚至可以說，鄒衍不但是齊國特殊夸誕機祥學說的總代表，也極可能是在〈夏小正〉之類古素樸陰陽說之中注入這些機祥之說的關鍵人物

三、黃老陰陽術

（一）齊學與鄒衍的陰陽術

齊學是涵容裒大的學術，這是有多元的因素與長久的歷史衍承的。當年姜太公因賢智，依周代封建「尊尊」之義被封「齊」，先天上多少決定了此後齊國尊賢智的傳統。從姜齊的桓公之於管仲，景公之於晏嬰，到田齊時代《戰國策》所載諸如顏斶說齊王那些禮賢下士的例證，在在足以證明姜、田兩齊素有尊賢的傳統。此其一。其次，太公始封齊，齊地原有的殷商遺族——萊夷仍然在地。太公就封時，因此發生「萊侯來伐，與之爭營丘」的爭戰[15]。太公爲了早日完成安定封國之業，採取了「因其俗而簡其禮」，多元尊重的立國風教。果然在短短五個月之內，就完成了安定秩序的工作，回報王室。反之，同在山東，以「親親」的血緣之義分封的同姓諸侯魯國，則一方面爲周公所封，周公既是王室禮樂的製作人，又負有傳揚周王室文化與經驗的責任，因此採取「變其俗而革其禮」的策略，剷除舊有，一切重來，故晚了許多，伯禽三年後才回報王室。這在《史記‧齊世

---

[15] 劉宋‧裴駰集解，唐‧司馬貞索隱，張守節正義《史記集解‧齊世家》，頁584。

家》與《淮南子・齊俗》中有詳細載記。⑯這種立國傳統，決定
了齊國不但「尊賢」，而且「容眾」。此其二。齊國多處濱海，
產業以漁、鹽，外加工商為主，《史記・齊世家》說他們「通商
工之業，便漁鹽之利」。據林麗娥的考證，齊國的民生經濟，除
了農業外，至少仍有漁鹽、冶鐵、紡織，多元而豐富。⑰多元尊
重與開放的立國風教及產業經濟，在在促成古齊國人靈活機變、
開闊多巧的性格與文化，《太平御覽》引《春秋事語》說：「齊
人多智。」齊人不只「多智」，而且襟懷開闊，氣魄格局闊大。
此其所以成就春秋第一霸和其後戰國合縱「東帝」的條件。田齊
因承姜齊之風教與富厚，設立稷下學宮，廣納天下賢士，研學論
著，比劍「華山」，大規模的學術交流活動與優渥的資源，使當
時的齊國成為天下新舊學術文化孕育、滋長、激盪、繁衍、開展
的中心，黃老之學與陰陽學便是當時相當醒目的顯學。

　　鄒衍是齊人，又曾是大名氣的稷下先生，浸淫閎博大器的稷
下學風既久，其學說也多元而「迂大」。《史記》本傳說他「睹
有國者益淫侈，不能尚德，若大雅整之於身，施及黎庶……」，
可見他的學說原本可能也和曾經為「顯學」的儒墨尚德、愛民說

⑯ 《史記・魯世家》載：「魯公伯禽之初受封之魯，三年而後報政周公。周公曰：『何遲
　也？』伯禽曰：『變其俗，革其禮，喪三年，然後除之，故遲。』太公亦封於齊，五月而報
　政周公。周公曰『何疾也？』曰：『吾簡其君臣禮，從其俗為也。』及後聞伯禽報政遲，
　乃歎曰：『嗚呼，魯後世其北面事齊矣！夫政不簡不易，民不有近：平易近民，民必歸
　之。』」（《史記集解》，頁601）《淮南子・齊俗》也載：「昔太公望、周公旦受封而相
　見。太公問周公曰：『何以治魯？』周公曰：『尊尊親親。』太公曰：『魯從此弱矣。』周
　公問太公曰：『何以治齊？』太公曰：『舉賢而上功。』周公曰：『後世必有劫殺之君。』
　其後齊日以大，至於霸，二十四世而田氏代之；魯日以削，至三十二世而亡。」（見劉文典
　集解《淮南鴻烈集解》卷十一，頁55。）
⑰ 林麗娥《先秦齊學考》（臺灣：商務印書館，1992年），頁90-98。

有一定淵源。其後可能見效果不彰，於是轉換跑道，改益方向，一方面「深觀陰陽而作怪迂之變」，迎向新奇、神祕、怪譎的時潮，還著了「其語閎大不經」、「多機祥度制」的「終始大聖之篇十餘萬言」。就歷史而言，有由當代（東周戰國）向上推衍至黃帝時代，乃至天地未生之前，裴駰集解所謂「隨代盛衰，觀時而說事」⑱「窈冥不可考原」的大論，撇開武力爭奪的事實，設定五德相剋爲天下政權轉移軌則的「五德終始說」，所謂的〈主運〉之類論著，尤其令他大紅大紫地成名。就地理言，他也大大突破傳統華夏本位、我族中心的狹隘地理觀，而有所謂「大九州」說。司馬遷說：「其術皆此類也。」要其歸趣，則仍是「仁義、節儉、君臣、上下之施」，⑲回歸儒墨的道德、人倫。司馬遷總評這一切說：「其言雖不軌，儻亦有牛鼎之意乎？」雖然判定鄒衍其言多「不軌」，司馬遷仍甚愛其「奇」。⑳「奇」不但是鄒衍學術的特質，也是齊學的重大特色之一。《莊子》曾經說，有一本書叫《齊諧》，「志怪者也」，顯然是與齊人、齊文化相關的文獻，莊子說它是「志怪」之書，「志怪」正說中了齊學的特色。博大富盛的田齊稷下學宮，其文化與學術五花八門，無所不包，其迂大閎闊、怪奇夸誕的學術氣象與特色是必然的。今觀鄒衍的學術，其書雖多亡佚不傳，但根據史遷本傳的記載，既說「其『術』皆此類」，則「怪迂之變」、「閎大不經」、「多機祥」、「窈冥不可考原」、「不軌」的風格，都是鄒衍學

---

⑱ 劉宋・裴駰集解，唐・司馬貞索隱，張守節正義《史記集解》，頁939。

⑲ 劉宋・裴駰集解，唐・司馬貞索隱，張守節正義《史記集解》，頁939。

⑳ 見《史記・孟子荀卿列傳》索隱引譙周之說。（劉宋・裴駰集解，唐・司馬貞索隱，張守節正義《史記集解》，頁940）。

術紅遍天下的關鍵。相形之下，其始「尚德」，歸於道德、節儉、人倫的儒、墨觀反倒不顯眼。這樣的學術風格完全符合齊學閎大、夸誕的特質；換句話說，正是典型的齊學與齊文化的產物。以這樣的學術偏向與風格，去觀測「陰陽消息」，推闡、操作古羲和之學，焉能不歧出於古〈夏小正〉以觀天象、授時、農作為宗旨的素樸天文學，轉而為富含機祥、災眚的天人政綱？

　　值得注意的是：司馬談不但說治國、治身的黃老「道家」是一種「術」，陰陽學也是「術」，鄒衍的學說在司馬遷看來，同樣都是「術」，故總括其學曰：「其術皆此類也。」可見黃老道家之說、陰陽說與鄒衍之說在司馬遷心中都是可以實際操作的法則或方案，他稱述其他各家並不如此。換言之，黃老術、鄒衍術與陰陽術確實有一定的類同質性與關聯。

（二）黃老道家的陰陽說

1.《管子・四時》、〈五行〉的陰陽說

　　鄒衍這類充滿機祥、夸誕齊風的學術風格顯現在陰陽說上的成果，較早在田齊稷下學宮集體著作《管子》中就已有相當的呈現。《管子・四時》說：

> 管子曰：令有時，無時，則必視順天之所以來……唯聖人知四時。不知四時，乃失國之基。不知五穀之故，國家乃路。……陰陽者，天地之大理也；四時者，陰陽之大經也……[21]

---

[21] 安井衡纂詁《管子纂詁》卷十四，第四十，頁8-9。

至此，都還在司馬談所說「四時之大順」，「弗順則無以爲天下之綱紀」的範圍之內。但它緊接著又說：「刑德者四時之合也，刑德合於四時則生福，詭於四時則生禍。」此處所謂「刑德」，應該是較爲初樸的義涵，指因自然節候的孳長、凋零所啓悟衍生的政令——賞罰、生殺。因爲根據〈四時〉其後的解釋：「陽爲德，陰爲刑。……德始於春，長於夏；刑始於秋，流於冬，刑德不失，四時如一。」政令的賞罰生殺，配合節令的長養、衰亡則得福，詭違則生禍。這類說法已開啓機祥災眚之端。〈四時〉接著又說：

> 東方曰星（安井衡釋「生也。」），其時曰春。其
> 氣曰風。風生木與骨，其德喜嬴而發出節時，其事
> 號令，修除神位，謹禱弊梗，宗正陽，治隄防，耕
> 芸樹藝，正津梁，修溝瀆，甃屋行水，解怨赦罪，通
> 四方。然則柔風甘雨乃至，百姓乃壽，百蟲乃蕃，
> 此謂星德。星者掌發爲風，是故春行冬政則雕，行秋
> 政則霜，行夏政則欲。是故，春三月，以甲乙之日發
> 五政：一政曰論幼孤，舍有罪；二政曰賦爵列，授祿
> 位；三政曰凍解，修溝瀆，復亡人；四政曰端險阻，
> 修封疆，正千伯（阡陌）；五政曰無殺麑夭，毋蹇華
> 絕芋；五政苟時，春雨乃來。[22]

然後依次是各方、各時之號令、逆時發令之災眚，及合時之「五政」。此下對南、中、西、北各方之敘述，亦大致依此模式，唯獨南方「夏」缺「五政」的敘述，不知是否傳本遺佚？其配屬則

---

[22] 安井衡纂詁《管子纂詁》卷十四，第四十，頁9-10。

依次是：

> 南方：日、夏、陽、施舍修樂；
> 中央：土、輔四時入出，以風雨節土益利，和平用
> 均，中正無私；
> 西方：辰、秋、陰、變哀、敬正嚴順；
> 北方：月、冬、寒、淳越、溫怒周密。

從上列各項配屬，可以看出「五行」與「陰陽」之結合尚在演化階段，並未完成，然而對於中央「土」德的安置，一種居中策應的一統氣象已隱然成形。此其一。

其次，依各時所述內容看來，節令、農事、物候雖仍記載，卻相當簡略，大篇幅敘說的盡是人事與政令，重點功能已有所轉移，明顯由農事轉向政治。在論完「四時」、「五政」之後，作者並且說：

> 是故春凋、秋榮、冬雷、夏有霜雪，此皆氣之賊也。
> 刑德易節失次則賊氣速至……則國多菑殃。是故聖王
> 務時而寄政焉，作教而寄武，作祀而寄德焉，此三
> 者，聖王所以和於天地之行也。㉓

〈四時〉甚至說：

> 聖王日食則修德，月食則修刑，彗星見則修和，風與
> 日爭明則修生。此四者，聖王所以免於天地之誅也。
> 信能行之，五穀蕃息，六畜殖而甲兵強。㉔

㉓ 安井衡纂詁《管子纂詁》卷十四，第四十，頁14。
㉔ 安井衡纂詁《管子纂詁》卷十四，第四十，頁14-15。

對這一切，執政者要在意，故曰「王室必理，以爲久長，不中者死，失理則亡。」^㉕這應是戰國以下氣化的天人感應、災異說。固不待漢代董仲舒之始創，推求其源，《管子‧四時》，甚至《尚書‧洪範》第九疇的「嚮用五福，威用六極」固早已言及了。

到了〈五行〉篇，「五行」的劃分與配屬很明確，依次配了五官（「六相」）、五位、五鍾、五色，^㉖卻未見陰陽之結合，全文只有一句涉及陰陽：

> 通乎陽氣，所以事天也，經緯日月，用之於民；通乎
> 陰氣，所以事地也，經緯星曆，以視其離。^㉗

將陰陽與天地、日月、星曆的搭配做了歸分，卻不涉及與陰陽的連結或配屬關係，所顯示的應是「陰陽」與「五行」仍各自區分，尚在磨合，未臻完成的狀況。

唯〈五行〉雖不明言陰陽，而以干支與五行之配屬、政令施發之順逆，與所致之休咎、災眚爲主，然其以「七十二日」爲階段時程，配合五行、五德，剛好五階段，合共一年三百六十日，顯然已將四時循環的思維納入其中，並以之爲循環期程的基本骨

㉕ 安井衡纂詁《管子纂詁》卷十四，第四十，頁15。

㉖ 「五官」（六相）、「五位」依次是：蚩尤，明天道，為當時；奢龍，辨東方，為工師（春）；大封，辨西方，為司馬（秋）；太常，明地道，為廩者；祝融，辨南方，為司徒（夏）；后土，辨北方，為學（冬）。漢‧董仲舒撰，清‧凌曙注《春秋繁露注》，頁384-385。「五色」、「五鍾」依次是：「一曰青鍾……二曰赤鍾……三曰黃鍾……四曰景鍾……五曰黑鍾。五鍾既調，然後作立五行以正天時，五官以正人位。人與天調，然後天地之美生。」

㉗ 安井衡纂詁《管子纂詁》卷十四，第四十，頁17。

幹，㉘則陰陽五行的結合至此已顯其端倪。

2.《呂覽》、《淮南》一系黃老偏道的陰陽五行政綱

　　結合《大戴禮・夏小正》的天象、物候、農事與《管子・四時》的四時、天候、方位、日辰、時德、號令、王政、天人氣應，暨《管子・五行》的「五行」——官、相、位、聲、德、色、干支、時政、政令順逆休咎，到了《呂氏春秋》十二紀，又增入了日、音、律、數、味、臭、祀、祭、食、器，加上〈夏小正〉、〈四時〉、〈五行〉本有的天象、物候、農事、時、德、政、令、災眚，終於建構了一幅統合天、地、人、事、物、天文爲一，巨大無比，天道、政道一體共構相繫的施政大藍圖。下至漢代集黃老理論大成的《淮南子・時則》總承這一切，卻省減了「日（天干）」，增了「辰（地支）」、「樹」，少了「帝」、「神」，增了「官」，體式完全一致，句式卻更整齊，文字也更緊湊潔整，各月篇幅均勻一致，充分顯現了古義和陰陽之學發展爲明堂大用之極致，也明白展示了一切天人事物在「爲治」的大前提下，一統繫聯的黃老道家「因陰陽之大順」盛況。自〈夏小正〉以來的天人統合論述，至《淮南子・時則》算是最氣派的豪

㉘　《五行》載五行之循行與施政休咎各曰：「日至，睹甲子，木行御，天子出令（順政得福），七十二日而畢。睹丙子，火行御，天子出令（順政得福），七十二日而畢。睹戊子，土行御，天子出令（順政得福），七十二日而畢。睹甲（庚）子，金行御，天子出令（順政得福），七十二日而畢。睹壬子，木（水）行御，天子出令（順政得福），七十二日而畢。睹甲子，木行御，天子（逆政致災），七十二日而畢。睹丙子，火行御，天子（逆政致災），七十二日而畢。睹戊子，土行御，天子（逆政致災），七十二日而畢。睹庚子，金行御，天子（逆政致災），七十二日而畢。睹壬子，水行御，天子（逆政致災），七十二日而畢。」（安井衡纂詁《管子纂詁》，頁18-20）。

華版了。以下試舉「孟春」爲例，以見一斑，其餘十一個月的配屬同此：

> 孟春之月，招搖指寅，昏參中，旦尾中。其位東方，其日甲乙，盛德在木，其蟲鱗，其音角，律中太蔟，其數八，其味酸，其臭羶，其祀戶，祭先脾。東風解凍，蟄蟲始振蘇，魚上負冰，獺祭魚，候雁北。天子衣青衣，乘蒼龍，服蒼玉，建青旗，食麥與羊，服八風水，爨其燧火。（下敘配合時令之政事與逆政災眚）正月官司空，其樹楊。㉙

以上是黃老偏道家一系陰陽說之發展與載述狀況。

3. 黃老刑名家的陰陽論

成書時代與〈四時〉應該相去不遠，一九七三年與帛書《老子》一同出土於長沙馬王堆三號漢墓，被唐蘭推定爲即是〈漢志〉「道家」類所著錄《黃帝四經》的黃老帛書，個人以爲，它和司馬談〈論六家要旨〉可視爲測知黃老道家思想內容的兩把標準尺。其中和篆體《老子》合抄的，被整理小組題爲〈伊尹・九主〉的古佚文獻說：

> 志曰：天，曰□□四時，覆生萬物，神聖是則，以配天地。體數四則，曰天綸，唯天不失法，四綸成則。古今四綸，道數不忒。㉚

㉙ 劉文典集解《淮南鴻烈集解》卷十一，頁55。

㉚ 河洛圖書出版社編輯部《帛書老子》，頁164。

與隸體《老子》合抄的〈經法・論約〉也說：

> 始於文而卒於武，天地之道也；四時有度，天地之理
> 也；日月星辰有數，天地之紀也；三時成功，一時刑
> 殺，天地之道也。四時時而定，不爽不忒，常有法
> 式，□□□□，一生一殺，四時代正，終而復始，
> 〔人〕事之理也。逆順是守，功溢於天，故有死刑。
> 功不及天，退而无名；功合於天，名乃大成，人事之
> 理也。順則生，理則成，逆則死，失□□名。倍天之
> 道，國乃无主。③¹

〈經法・道法〉又說：

> 天地有恒常，萬民有恒事，貴賤有恒位，畜臣有恒
> 道，使民有恒度。天地之恒常：四時、晦明、生殺、
> 柔剛；萬民之恒事，男農，女工；貴賤之恒位，賢不
> 宵（肖）不相妨。畜臣之恒道，任能毋過其所長；使
> 民之恒度，去私而立公。③²

上文所說雖然仍是司馬談所說：陰陽、四時、八位、十二度、
二十四節、順逆、生死、興亡之事，卻完全沒有自然的天文、物
候、農作實況與現象敘述，只剩天秩條理，而且全部都是政治
綱紀、人事事物與天秩條理的應合，完完全全轉入了刑名政術，
完成了道法結合的黃老治術與君綱。這一部分雖合天人，卻既不
「怪奇」，也不「迂大」，這是黃老陰陽說在法家「治國」綱領
方面的貢獻。

---

③¹ 河洛圖書出版社編輯部《帛書老子》，頁206。
③² 河洛圖書出版社編輯部《帛書老子》，頁194。

在馬王堆與〈經法〉、篆體《老子》合抄的乙匣黃老帛書〈稱〉中，另有一大節對「陰陽大義」的論述。全篇雖論「陰陽」，卻與〈伊尹‧九主〉與〈經法〉一樣，既不涉及如〈夏小正〉一系的天文、風候、物象或農事，也不見如〈四時〉、〈五行〉之天人相應政令休咎，只將「陰陽」作了明確的二元歸分，從而將一切天人事物置入配屬：

> 凡論必以陰陽□大義：天陽地陰，春陽秋陰，夏陽冬陰，晝陽夜陰。大國陽小國陰，重國陽輕國陰。有事陽而無事陰，信（伸）者陽而屈者陰。主陽臣陰，上陽下陰，男陽〔女陰〕，〔父〕陽〔子〕陰，兄陽弟陰，長陽少〔陰〕，貴〔陽〕賤陰，達陽窮陰。娶婦生子陽，有喪陰。制人者陽，制於人者陰。客陽主人陰，師陽役陰，言陽〔默〕陰，予陽受陰。諸陽者法天，天貴正，過正曰詭。諸陰者法地。[33]

它將一切正面價值的人事事物歸屬「陽」，負面價值的事物歸屬「陰」，並以天、地為軸線，將一切陰陽事物串聯起來，相當澈底地完成了一切天人事物的二元配屬。雖不直言尊卑，卻明顯有著尊卑的義涵。看似矛盾的是：明明說「貴陽賤陰」，已將一切配屬「陽」的事物拉抬到配屬「陰」的事物之上，又繫陽於天，繫陰於地了；末了卻仍然一本《老子》一系道家的立場，叮嚀地德的安柔雌節。顯見黃老對《老子》的依違與改造，乃在《老子》尚雌柔的基本教義下，挺進法家崇陽尚霸的事實需求，力求在兩者之間取得一定的平衡與調和。但〈稱〉的「陰陽大義」只

---

[33] 河洛圖書出版社編輯部《帛書老子》，頁231-232。

論陰陽，並不涉及「五行」，所論又全是人事、政治事務，絲毫不見四時節序、風候之天地大經。取以和〈九主〉、〈經法〉的陰陽論述合觀，可以看出黃老刑名家的陰陽論。

以上是黃老偏道、偏法兩系陰陽說在先秦兩漢之發展狀況。要之，黃老道家在治國方面基本上當然是道、法結合；但從其參采陰陽說的角度，亦即「因陰陽之大順」的情況看來，卻有偏道、偏法的不同。換言之，偏「道」一系基本上如班〈志〉、〈堯典〉所言，循著〈夏小正〉一系去發展，經過《管子·四時》、〈五行〉、《呂氏春秋》十二紀、《淮南子·時則》的推衍，重在觀天授時，關切物候、農作，乃至一切民生事物與政務的天人合則。雖也大篇幅地描寫並強調順政、逆政的休咎，關注焦點卻始終在民、在農、在人事的吉凶禍福，故保留較多古天文記載與知識。其偏法一系則不同，他們所關切的不在人，而在政；不在民務，而在政治操作。他們雖也強調天秩規律，對天秩規律卻缺乏溫情的深入體察與關切，只是希望從中提煉出他們所要的政綱──刑名，以方便政治操作。他們要的是天秩的硬體架構，認為那可以移用於政術的操作，而達到良好的成效，雖也同樣講順逆天秩問題，卻只及硬體的軌則框架，並不涉及溫軟的天秩內容，因為目的只要尋求一種可以依據套用的硬體模式，以架構其政術。目標在政治的操作技術，在乎的是統御的成敗，而不是政治良窳對人事的吉凶禍福。故從不關切，也不深入知解其所欲操用的天秩內容，這是黃老偏法一系刑名家的陰陽說和黃老偏道一系陰陽說之不同。在黃老刑名家的陰陽說中，古義和天文之風候記載和民事關懷已不可見。

4. 黃老養生家的陰陽術

　　誠如司馬談所說，黃老道家不僅重治國經世，也重治身養生，其論治身養生亦與陰陽有密切關聯。換言之，黃老道家的治身之術也和其治國之術一樣地多「因陰陽之大順」，這我們不但可以從流傳於西漢，卻應是總集先秦以來醫學大成之偉大著作——《黃帝內經》的陰陽五行衛生、攝生醫理中得到有力明證，更可以逆溯到馬王堆出土的眾多方技、房中之類古佚文獻，諸如：〈天下至道談〉、〈陰陽十一脈灸經〉、〈足背十一脈灸經〉、〈陰陽脈死候〉等中的陰陽大論。亦可以下沿至漢代黃老要籍——《老子河上公注》、《老子想爾注》中的陰陽養生說。在在皆可證明，治身治國兼論的黃老之學，不論論治身，還是治國，都如司馬談所說，確實「因陰陽之大順」，和陰陽學有著密切關係。唯治身養生的黃老陰陽術，牽涉輻度更大，層面更廣，所涉及專業更甚。本文所論，一方面因時間關係，一方面因篇幅所限，對於這方面議題姑捨不論。

四、〈漢志〉「道家」不「兼」陰陽說

　　基於前文的討論，我們可以知道，司馬談〈論六家要旨〉將黃老道家與陰陽術牽合關係是正確無誤的。剩下的問題是：班〈志〉所述「道家」為何不覺其與「陰陽家」有關的問題。個人以為，陰陽學既源於古羲和之學，戰國時期雖經黃老蘊生地——稷下學宮的滋補孕育，但其後經稷下先生鄒衍等人的推闡茁壯，終於發展成為滲透性極強的學術風潮，普遍瀰漫於戰國秦

漢的各類型學術思想中，成爲古中國社會、文化、政治各方面潛隱的巨大成分與元素，不唯黃老「道家」，即使儒家文獻的《禮記·月令》與董仲舒的儒術中，或承襲〈夏小正〉、〈四時〉、〈五行〉一系的陰陽說，架構出和《呂覽》十二紀，以及《淮南子·時則》極其類似的天人政綱；或利用、改造馬王堆黃老帛書〈稱〉中的「陰陽大義」，架構其尊君卑臣、一統獨尊的三綱說。因此，班固站在儒學獨尊的立場看來，「陰陽家」說應該是公共的學術資產，各家皆采，非「道家」所獨「因」，故獨立成家，而不言其與「道家」的關係。但就陰陽學究天人及其重天道、天象、物候等自然元素的基本特質而言，司馬談的眼光還是敏銳獨具的。

結　論

「道家」之稱始於漢代司馬談的〈論六家要旨〉與班固〈漢志〉，二人所述「道家」內容之歧異在於黃老「道家」與陰陽家是否有密切關係的問題。今就兩家所述「道家」之內容與特質看來，司馬談統稱黃老「道家」、鄒衍之學與陰陽之說爲「術」，清楚說明了三者在應用質性上的類同。其次，上溯周代以來，下至戰國、秦漢重要的出土或傳世文獻典籍，知其不論就黃老道家發源地稷下學宮的淵源——齊學、齊文化的誇大、奇譎特質，還是戰國光大陰陽學的關鍵人物——鄒衍「好怪迂」、「多機祥」、「閎大不經」的學術風格看來，都和戰國、秦、漢黃老道家要籍：《管子·四時》、〈五行〉、馬王堆黃老帛書、《呂氏春秋》十二紀、《淮南子·時則》中的陰陽五行說有密切的淵承

與衍化關係。所不同的，在《管子》、《呂覽》、《淮南子》等黃老偏道家的典籍中，儘管篇幅長短不一，內容詳略有別，所搭配的天人事物與元素越後越多，對逆政災眚的強調越後越重；基本上卻都上承《大戴禮・夏小正》與《尚書・堯典》一系，古中國農事、物候與天文之載記傳統，從未遺棄自然天象、物候與人事行爲之循環、順應與和諧圓滿，叮囑忌避政令之違逆自然，此中雖有太史談所不以爲然與班〈志〉譏爲拘泥之處，卻從不離棄其自然根源。明白顯示了黃老道家重自然以「因陰陽」的特質。黃老刑名家則不同，其說陰陽，重在以天秩規律或陰陽爲間架依據，建構其刑名政綱，故缺乏對自然天象與物候、農事的溫潤關懷。只關切此一刑名操作之失當、失準，將使政治秩序崩解失靈，這是黃老偏法一系學者對陰陽之術的推衍與操作，也是黃老道、法兩系學者對陰陽術推闡之不同。

此外，在司馬談〈論六家要旨〉的論述中，黃老道家之「術」除了治國之術外，尚有爲「治天下」者服務的治身、養生之「術」。這點也爲班〈志〉「道家」所無。在司馬談心目中，治身養生術與治國政術是一體互依，不可切割的，其「術」當然也應「因陰陽之大順」，和陰陽家有密切的關係。從傳世的《管子》四篇，尤其是漢代醫學寶典《黃帝內經》與解《老》大作《老子河上公章句》、《老子想爾注》，暨近世出土的馬王堆醫書、房中文獻看來，在在證明黃老道家養生方技文獻和陰陽學之關係密切。總之，司馬談站在黃老道家的立場，「道家」之「術」不論治身治國都「因陰陽之大順」。班〈志〉站在儒家立場，深見戰國秦漢以下陰陽學之強大滲透與傳衍能量，早成公共資產，非黃老「道家」所獨「因」，故獨立成家，不「兼」入「道家」。

陸、從循環、代勝到主從、尊卑
——戰國、秦、漢陰陽五行說的源起與演變

前　言

　　陰陽五行是傳統中國學術、文化中重要而獨特的成分。對於它們的源起、演變及其結合、發展的狀況，歷來各家有不同的推斷，最早可以追溯到史前時代人類對自然的解釋，及其生活、生產、經驗、模式與巫覡文化的構思。[①]司馬遷在《史記‧曆書》中說：「黃帝考訂星曆，建立五行，起消息。」[②]「消息」指「陰陽」此消彼長的運行狀況。司馬遷認為，結合陰陽與五行為一，用以詮釋自然現象，可以推早到黃帝部族時代。這些說法基本上都是泛泛地將零散未成形的陰陽五行思維竭盡所能地在上古人類的歷史文化中尋覓蛛絲馬跡的關聯。事實上，儘管有諸多紛紜不齊的說法，學者們的論點，大致仍有一定的共識與交集，基本上都清楚：（一）陰陽與五行原本各自獨立，各有來歷。（二）不論何者先萌生，其能量大放，發展最盛旺的時期，是春秋以後的戰國、秦、漢之際。

---

① 劉九生《循環不息的夢魔——陰陽五行觀念及其歷史文化效應》（北京：國際文化出版公司，1989），頁2-3。

② 劉宋‧裴駰集解，唐‧司馬貞索隱，張守節正義《史記集解》，頁497。

一、陰陽五行的來歷與分流

從相關文獻看來，甲骨文只見「陽」（阳）字，為日照之處，不見「陰」字，現存的甲金文都不見陰、陽連用之例，至《詩經·大雅·公劉》始見陰陽連用，③其意是指日之向、背，都是對自然現象的體察。《尚書》與《周易》經文中都不見「陰陽」一詞。一般學者最常舉證的例子是《國語·周語》伯陽父推斷地震的成因，是「陰伏而不出，陽迫而不能蒸」、「陽失其所而鎮陰」，④換言之，是陰、陽之氣內蘊不和調，鬱積不舒散所致，這是從氣化觀點詮釋非常的自然現象。春秋以後，相關於陰陽的記載多了起來，不僅用以解釋自然現象，也用以推斷人事禍福，尤其是《易》傳，從繫辭、彖、象、文言到說卦，都有相關於「陰陽」的論述。換言之，《易》傳將前此零散的陰陽說與《周易》原本的占筮功能密切結合，逐漸系統化其理論。⑤

至於「五行」，較早的記載見諸《尚書·甘誓》的「有扈氏威侮五行、怠棄三正」。⑥但〈甘誓〉只將「五行」與「三正」對列，並未對它們的內容有所說明。至〈洪範〉論述治天下的「九疇」時，不但將「五行」列為第一要項，並且明指其內容

---

③ 〈公劉〉說：「既景乃崗，相其陰陽。」見《重刊宋本毛詩注疏》（台北：藝文印書館景嘉慶二十年江西南昌府學開雕本），頁620。

④ 周·左丘明撰，三國·吳·韋昭注《國語韋昭注》（台北：藝文印書館景天聖明道本《國語》），頁23。

⑤ 陸玉林、唐有伯合著《中國陰陽家》（北京：宗教文化出版社，1996），頁10-11。

⑥ 屈萬里《尚書釋義》，頁39。

爲：水、火、木、金、土，又逐一爲它們安插了質性與味道。
「五行」是有屬性與味道的物質。學者釋「三正」爲正德、利
用、厚生，則與之相對應的「五行」即使不是物質性的東西，至
少也不是神祕、詭異之物，〈洪範〉以水、火、木、金、土爲五
行，意指各種民生日用物質或元素。〈甘誓〉之意則似說：有
扈氏跋扈專制，罔顧民生，天將滅絕之。從《尚書》兩起對「五
行」的載記看來，「五行」並無神祕的宗教義涵。但劉九生說：
在商代的卜辭中，「已有東土、南土、西土、北土與中商的五方
觀念，有祭祀五方神的儀式」，只是尚未納入「五行」系統。[7]
「五行」及其配屬系統的形成與出現，從現有文獻資料看來，至
早要到春秋以後。值得注意的是：五行的論述次序，在〈洪範〉
是水、火、木、金、土，在《左傳》是木、火、金、水、土（詳
後引論），春秋戰國以後的文獻記載，「五行」配屬及其相生相
勝狀況，對五行的順序安排，除了將「土」置中，以示其總統四
行之外，大致都依木、火、土、金、水的順序去配屬與論述，沒
有再回到〈洪範〉的水、火、木、金、土。只有《尚書大傳》以
「水火」、「金木（木金）」、「土」爲序，幾同於〈洪範〉。
而大傳與〈洪範〉撰作時代相去雖遠，基本上都是《尚書》系
統。〈洪範〉「五行」將「水」列首，又配以質性與顏色，很合
理。因爲〈洪範〉的來歷，被稱說是大禹治水成功，天的賞賜。
先不說「水」爲生命之源，光就禹是治水英雄一端而言，大禹與
「水」對話了19年，當然深知水的質性與功能。《尚書大傳》
承《尚書》而作，其「五行」列序幾同於〈洪範〉，也就是必然
的事了。由此可以看出，在「五行」尚未有配屬、歸分的時期，

---

[7] 劉九生《循環不息的夢魘——陰陽五行觀念及其歷史文化效應》，頁5。

其列序是以「水」為首，金、土殿後的。到了春秋戰國以下，五行開始有了歸分與配屬，便將「土」居中策應四行，而以木、火、土、金、水的順序被確定了下來。這種配屬與歸分應該是在「五行」與「陰陽」逐漸結合之後所產生的。

從〈洪範〉與《尚書大傳》看來，「五行」在未有配屬之前，其義涵是很素樸的，「陰陽」原本也指運作宇宙的自然能量。但，兩者結合之後，質性、功能與內容都產生了巨大的變化。

陰陽與五行何時開始合流很難確切斷定，但依司馬遷的說法，從黃帝開始。這樣早的推斷，可信度不高。但從《尚書》只載「五行」，不涉「陰陽」；《易》傳只推衍陰陽，不及「五行」看來，陰陽與五行的結合，不可能早於春秋時期，而以戰國較為可能。因為從春秋時期的古文獻《國語》、《左傳》的記載看來，雖已論及「陰陽」、「五行」，卻仍是各自表述，不相結合。《左傳》昭公三十二年說：「天有三辰，地有五行。」《國語‧魯語上》載展禽之說，對「三辰」、「五行」有相應的補述，說「及天之三辰，民所以瞻仰也；及地之五辰，所以生殖也。」可見所謂「五行」，指的是地上的自然資源。《國語‧鄭語》又說：「先王以土與金、木、水、火雜，以成百物。」已凸顯出「土」行的特殊性了，「土」是成百物的主體與基礎。《左傳》昭公二十五年也載子產之說：「則天之明，因地之性，生其六氣，用其五行。」顯然「五行」是歸之於地的，是地上的生物資源。這樣的「五行」基本上和《尚書》一系的五行義涵大致相合。

　　然而，繼卜辭的五方土與五方神祭之後，《左傳》昭公二十九年也有了「五行」之官、神配屬：木官之神稱句芒，火官之神是祝融，金官之神名蓐收，水官之神稱玄冥，土官之神曰后土，「五行」開始有宗教性的配屬，然仍只記「五行」，不涉「陰陽」。

　　總之，在「陰陽」與「五行」未相結合之前，「陰陽」指稱運作宇宙的兩股質性相異的動力，「五行」偏指地面上的自然資源與物質元素，各自原本的面貌相當素樸。其所以變得繁複、神祕、詭異，是在兩者結合之後，用以串連一切天人事物，構成制式的配屬系統之後。其時間，從上述《尚書》、《易》傳、《國語》與《左傳》大致都還素樸的情況看來，最早不會早過《左傳》的春秋時代。梁啟超因此推斷：

> 春秋戰國以前，所謂陰陽五行，其語甚罕見，其義極平淡，且此二事從未嘗並為一談，諸經及孔、老、墨、孟、荀諸大哲未嘗齒及，然而造此邪說以惑世誣民者誰邪？其始蓋起於燕、齊方士，而其建設之、傳播之，宜負罪責者三人焉，曰鄒衍，曰董仲舒，曰劉向。⑧

梁氏從傳世經、子文獻的展現狀況，推定陰陽、五行說結合的時間上限；並舉鄒衍等三人作為戰國、秦、漢時期陰陽五行說的關鍵性代表，是很精確的。

---

⑧ 梁啟超〈陰陽五行說之來歷〉，顧頡剛編《古史辨》冊5（上海：上海古籍出版社，1982年），頁343。

二、陰陽、五行的合流與天人配屬

「陰陽」原本既以指稱流行於自然界的兩種質性相反的動力，「五行」原本既以指稱地上的各種自然資源與元素，當陰陽與五行結合後，陸玉林說，從此：

> 五行……有了運轉的動力……陰陽則有借以發生和推動的所在。……兩者的結合，……構成可以系統地解說宇宙社會與人生的理論圖式。⑨

這就是《管子·四時》、〈五行〉以下，《呂氏春秋》十二紀、《淮南子·時則》以迄《春秋繁露》諸多陰陽、五行篇章中所顯現，繁複的天人共構、陰陽消長、五行生勝，甚至引致災眚休咎的天人相應藍圖。

梁啟超雖然以鄒衍為「陰陽」與「五行」合流的第一位代表人物，但鄒衍的相關著作都已亡佚，無由印證其合流之說的詳細內容，僅能從《史記·孟荀列傳》相關鄒衍的記載中去揣測其大要。〈孟荀列傳〉說鄒衍：

> 後孟子。……乃深觀陰陽消息，而作怪迂之變，終始大聖之篇十餘萬言。其語閎大不經，必先驗小物，推而大之，至於無垠。先序今以上至黃帝，學者所共術，大並世盛衰，因載其禨祥度制，推而遠之，至天地未生，窈冥不可考而原也。⑩

---

⑨ 陸玉林、唐有伯合著《中國陰陽家》，頁13。

⑩ 劉宋·裴駰集解，唐·司馬貞索隱，張守節正義《史記集解》，頁939。

其學說以陰陽消長為基礎，其性質在常人看來是「怪迂」、「閎大不經」，而好言機祥度制。其論證模式是由小論大，由近推遠。就地理而言，是無止境的「閎大」；就歷史而言，是無起源的「窈冥」。

就無止境的地理言，他「先列中國名山、大川、通谷、禽獸、物類所珍因而推之，及海外人之所不能睹。」這應是指的「大九州」說，後續史遷並對這「大九州」說有較具體詳細的內容介紹。

就「窈冥」難推起源的歷史言，鄒衍：「稱引天地剖判以來，五德轉移，治各有宜而符應若茲。」這應是指歷史上朝代的政權轉移，依五行相剋循環輪遞，當旺時有德、色相應的「五德終始」說，亦即其為感念燕昭王的厚待而作的〈主運〉一系學說。憑藉這兩大類學說，鄒衍由儒入陰陽，轉換跑道成功，成了當代的大紅人。可惜著作亡佚，因此無由知其結合陰陽與五行兩大系為一的詳細內容。其部分理論或許保留於《管子》、《呂氏春秋》、《淮南子》，尤其是董仲舒的學說理論中。

（一）《管子‧四時》、〈五行〉中的早期磨合

與鄒衍同時或稍後的戰國時代，在田齊稷下學宮的集體著作《管子》的〈四時〉、〈五行〉篇中，我們看到了陰陽推動四時之輪替，及其與五方之搭配與政令順逆之休咎災眚記載。〈四時〉說：

> 陰陽者天地之大理也，四時者陰陽之大也，刑德者四

時之合也。刑德合於時則生福，詭則生禍。[11]

清楚點明了全文的宗旨是要論述一年四季中陰陽刑德之輪替與運行。接著敘述春、夏、秋、冬四時之天文、風候、物象、當興之政事，及其政事之休咎、災眚，「五行」也被夾配其中，卻只是非主軸的配件。它說：

春、夏、秋、冬將何行？東方曰星（安井衡注：「生也」）。其時曰春，其氣曰風，風生木與骨。其德……其事……春行冬政則雕（凋），行秋令則霜，行夏政則欲。是故春三月，以甲乙之日發五政，……。五政苟時，春雨乃來。南方曰日（安井衡注「時也」），其時曰夏，其氣曰陽，陽生火與氣，其德……其事……以動陽氣，……。中央曰土，土德實，輔四時入出，以風雨節土益力……其德……春贏育，夏養長，秋聚收，冬閉藏。大寒乃極，國家乃昌，四方乃朝，此謂歲德。……夏行春政則風，行秋政則水，行冬政則落。是故夏三月，以丙丁之日發五政，……五政苟時，夏雨乃至也。西方曰辰（安井衡注：「日月所會曰辰。辰，振也。」），其時曰秋，其氣曰陰，陰生金與甲，其德……，其事……秋行春政則榮，行夏政則水，行冬政則耗。是故秋三月，以庚辛之日發五政，……五政苟時，五穀皆入。北方曰月，其時曰冬，其氣曰寒，寒生水與血（安井衡注：「水氣寒，位在北方，血之於人，水類也。」）其

---

[11] 安井衡纂詁《管子纂詁》卷十四，第四十，頁9。

德……其事……冬行春政則泄，行夏政則霜，行秋政
則旱。是故冬三月，以壬癸之日發五政，……五政苟
時，冬事不過，所求必得，所惡必伏。是故春凋、
秋榮，冬雷、夏有霜雪，此皆氣之賊也。刑德易節
失次，則賊氣遬至，賊氣遬至，則國多薔殃。……
日掌陽，月掌陰，星掌和。陽爲德，陰爲刑，和爲
事，……德始於春，長於夏；刑始於秋，流於冬，刑
德不失，四時如一。……不中者死，失理者亡。⑫

上文明顯呈現出幾個議題：

1. 五行已被運用夾摻於四時、方位與政令災眚的搭配，依
   序表列如下：

位	東	南	中	西	北
德	星	日	歲	辰	月
時	春	夏		秋	冬
氣	風	陽		陰	寒
生	木、骨	火、氣	土	金、甲	水、血
事（號令）	（以德配合其行事）		（和）	（以德配合其行事）	
日	甲乙	丙丁		庚辛	壬癸
政	發五政	發五政	輔四時入成歲德	發五政	發五政
逆政災眚	凋、霜、欲	風、水、落		榮、水、耗	泄、霜、旱

從上表看來，「五行」只是配件之一，四時、陰陽、刑德之輪

---

⑫ 安井衡纂詁《管子纂詁》卷十四，第四十，頁8-15。

替發政與順逆休咎才是主體，但土德居中以輔成（和）。四行（四季）的觀念已然形成，只是位置的安排上有些尷尬，夾插在「南（夏）」的敘述中，將它切隔成兩半，且在十日（干）的安配上空缺了「戊己」，似乎是爲「土」德預留空間。以後的陰陽家將「土」安列於「季夏」，此處已隱然成形。

2. 一年四季陰陽消長，刑德輪替的觀念已很明確：陽德陰刑。春、夏陽長陰消，主德；秋、冬陰長陽消，主刑，刑德各居其半而協合。

3. 從其他配屬若骨、氣、甲、血等的支零夾配，以及「中（土）」的不穩定情況看來，〈四時〉中陰陽、五行的結合，應是「陰陽」的發展在先，「五行」被置入「陰陽」中，彼此且尚在磨合的階段。因此，在次一篇的〈五行〉中，我們所看到的，仍只是「五行」的劃分與配屬，不大看到「陰陽」的形跡。從頭到尾勉強涉及陰陽的，僅一次，〈五行〉說：

> 通乎陽氣，所事天也，經緯日月，用之於民；通乎陰氣，所以事地也，經緯星曆，以視其離。[13]

以陽配屬天，掌日月；陰配屬地，掌星曆，先秦時期流行的天上星宿與地上州國疆域相應的「分野」說，應與此類說法有關。〈五行〉內容有幾個重點：

1. 黃帝命六相

蚩尤──明天道──爲當時（春）　　奢龍──辨東方──爲工師

大封──辨西方──爲司馬（秋）　　太常──明地道──爲廩者

祝融──辨南方──為司徒（夏）

后土──辨北方──為學（冬）

　　這應是四時、六合稍早的配置：「蚩尤」、「太常」分司天、地。「六相」有人名，有官名，並不一致，排序也參差。祝融在南，與後世同，后土卻配置在北、在冬。黃帝則制命六相，總統一切。可見這時「五行」的配屬尚在發展與調整階段。

2. 黃帝作五聲，令五鍾

　　〈五行〉說：

> 一曰青鍾……二曰赤鍾……三曰黃鍾……四曰景鍾……五曰黑鍾。五鍾既調，然後作立五行以正天時，五官以正人位。人與天調，然後天地之美生。⑭

五鍾的論序與顏色，合乎五行配屬概念。故其下導出「五行」、「五官」與「人與天調」狀況，並不見「陰陽」論述。

3. 天人協調相應

　　〈五行〉說：

> 日至，睹甲子，木行御，天子出令（順時政，得休福），七十二日而畢。睹丙子，火行御，天子出令（順時政，得休福），七十二日而畢。睹戊子，土行御，天子出令（順時政，得休福），七十二日而畢。睹甲（庚）子，金行御，天子出令（順時政，得

---

⑭ 安井衡纂詁《管子纂詁》卷十四，第四十一，頁19。

休福），七十二日而畢。睹壬子，木（水）行御，天
子出令（順時政，得休福），七十二日而畢。睹甲
子，木行御，天子（逆時政，致災眚），七十二日而
畢。睹丙子，火行御，天子（逆時政，致災眚），
七十二日而畢。睹戊子，土行御，天子（逆時政，致
災眚），七十二日而畢。睹庚子，金行御，天子（逆
時政，致災眚），七十二日而畢。睹壬子，水行御，
天子（逆時政，致災眚），七十二日而畢。⑮

這部分對順、逆時政的休福、災眚表述，篇幅與文字多寡雖不
一致，但干支與五行代御的配列模式卻整齊，木、火、土、金、
水相生的順序與甲子配木，丙子配火，戊子配土，庚子配金，
壬子配水的搭屬，以及每一行運行七十二日的週期也整齊確定。
如此，一年約共三百六十日。較之〈四時〉以五行對應四季的困
擾，七十二日的週期真像是為「五行」量身打造。

（二）《呂氏春秋》十二紀與《淮南子‧時則》嚴謹
　　　的天人搭配軌式

　　到了《呂氏春秋》十二紀與《淮南子‧時則》，內容豐富了
起來，也益加細密完整，架構了一個月令、天文、星象、干支、
帝神、生類、物候、音律、臭味、祭祀、主政、忌避、災眚，全
套嚴密、齊整的天人合一施政藍圖。茲舉「孟春」為例，以推知
其餘：

　　孟春之月，日在營室，昏參中，旦尾中。其日甲乙。

---

⑮ 安井衡纂詁《管子纂詁》卷十四，第四十一，頁19-23。

　其帝太皞，其蟲鱗，其音角，律中太簇，其數八，其
味酸，其臭羶，祀戶，祭先脾。東風解凍，蟄蟲始
振，魚上冰，獺祭魚，候鳥北。天子居青陽左个，乘
鸞輅，駕蒼龍，載青旂，衣青衣，服青玉，食麥與
羊，其器疏以達。⑯

接下去便是配合時令的各項政令措施，最後是逆政災眚，其餘
十一個月的搭配與敘述模式也大致如此，做成簡表：

月	孟春	仲春	季春	孟夏	仲夏	季夏	孟秋	仲秋	季秋	孟冬	仲冬	季冬
日	營室	奎	胃	畢	東井	柳	翼	角	房	尾	斗	婺女
昏星	參	弧	星七	翼	亢	心	斗	牽牛	虛	危	壁東	婁
旦星	尾	建星	牽牛	婺女	危	奎	畢	觜嶲	柳	星七	軫	氐
干	甲乙	甲乙	甲乙	丙丁	丙丁	戊己	庚辛	庚辛	庚辛	壬癸	壬癸	壬癸
帝	太皞	太皞	太皞	炎帝	炎帝	黃帝	少皞	少皞	少皞	顓頊	顓頊	顓頊
神	句芒	句芒	句芒	祝融	祝融	垢	蓐收	蓐收	蓐收	玄冥	玄冥	玄冥
蟲	鱗	鱗	鱗	羽	羽	倮	毛	毛	毛	介	介	介
音	角	角	角	徵	徵	宮	商	商	商	羽	羽	羽
律	太簇	夾鐘	姑洗	仲呂	蕤賓	林鐘	夷則	南呂	無射	應鐘	黃鐘	大呂
數	八	八	八	七	七	七	九	九	九	六	六	六
性				禮								
事				事⑰								
味	酸	酸	酸	苦	苦	苦	辛	辛	辛	鹹	鹹	鹹
臭	羶	羶	羶	焦	焦	焦	腥	腥	腥	朽	朽	朽

⑯ 許維遹集釋《呂氏春秋集釋等五書・上》，頁47-50。

⑰ 許維遹集釋《呂氏春秋集釋等五書・上》，頁68。此書十二紀中除此「孟夏紀」之外，其
餘十一紀皆無此「性」、「事」之例。集釋引畢沅之說，以為衍文，又引茆泮林及俞樾說，
以為五行分配五常五事，自古省此說。疑呂氏原文，本紀皆省之，後人據〈月令〉刪去，而
「孟夏紀」即刪之未盡者。

祀	戶	戶	戶	竈	竈	竈	門	門	門	行	行	行
祭	脾	脾	脾	肺	肺	肺	肝	肝	肝	腎	腎	腎
服色	青	青	青	赤(朱)	赤(朱)	黃	白	白	白	玄	玄	玄
物候	(文繁姑省略)											
食	黍、彘	黍、彘	黍、彘	麻、犬	麻、犬	麻、犬	菽、雞	菽、雞	菽、雞	麥、羊	麥、羊	麥、羊
器	宏、弇	宏、弇	宏、弇	廉、深	廉、深	廉、深	高、䀉	高、䀉	高、䀉	疏、達	疏、達	疏、達
方位		北			西			南				東
盛德		水			金			火				木
政事	(文繁姑省略)											
災眚	(文繁姑省略)											

從表列可知，到《呂氏春秋》時，五行的天、地、人政安排已經完全穩定成熟。其陰陽消長狀況，則見於物候之表述。如：孟春「東風解凍，蟄蟲始振」是陽氣初萌之物象。仲夏「螳蜋生，鵙始鳴，反舌無聲」，高誘古注說是「陰作於下、陽發於上」。季夏「涼風始至，蟋蟀居宇」，高誘說是「陰氣虛，故居宇」。孟秋紀的「涼風至……」、仲秋紀的「涼風生……」都顯示了陽消陰長的天候。仲冬「冰益壯，地始坼」，是陰氣盛極，萬物閉鎖。至季冬，則「雁北鄉，鵲始巢，雉雊始乳」，顯然陰極而陽甦。

較之《管子·四時》只有四季，配五行必然產生的尷尬與虛空「戊己」之猶疑，《管子·五行》沒有季節搭配的困難。《呂氏春秋》十二紀有四時、十二紀，又須重新面對「四」的倍數與「五」搭配的尷尬。但「十二」比起「四」來，周轉空間究竟大些，《呂氏春秋》將「土」安排在「季夏」，並確定天干為「戊

己」，配以「黃帝」為「帝」，「后土」為「神」，「黃」為「色」，解決了《管子‧五行》六相配屬的不穩定。就十二紀的平衡度來講，雖然配季夏，有些不均勻，但至少從此「土」德在十二個月中的搭配有了確定位置。此後《淮南子‧時則》與董仲舒皆承之，「季夏」配土、配戊己、配黃色。稷下學宮所推崇的遠祖黃帝（軒轅氏）也退出五行配屬。

繼《呂氏春秋》十二紀後，《淮南子‧時則》搭配的項目稍有增減變動，少了「日（天干）」，增了「辰（地支）」、「樹」；少了「帝」、「神」，增了「官」；亦不見「性」、「事」之配屬。體式卻一致，句式更為齊整，文字表述也簡潔緊湊，述說各月內容，篇幅長短均勻，不似《呂覽》之參差，充分顯示了完全成熟的極致。以下試舉「孟春」為例，以見一斑，其十一個月的配屬同此：

> 孟春之月，招搖指寅，昏參中，旦尾中，其位東方，其日甲乙，盛德在木，其蟲鱗，其音角，律中太簇，其數八，其味酸，其臭羶，其祀戶，祭先脾。東風解凍，蟄蟲始振蘇。魚上負冰，獺祭魚，候雁北。天子衣青衣，乘蒼龍，食麥與羊，服八風水，爨其燧火。（下敘配合時令之政事與逆政災眚）正月司空，其樹楊。[18]

從《管子‧四時》、〈五行〉，《呂氏春秋》十二紀，到《淮南子‧時則》，清楚顯示了道家（黃老）一系如何如司馬談所說「因陰陽之大順」，去構畫施政藍圖的天人大論。道家崇自

---

[18] 劉文典集解《淮南鴻烈集解》，頁20-22。

然、順天道，上述各文獻中的陰陽五行天人大論基本上循著《大戴禮記‧夏小正》一系，記錄古農業社會對一年十二個月天象、物候的理解與掌握。竭盡所能地統合一切思慮所及之天人元素，納入陰陽五行的模式中，去架構出一套順天應人，天人緊密相繫、和諧共榮的政治運作軌式。這個軌式以一年十二個月爲週期，陰陽輪替消長，五行各有所主地循環相生。到了董仲舒，卻有極大的轉變與改造。

三、陰陽五行的轉變 —— 五行生勝、重德輕刑、陽尊陰卑

董仲舒論陰陽五行相對於《管子》、《呂覽》與《淮南子》，有因有革。《管子》等各家以陰陽、五行爲眾多天人配屬元素之一，而非統貫性的主軸與核心。董仲舒則不然，他直接以陰陽五行爲論述的核心主軸，在前賢諸多天人搭配元素中選取部分，分散在不同的篇章中，作簡單的配屬。既不似〈四時〉、〈時則〉之全面而繁富，目的也集中於政治與倫常的主從序位。他由陰陽的消長中轉出刑德問題與尊卑大論，由五行的各有其「主」中轉出生剋關係，後者和鄒衍的五德終始應該有密切的關係。而這些轉化的核心宗旨，則通向中央集權一統政制下的絕對倫理，假天道的陰陽消長來說人事政道的尊卑秩序。

《春秋繁露》中論述「天道」之處極多，內容也很紛紜，總說起來，就是陰陽五行與四季寒暑，《春秋繁露》說：「天地之氣，合而爲一，分爲陰陽，判爲四時，列爲五行」（〈五行相生〉），正式把陰陽與五行、四時的連結關係說清楚，這和前此

《管子》、《呂覽》、《淮南子》羅列配屬，卻未明講不同。它說：

> 天有五行，木火土金水是也。木生火，火生土，土生金，金生水。水爲冬，金爲秋，土爲季夏，火爲夏，木爲春。春主生，夏主長，季夏主養，秋主收，冬主藏。藏，冬之所成也。（〈五行對〉）[19]

> 木，五行之始也；水，五行之終也；土，五行之中也。此其天次之序也。……是故木居東方而主春氣，火居南方而主夏氣，金居西方而主秋氣，水居北方而主冬氣。是故，木主生而金主殺，火主暑而水主寒……土居中央爲之天。潤土者，天之股肱也。其德茂美，不可名以一時之事，故五行而四時者。土兼之也。金木水火雖各職，不因土方不立，……土者，五行之主也。……人官之大者，不名所職，相其是矣。天官之大者，不名所生，土是矣。（〈五行之義〉）[20]

從上文可以明顯看出：

（一）繼承《管子‧四時》以來的五行順序，明示其爲相生。

（二）以「五行」爲主軸，清楚交代了五行、方位、四時搭配的問題

（三）確立且強化了「土」的地位與功能，不似《管子》之猶疑。「土」是其餘四行的領頭，其餘四行有各自獨立的自主

---

[19] 漢‧董仲舒撰，清‧凌曙注《春秋繁露注》，頁248。

[20] 清‧凌曙注《春秋繁露注》，頁254-256。

性，「土」雖有穩定與協和四行的功能，卻不能取代其餘四行。

《春秋繁露》中有關五行相生代王的記載不勝枚舉，〈治水五行〉說：

> 日冬至，七十二日木用事，其氣燥濁而青；七十二日
> 火用事，其氣慘陽而赤；七十二日土用事，其氣濕濁
> 而黃；七十二日金用事，其氣慘淡而白；七十二日水
> 用事，其氣清寒而黑，七十二日復得木。[21]

這是承繼《管子·五行》一系以七十二日爲一階段，圓滿「五行」在一年的輪替代王。值得注意的是，這裏一再說「其氣……」，認定了「五行」之運作與顯德，都是「氣」的作用，也就是陰陽消長，〈天辨在人〉說：

> 金、木、水、火，各奉其所主，以從陰陽，相與一力
> 而並功。其實非獨陰陽也，然而陰陽因之以起，助其
> 所主。故少陽因木而起，助春之生也；太陽因火而
> 起，助夏之養也；少陰因金而起，助秋之成也；太陽
> 因水而起，助冬之藏也。[22]

明示「五行」從屬於「陰陽」，陰陽是主力。五行能各主其季而用事，主要是背後有陰陽消長產生的不等「氣」量在支撐與運轉推助。因此，它也述說陰陽消長情況與季節的關係：

> 陰陽之行，終各六月，遠近同度，而所在異處。

---

[21] 清·凌曙注《春秋繁露注》，頁314。
[22] 清·凌曙注《春秋繁露注》，頁268。

（〈天辨在人〉）㉓

陽氣始出東北而南行，就其位也，西轉而北入，藏其休也；陰氣始出西南而北行，亦就其位也，西轉而南入，屏其伏也。故陽以南方爲位，以北方爲休；陰以北方爲位，以南方爲伏。陽至其位而大暑熱，陰至其位而大寒凍；陽至其休而入化於地，陰至其伏而避德於下。是故，夏出長於上，冬入化於下者，陽也；夏入守虛地於下，冬出守虛位於上者，陰也。陽出實入實，陰出空入空。……故陰陽終歲各一出。（〈陰陽位〉）㉔

清楚補充了五行代王的季節輪替背後，陰陽運作情況。〈陰陽終始〉又說：

天之道，終而復始。故北方者，天之所終始也，陰陽之所合別也。冬至之後，陰俛而西入，陽仰而東出，出入之處常相反也，多少調和之適常相順也，有多而無溢，有少而無絕，春夏陽多而陰少，秋冬陽少而陰多。……以出入相損益，以多少相瀸濟也。㉕

〈五行之義〉也說：

木，五行之始也；水，五行之終也；土，五行之中也。此其天次之序也。……是故木居東方而主春氣，火居南方而主夏氣，金居西方而主秋氣，水居北方

㉓ 清・凌曙注《春秋繁露注》，頁269。

㉔ 清・凌曙注《春秋繁露注》，頁270-271。

㉕ 清・凌曙注《春秋繁露注》，頁273。

而主冬氣。是故，木主生而金主殺，火主暑而水主
寒……土居中央爲之天。潤土者，天之股肱也。其德
茂美，不可名以一時之事，故五行而四時者。土兼之
也。金木水火雖各職，不因土方不立，……土者，五
行之主也。……人官之大者，不名所職，相其是矣。
天官之大者，不名所生，土是矣。㉖

陰陽的消長情況，董仲舒雖然說是輪流各擅勝場，此消則彼長，
彼消則此長，但長者不會過溢，消者不至絕滅，總在各自達到極
限的高、低點後，自動調整回來，維持一定相溉、相濟的整體平
衡態勢。

（一）五行相勝、重德輕刑

除了「比相生」之外，董仲舒說：「五行」彼此間還有「間
相勝」的關係，「金勝水……水勝火……木勝土……水勝金……
土勝水。」（〈五行相勝〉）「比相生」之說前此各家述四時、
十二月循環之理時，雖未明言相生，實皆依相生之理轉移。唯
「相勝」之道則前此除鄒衍的「五德終始」說外，少有聞言。鄒
衍先設定「虞土、夏木、殷金、周火」之次，作爲前此歷朝政權
輪替的天序，以預言未來水德將代統，正是以「五行相勝」的
道理爲依據。董仲舒的「五行相勝」之說其理相同，卻是用以言
「五官」之制衡問題，一無涉及，也不能涉及朝代更替。

原本在言「五行相生」時，董仲舒分別將「五行」配了五
方、五德、五官，並各舉一聖賢以爲典範：

㉖ 清‧凌曙注《春秋繁露注》，頁254-256。

> 東方，木，司農，仁，執規，生，召公
> 南方，火，司馬，智，執矩，長，周公
> 中央，土（君官），（相）司營，信，執繩，制四
> 　　　方，太公
> 西方，金，大理司徒，義，執權，伐，子胥
> 北方，水，執法司寇，禮，執衡，藏，孔子

　　這樣的官位安排與五德列置，聖賢配屬，看不出有什麼「相生」意義。但在〈五行相勝〉裏，卻依「相勝」之理大談「五官」之相制衡：司農不軌，司徒誅之，是「金勝水」；司馬不軌，司寇誅之，是「水勝火」；司徒不軌，司馬誅之，是「火勝金」。但對於「土」的「勝」與「被勝」又面臨尷尬。因為他先安排「土」為「君之官」，依前文所敘，應是統協其餘四行，而不代司其職的，地位超然。這裏卻為了談「相勝」，既說「土」是「君之官」，又安排了一個和其餘四行一樣，有獨立專職的「相」，叫「司營」，來代司其職，承擔「相勝」事。一方面治司寇之不軌，完成「土勝水」之功能；另一方面有不軌，又為「司農」所制，完成「木勝土」之序。我們難以理解他這樣設定的依據，但從日常生活經驗可見的事物道理中：木冒土而出地，水來土淹，熄火以水，以火鑠金，伐木以金，都是簡易可證知的「五行相勝」之理，或是五行相勝說的原型。

　　其次，就「陰陽」之消長循環言，董仲舒也因承《管子》，推衍刑德說。在前此相關文獻對天地四時之道的論述中，都重在輪替、循環、遞嬗。換言之，陰陽只有出伏、消長、輪替，沒有高下、優劣問題。即使是鄒衍的「陰陽消息」，也沒聽說其於陰、陽有高下的價值批判。董仲舒自己前此也說過，陰陽「多少

調和之適常相順也，……以出入相損益，以多少相漑濟」（〈陰陽終始〉）㉗的自動調節功能，又說：

> 天之常道，相反之物也，不得兩起，故謂之一。一而不二者，天之行也。陰與陽相反之物也，故或出或入，或右或左，春俱南，秋俱北，夏交於前，冬交於後，並行而不同路，交會而各代理。（〈天道無二〉）㉘

陰陽二者是整體均衡的，只有質性虛實不同，出場先後問題，沒有優劣、主從關係。就質性與功能言，「陽」之煖、暑、長、養固可稱「德」，「陰」之衰、殺、涼、寒固可稱「刑」，董仲舒因此說：「陽爲德，陰爲刑。……陽，天之德也；陰，天之刑也。」陰陽既是「相損益」、「相漑濟」，刑德亦當如此。但董仲舒卻說：

> 陽氣煖而陰氣寒，陽氣予而陰氣奪，陽氣仁而陰氣戾，陽氣寬而陰氣急，陽氣愛而陰氣惡，陽氣生而陰氣殺。是故陽常居實位而行於盛，陰常居空位而行於末，天之好仁而近，惡戾之變而遠，大德而小刑之意也。……天數右陽而不右陰，務德而不務刑。（〈陽尊陰卑〉）㉙

> 天出陽爲煖以生之，地出陰爲清以成之，不煖不生，不清不成；然而計其多少之分，則煖暑居百而清寒居

㉗ 清・凌曙注《春秋繁露注》，頁273。

㉘ 清・凌曙注《春秋繁露注》，頁280。

㉙ 清・凌曙注《春秋繁露注》，頁260-261。

一。（〈基義〉）[30]

陰陽的比重由先前的「多少調和之適常相順」變成了「百」與「一」之比。「天」也由陰陽「並行而不同路，交會而各代理」，變成了「任陽」而「不任陰」，原本陰陽先出後出只是輪替問題，現在卻變成尊、卑的判定標準。這是《管子》、《呂覽》、〈時則〉，應該也是鄒衍所沒有的。

在董仲舒之前，有關「刑德」的討論，基本上也大多依一般事實，說是相養相成。內容寫定於戰國的馬王堆三號漢墓出土黃老帛書〈十大經・姓爭〉說：

> 陰陽剛柔固不兩行，兩相養，時相成。
> 天德皇皇，非刑不行；繆（穆）繆（穆）天行，非德必頃（傾）。刑德相養，順逆乃成。刑晦而德明，刑陰而德陽，刑微而德彰。[31]

都主張刑德相養。但人類對於節令的設定究竟是以春為始，冬為終的。對於自然生態的觀察判斷也大致是以生為始，以死為終。故春始冬終、「德」先「刑」後被視為天經地義。〈十大經・觀〉說：「春夏為德，秋冬為刑，先德後刑以養生」，又說：「先德後刑，順於天」。〈經法・論約〉也說，天道是：「始於文而卒於武，三時成功，一時刑殺。」秉承這樣的觀點，董仲舒將輪替的自然之理移入人事政治時，重德輕刑也就不足為怪了。因為董仲舒此時的「天」已經不是陰陽五行的自然「天」，而是政治上有喜、怒、哀、悲，情緒意志的神格「天」。

---

③⓪ 清・凌曙注《春秋繁露注》，頁286。

③① 河洛圖書出版社編輯部《帛書老子》，頁217。

　　董仲舒的「天」義本有兩類：就自然而言，董仲舒說：「天有五行」，「天道之常，一陰一陽」，不論陰陽或五行，都是帶著物質性的存在。但他同時又賦予「天」人的性格情緒，能做好惡選擇與價值判斷，他說：

> 春氣暖者，天之所以愛而生之；秋氣清者天之所以嚴而成之，夏氣溫者天之所以樂而養之，冬氣寒者天之所以哀而藏之。……是故春喜、夏樂、秋憂、冬悲。……喜則爲暑氣而有養成也，怒則爲寒氣而有閉塞也。人主以好惡喜怒變習俗，而天以煖清寒暑化草木。喜樂時而當，秋悲則歲美；不時而妄，則歲惡。天地人主一也。（〈王道通三〉）③²

這是「比附」之法，將天的四時與人的四情送作堆，搭配起來，先由「人」推「天」，再由「天」應「人」，架構其天人一體相感相應的關聯。這樣的天人（政）相應，董仲舒認爲是必然的，因爲天人之間先天上存在著類似血緣、血脈的關聯性。就形骸言，他說人是天地所生，先天上有明顯的「遺傳」特徵——天圓、地方，因此人頭圓趾方；天有四時，因此人有四肢；一年有十二個月，三百六十五天，人全身大節有十二個，小節有三百六十個，這叫「天人相副」（參〈人副天數〉）。③³就精神言，就是前述天四時與人四情的搭配。這樣的說法，純粹以形式或數目上的相合來連結關係，叫「比附」。其二是循著漢人氣化宇宙論的觀點，董仲舒說：

---

③² 清・凌曙注《春秋繁露注》，頁264-265。
③³ 清・凌曙注《春秋繁露注》，頁291-293。

> 天、地、陰、陽、木、火、土、金、水九,與人而十
> 者,天之數畢也。(〈天地陰陽〉) [34]

天、地、陰、陽、木、火、土、金、水與人都是以宇宙之氣為內質,都是大宇宙(天)的化生,都是一家人,先天體質上自有一定淵源,可以合一相感。

總之,當天人結合,將天道下拉來作為人政的依據時,一切陰陽五行的「自然」質性也都跟著「人」性化:陰陽有好惡、情緒、意志,也有主從、尊卑、貴賤;五行也能應人政順逆而改易其運行步伐與順序,出現了福瑞與災眚。

(二)陽經陰權、陽尊陰卑

道家講自然無為,平等萬物,道家的陰陽五行說即使移論人政,一樣重視循環輪替,消長代勝。儒家重封建秩序與階級等差,守「經」而達「權」,但儒家的封建秩序有互動的相對要求,與權利、義務的均衡原則。儒家也有「齊之以刑」與「齊之以德」的權衡,終於堅持「德」為上「刑」為下、「經」常而「權」變。法家重視政治倫理,嚴制絕對的上下尊卑,刑德嚴明,沒有何者當重問題。董仲舒的陰陽大論,既承儒家「德」重於「刑」與「經」主「權」從的觀點,卻依從了法家的尊君卑臣,肯定地說:

> 天以陰為權,以陽為經。……先經後權,貴陽而賤
> 陰………天數右陽而不右陰。(〈陽尊陰卑〉) [35]

---

[34] 清‧凌曙注《春秋繁露注》,頁391。

[35] 清‧凌曙注《春秋繁露注》,頁260-261。

這當然不是客觀的自然事實，而是主觀的人爲認定。這樣的認
定，是片面切割地輕忽衰、殺、後、虛的平衡功能，目的在建立
其絕對的家庭與政治倫理。從表面上的論述順序看，董仲舒是從
「天」的陰陽順入「人」「政」的尊卑倫理；事實上是以「人」
道的政治尊卑倫理強矯「天」道的陰陽平衡。他在推崇「陽」氣
的長養之德後，直接了當就拿政治與家庭倫理做比附說：

> 人主南面以陽爲位也，陽貴而陰賤，天之制也。
> （〈天辨在人〉）[36]

> 君臣父子夫婦之義，皆與諸陰陽之道：君爲陽，臣
> 爲陰；父爲陽，子爲陰。夫爲陽，妻爲陰。（〈基
> 義〉）[37]

這類二分的陰陽配屬，董仲舒不是始創，在董仲舒之前，馬王堆
帛書〈黃帝四經‧稱〉中已經有了對天人事物相當完整的陰陽二
元歸分，〈稱〉在末節說：

> 凡論必以陰陽□大義。天陽地陰，春陽秋陰，夏陽冬
> 陰，晝陽夜陰。大國陽，小國陰；重國陽，輕國陰。
> 有事陽而無事陰，信（伸）者陽而屈者陰。主陽臣
> 陰，上陽下陰，男陽〔女陰〕，〔父〕陽〔子〕陰，
> 兄陽弟陰，長陽少〔陰〕，貴〔陽〕賤陰，達陽窮
> 陰。取（娶）婦姓（生）子陽，有喪陰。制人者陽，
> 制於人者陰。客陽主人陰。師陽役陰。言陽〔默〕
> 陰。予陽受陰。諸陽者法天，天貴正；過正曰詭，

---

[36] 清‧凌曙注《春秋繁露注》，頁270。
[37] 清‧凌曙注《春秋繁露注》，頁285。

□□□□祭乃反。諸陰者法地，地德安徐正靜，柔節
先定，善予不爭，此地之度而雌之節也。[38]

這樣的歸分，將一切天人事物依世俗的價值判斷，以天、
地為軸線，作了陰、陽兩類的區分，凡世俗所推崇或判為正面
價值的，皆歸屬「陽」，串聯在「天」的軸線下，說「諸陽者
法天」；反之，則歸屬於陰，串聯在「地」的軸線下，說「諸
陰者法地」。但作者的旨意顯然與世俗的推崇不同調，它推崇
「陰」，推崇「地」，推崇「安徐正敬……善予不爭」的地度與
「雌節」，這是黃老道家的立場與觀點。

即使是儒家，雖說過「風行草偃」、「一人有慶，兆民賴
之」，似也「尊君」，卻從未「卑臣」。孔子有父慈、子孝、君
禮、臣忠，「君君、臣臣、父父、子子」，各依名分、盡理分的
雙向要求。孟子有土芥、寇讎，你來我往之絕對對等強調。至後
儒雖強調血親關係，開始嚴內、外之分，然對君臣、父子、夫婦
之間的人倫關係，仍是各有其相配於名位上的職、德要求，而有
所謂「六位」、「六職」、「六德」之規範。一九九二年出土於
戰國貴族楚墓，被推斷為後儒之作的郭店儒簡〈六德〉說：

父聖、子仁、夫智、妻信、君義、臣忠；聖生仁，智
率信，義使忠。故夫夫、婦婦、父父、子子、君君、
臣臣，此六者各行其職，則訕謗無由作也。[39]

對於其職、德之安排雖或有若「率」、「使」等，不免主從意
味，然大抵各有雙向對等要求，不失孔孟遺意。即使是明白標示

[38] 河洛圖書出版社編輯部《帛書老子》，頁231-232。
[39] 荊門博物館編《郭店楚墓竹簡》（北京：文物出版社，1998年），頁188。

「尊君」的荀子，其「尊君」也是有條件的，失去這些條件，叫「匹夫」，不稱「君」，[40]和孔子「君君」、孟子「獨夫」之說相通。

董仲舒則不同，他取其陰陽二分之義，而反其旨，尚陽、崇陽而賤陰。表面看來，他也強調「地」道，推衍地德，目的卻是要教育低、賤的「陰」者，以不爭、順從、伏卑爲德，尤其專用於君臣、父子、夫妻間之單向要求，這就違離了儒道兩家原旨，應和起法家的上尊下卑要求了。〈五行對〉說：

> 地出雲爲雨，起氣爲風，風雨者地之所爲，地不敢有
> 其功名，必上之於天命……故曰天風天雨也，莫曰地
> 風、地雨也。勤勞在地，名一歸于天。……故下事上
> 如地事天也，可謂大忠矣。[41]

〈陽尊陰卑〉也說：

> 春秋君不名惡，臣不名善：善皆歸於君，惡皆歸於
> 臣，臣之義比於地。故爲人臣者視地之事天也，爲人
> 子者視土之事火也。[42]

爲人臣子應該「取象於地」，以君爲天：

> 朝夕進退、奉職應對，所以事實也；供設飲食，候視
> 烘疾，所以致養也；委身致命，事無專制，所以爲忠

---

[40] 《荀子·君道》說：爲君須能「群」，所謂能「群」，係指人君當能「善生養人……善班治人人……善顯設人……善藩飾人……，四統具而天下歸之。……四統者亡而天下去之，夫是之謂匹夫。」（清·王先謙集解《荀子集解》，頁426-429、1973）。

[41] 清·凌曙注《春秋繁露注》，頁249-250。

[42] 清·凌曙注《春秋繁露注》，頁259。

也；竭愚寫情，不飾其過，所以爲信也；伏節死難，
不惜其命，所以救窮也；推進光榮，襃揚其善，所以
助明也；受命宣恩，輔成君子，所以助化也；功成事
就，歸德於上，所以致義也。（〈天地之行〉）㊸

這讓我們想起《韓非子・有度》的「賢臣」與「霸王之佐」。
〈有度〉說：「賢臣」應該「順上之爲，從主之法，虛心以待
令而無是非。」「有口不以言，有目不以視，而上盡制之。」
要「從王之指」、「從王之路」。㊹〈說疑〉說「霸王之佐」要
「以其主爲高天泰山之尊，而以其身爲豁谷鬴洧之卑，主有明名
廣譽於國，而身不難受壑谷釜洧之卑。」㊺〈天地之行〉所說，
與〈有度〉、〈說疑〉異曲同工，總之，就是絕對的君尊臣卑。

　　董仲舒循之，也把這種絕對單向輸出的政治倫理置入家庭
中，建構了絕對單向的家庭倫理。〈基義〉原本說：

凡物必有合，合必有上，必有下，必有左，必有右，
必有前，必有後，必有表，必有裏；有美必有惡，有
順必有逆，有喜必有怒，有寒必有暑，有晝必有夜，
此皆其合也。陰者陽之合，妻者夫之合，子者父之
合，臣者君之合，物莫無合，而合各相陰陽，陽兼於
陰，陰兼於陽，夫兼於妻，妻兼於夫，父兼於子，子
兼於父，君兼於臣，臣兼於君，君臣、父子、夫婦之
義，皆取諸陰陽之道：君爲陽，臣爲陰；父爲陽，子

㊸ 漢・董仲舒撰，清・凌曙注《春秋繁露注》，頁384-385。

㊹ 陳奇猷集釋《韓非子集釋》，頁87。

㊺ 陳奇猷集釋《韓非子集釋》，頁918-919。

為陰；夫為陽，妻為陰。⑯

承認了一切人世事物和自然陰陽之道一樣都是雙向互「兼」，
「合」為一體的，互濟意味甚濃，接著卻又說：

> 陰道無所獨行，其始也不得專起，其終也不得分功，
> 有所兼之義。是臣兼功於君，子兼功於父，妻兼功於
> 夫，陰兼功於陽，地兼功於天。⑰

談起「功」，所謂的成果、成就，「陰」沒份，只能歸屬
「陽」，互「兼」變成了單「兼」，於是單向的家庭倫理繼政治
倫理之後建立起來。〈順命〉說：

> 天子受命於天，諸侯受命於天子，子受命於父，臣妾
> 受命於君，妻受命於夫。諸所受命者，其尊皆天也，
> 雖謂受命於天亦可。⑱

承認陰陽、父子、君臣、夫婦基本上當然應該一體相「合」、
相「兼」，但有些情況不可以，受「命」、受「功」便是，只能
君、夫、父領受，絕不能由臣、子、妻領受，主從、尊卑就此
確立。方才雙向互動「合」體是天道，此刻單向獨尊「亦可」，
亦是「天」道。這就是董仲舒弔詭的陽尊陰卑倫理大論，所謂的
「三綱」說，充滿了絕對獨尊色彩的法家政治倫理，遠離了戰國
以來陰陽說互有消長的特質，卻為大漢帝國中央集權統治作了有
力的論證。

---

⑯ 清‧凌曙注《春秋繁露注》，頁284-285。

⑰ 清‧凌曙注《春秋繁露注》，頁285。

⑱ 清‧凌曙注《春秋繁露注》，頁342。

結　論

　　陰陽五行是中國傳統學術文化的特殊成分，原本各有來歷，義涵大致也素樸。至春秋戰國以下，兩者結合，能量放大，發展達到高峰，義涵、性質都有了轉變。從《尚書・洪範》以及《管子・四時》、〈五行〉，《呂覽》十二紀，《淮南子・時則》，與郭店竹簡、馬王堆帛書等傳世或古佚文獻的黃老理論中，可以觀測其逐漸演化的過程與痕迹：〈洪範〉來歷與大禹治水有關，其五行列序以「水」為首，《左傳》、《管子》以下，陰陽、五行逐漸結合，確立以木為首的木、火、土、金、水之序。五行思想之發展後起，被置入陰陽消長中，其主「季」用「事」全由陰陽之推作。各家陰陽五行演進狀況原本都循黃老道家「因陰陽大順」之方向，重在論述自然的消長、代勝與政事的順時操作。戰國鄒衍首以五行代勝之理說王朝政權之轉移，至漢代陰陽儒者董仲舒，轉為雙軌發展：一方面承繼黃老道家的陰陽論，於自然節序方面大論消長、生勝之理，另一方面又賦天以人性、神格，並吸收法家單向的尊君卑臣思想，將陰陽移論人事倫理，轉出了絕對主從尊卑的「三綱」說。

徵引書目

周・不名撰者：《重刊宋本毛詩注疏》，台北：藝文印書館景嘉慶
　　二十年江西南昌府學開雕本。

周・不詳人撰，周・左丘明撰，晉・杜預注，唐・孔穎達疏：《春秋
　　左傳正義》，十三經注疏本，台北：藝文印書館，1997年影清
　　嘉慶二十年重刊宋本《左傳》注疏附校刊記。

周・左丘明撰，三國・吳・韋昭注：《國語》，台北：藝文印書館，
　　1951年影嘉慶庚申（五年）讀未見書齋重雕《天聖明道本》。

周・荀卿撰，唐・楊倞注，清・王先謙集解：《荀子集解》，台北：
　　藝文印書館，1973年。

周・不詳人撰，日・安井衡纂詁：《管子纂詁》，台北：河洛圖書出
　　版社，1976年。

周・韓非撰，陳奇猷校釋：《韓非子校釋》，台北：河洛圖書出版
　　社，1974年9月再版。

周・不名撰者，晉・郭璞注，袁柯校注：《山海經校注》，台北：里
　　仁書局，1982年。

秦・呂不韋主編，許維遹集釋：《呂氏春秋集釋等五書》，台北：鼎
　　文書局，1977年。

漢・劉安撰，劉文典集解：《淮南鴻烈集解》，台北：文史哲出版
　　社，1985年9月再版。

漢・戴德著，明・程榮校：《大戴禮記》，《十五經古注易讀》，台

北：永康出版社影印，1969年6月。

漢‧不詳人撰，王卡點校：《老子河上公章句》，《道教典籍選刊》，北京：中華書局，1997年10月第2次印刷。

漢‧司馬遷撰，劉宋‧裴駰集解，唐‧司馬貞索隱，張守節正義《史記集解》，台北：藝文印書館據清乾隆武英殿刊本景印。

漢‧嚴遵撰，王德有點校：《老子指歸》，北京：中華書局，1997年10月。

漢‧班固撰，唐‧顏師古注，清‧王先謙補注：《漢書補注》，台北：藝文印書館影光緒庚子春月長沙王氏校刊本。

漢‧王充撰，劉盼遂集解：《論衡集解》，台北：世界書局，1967年12月。

後晉‧劉昫：《舊唐書》，台北：臺灣商務印書館影文淵閣《四庫全書》。

魏‧王弼注：《老子王弼注》，河洛圖書出版社，1978年10月。

唐‧傅奕撰：《道德經古本篇》，上海書店等編：《道藏》第11冊，上海：上海書店，1988年3月。

南宋‧朱熹：《四書集註》，台北：學海出版社，1988年6月。

南宋‧范應元撰：《老子道德經古本集註》，張元濟輯《續古逸叢書》之十七，江蘇廣陵古籍刻印社依據壬戌冬日上海涵芬樓假江安傅氏雙鑑樓藏本影印。

國家文物局古文獻研究室：《馬王堆漢墓帛書（壹）》，北京：文物出版社，1985年。

馬承源主編：《上海博物館藏戰國楚竹書（三）》，上海：上海古籍出版社，2003年版。

郭沫若：《兩周金文辭大系考釋》下編，北京：中華書局，2011年4月21日出版。

嚴靈峰：《無求備齋老子集成初編》第十七冊《道德經古本篇》，台北：藝文印書館，1965年。

河洛圖書出版社編輯部編：《帛書老子》，台北：河洛圖書出版社，1978年10月。

顧頡剛：《古史辨》冊5，上海：上海古籍出版社，1982年。

李豐楙：《神話的故鄉——山海經》，台北：時報文化出版事業有限公司，1982年11月。

余明光：《黃帝四經與黃老思想》，黑龍江：黑龍江人民出版社，1989年8月。

劉九生：《循環不息的夢魘——陰陽五行觀念及其歷史文化效應》，北京：國際文化出版公司，1989年。

陳麗桂：《戰國時期的黃老思想》，台北：聯經出版社，1991年4月。

華有根：《董仲舒思想研究》，上海：上海社會科學院出版社，1992年。

陳鼓應：《黃帝四經今注今譯》，台北：臺灣商務印書館，1995年6月。

陸玉林、唐有伯合著：《中國陰陽家》，北京：宗教文化出版社，1996年。

何炳武：《黃帝與中華文化》，西安：陝西旅遊出版社，1999年4月。

劉國忠：《五行大義研究》，瀋陽：遼寧教育出版社，1999年。

香港中文大學社會科學院考古研究所編：《殷周金文集成釋文》，香港：香港中文大學中國文化研究所，2001年。

陳　偉：《郭店竹書別釋》，武漢：湖北教育出版社，2002年12月。

陳　靜：《自由與秩序的困惑——〈淮南子〉研究》，雲南大學出版

社，2004年版。

李若暉：《郭店竹書老子論考》，濟南：齊魯書社，2004年。

李　零：《郭店楚簡校讀記增訂本》，北京：中國人民大學出版社，
　　　　2007年8月。

馮樹勳：《陰陽五行的位階秩序——董仲舒的儒學思想》，新竹：國
　　　　立清華大學出版社，2011年。

樊波成：《老子指歸校箋》，上海：上海古籍出版社，2013年8月。

陳麗桂：《漢代道家思想》，台北：五南圖書出版股份有限公司，
　　　　2013年11月初版；北京：中華書局，2015年8月（簡體字
　　　　版）。

陳麗桂：《近四十年出土簡帛文獻思想研究》，台北：五南圖書出
　　　　版股份有限公司，2013年11月；北京：中華書局，2015年8月
　　　　（簡體字版）。

日・島邦男：《老子校正》，東京：汲古書院，1973年10月。

弓曉敏：《范應元《老子道德經古本集註》研究》，武漢：華中師範
　　　　大學・歷史文獻專業碩士論文，2009年5月，劉固盛教授指導。

張沐一：《漢簡本《老子》與郭店本、馬王堆簡帛本之用字比較研
　　　　究》，臺灣師大國文系碩士論文，2016年12月，陳麗桂指導。

徵引文目

饒宗頤：〈帛書繫辭「太恆」說〉，《馬王堆漢墓研究文集》，長沙：湖南出版社，1994年5月。

李學勤：〈帛書〈道原〉研究〉，《古文獻論叢》，上海：遠東出版社，1996年11月。

胡家聰：〈從〈管子〉看田氏齊國崇奉黃帝——兼論百家言黃帝的時代思潮〉，《中國史研究》，1990年第四期。

李學勤：〈帛書〈道原〉研究〉，收入《馬王堆漢墓研究文集》，長沙：湖南出版社，1994年5月。

日·大西克也：〈秦漢避諱當議〉，《古典文獻與文化論叢》第2輯，1999年5月。

日·影山輝國：〈關於漢代的避諱〉，《簡帛研究》，2005年，桂林：廣西師範大學出版社，頁292-298。

趙建偉：〈郭店楚墓竹簡〈太一生水〉疏證〉，收入陳鼓應主編《道家文化研究》第17輯（郭店楚簡專號），生活·讀書·新知三聯書店，1999年8月。

彭　浩：〈一種新的宇宙生成理論——讀〈太一生水〉的道家性質〉，武漢大學中國文化研究院編：《郭店楚簡國際學術研討會論文集》，武漢：湖北人民出版社，2000年5月，頁538-541。

陳松長：《〈太一生水〉考論》武漢大學中國文化研究院編：《郭店楚簡國際學研討會論文集》，武漢：湖北人民出版社，2000年5

月，頁542-546。

廖名春：〈試論郭店簡太一生水篇的綴補〉，《出土簡帛叢考》第七章，武漢：湖北教育出版社，頁90-106，又收入於《新出簡帛研究——新出簡帛國際學術研討會論文集》，2000年8月。

丁四新：〈楚簡〈太一生水〉第二部分簡文思想分析及其宇宙論來源考察〉，《學術界》總第94期，2002年3月，頁177-188。

丁四新：〈簡帛《老子》思想研究之前緣問題報告——兼論楚簡〈太一生水〉的思想〉，《現代哲學》第2期，2002年5月15日，頁84-91。

蕭漢民：〈論楚簡〈太一生水〉的宇宙論與學派屬性〉，《楚地出土簡帛文獻思想研究（一）》，武漢：湖北教育出版社，2002年12月，頁172-182。

丁四新：〈楚簡〈太一生水〉研究——兼對當前〈太一生水〉研究的總體批評〉，《楚地出土簡帛文獻思想研究（一）》，武漢：湖北教育出版社，2002年12月，頁183-249。

廖名春：〈上博藏楚竹書〈亙先〉淺釋〉，《中國哲學史》2004年第3期，頁83-92。

郭其勇：〈〈恒先〉——道法形名思想的佚篇〉，簡帛研究網，2004年5月8日。

劉信芳：〈上博藏竹書〈恒先〉釋解〉，簡帛研究網，2004年5月16日。

李　銳：〈〈恒先〉札記兩則〉，Confucius 2000網站，2004年5月17日。

陳　靜：〈宇宙生成的理論——〈恒先〉在思想史視野下的一種解讀〉，收入《自由與秩序的困惑——淮南子研究》第八章，雲南大學出版社，2004年11月。

王　博：〈〈亙先〉與老子〉，《政大中文學報》第三期，2005年6月，頁33-50。

裘錫圭：〈是「恒先」還是「極先」？〉，「2007年中國簡帛學國際論壇」論文集，2011年12月，頁1-16。

韓　巍：〈西漢竹書《老子》的文本特徵和學術價值〉，收於北京大學出土文獻研究所編：《北京大學藏西漢竹書【貳】》，上海：上海古籍出版社，2012年12月。

李學勤：〈嚴遵《指歸》考辨〉，收入樊波成《老子指歸校箋》，上海：上海古籍出版社，2013年8月。

樊波成：〈《老子指歸》當爲嚴遵《老子章句》（代前言）〉，收入《老子指歸校箋》，上海：上海古籍出版社，2013年8月，頁9-31。

劉笑敢：〈北大漢簡《老子》的文獻思想、價值芻議（初稿）〉，《「簡帛《老子》與道家思想」國際學術研討會論文集》，北京大學中國古文字研究中心與北京大學出土文獻研究所合辦，2013年10月25-26日。後收入《古簡新知：西漢竹書《老子》與道家思想研究》（上海：上海古籍出版社，2017年8月1日），頁103-127。

白　奚：〈西漢竹簡本《老子》首章「下德爲之而無以爲」釋義〉，《「簡帛《老子》與道家思想」國際學術研討會論文集》。北京大學中國古文字研究中心與北京大學出土文獻研究所合辦，2013年10月25-26日。後收入《古簡新知：西漢竹書《老子》與道家思想研究》（上海：上海古籍出版社，2017年8月1日），頁33-46。

丁四新：〈早期《老子》文本之篇章演變及其思想主題的呈現〉，《「簡帛《老子》與道家思想」國際學術研討會論文集》，北

京大學中國古文字研究中心與北京大學出土文獻研究所合辦，
2013年10月25-26日。後收入《古簡新知：西漢竹書《老子》與
道家思想研究》（上海：上海古籍出版社，2017年8月1日），
頁150-181。

王中江〈漢簡《老子》中的「異文」和「義旨」考辨〉，《「簡帛
《老子》與道家思想」國際學術研討會論文集》。北京大學中國
古文字研究中心與北京大學出土文獻研究所合辦，2013年10月
25-26日。後收入《古簡新知：西漢竹書《老子》與道家思想研
究》（上海：上海古籍出版社，2017年8月1日），頁85-102。

孫功進：〈上博楚簡〈恒先〉的「復」觀念探析〉，收入丁四新主編
《楚地簡帛思想研究》第六輯，頁257-285，長沙：嶽麓書社，
2015年版。

廖名春：〈上博楚簡〈恒先〉簡釋（修訂稿）〉，Confucius2000
網址：http://www.confucius2000.com/qhjb/sbcczshxjsxdg.
htm，2004年4月16日。

龐　樸：〈〈恒先〉試讀〉，簡帛研究網：http://www.jianbo.org/
showarticle.asp?articlid＝909，2004年4月22日。

李　銳：〈〈恒先〉淺釋〉，Confucius2000網址：http://www.
confucius2000.com/qhjb/hengxianqs.htm，2004年4月17日。
後又收入簡帛研究網站http://www.jianbo.org/ADMIN3/html/
Lirui002.htm，2004年4月23日。

李笑岩：〈從《漢志》籍錄及諸子文獻中辨析先秦時期地黃帝形象〉
http://www.jianbo.org/showarticle.asp?artideid＝1670，2009
年8月7日。

李學勤：〈楚簡〈互先〉首章釋義〉，Confucius 2000網站，2004
年4月19日；簡帛研究網：http://www.jianbo.org/ADMIN3/

HTML/lixueqin01%htm，2004年4月23日。

劉固盛：〈范應元《老子道德經古本集註》考論〉http://www.con-
fucius2000.com/taoist/fyylzddjgbjzkl.htm，2013年11月3日。

國家圖書館出版品預行編目資料

《老子》異文與黃老要論／ 陳麗桂著. ーー
初版. ーー 臺北市：五南圖書出版股份有
限公司，2020.07
面； 公分
ISBN 978-986-522-103-4（平裝）

1.老子 2.黃老治術 3.研究考訂

121.317 109009093

1XGY

《老子》異文與黃老要論

作　　者 — 陳麗桂（249.9）

發 行 人 — 楊榮川

總 經 理 — 楊士清

總 編 輯 — 楊秀麗

副總編輯 — 黃文瓊

責任編輯 — 吳雨潔

封面設計 — 王麗娟

出 版 者 — 五南圖書出版股份有限公司

地　　址：106台北市大安區和平東路二段339號4樓

電　　話：(02)2705-5066　　傳　　真：(02)2706-6100

網　　址：https://www.wunan.com.tw

電子郵件：wunan@wunan.com.tw

劃撥帳號：01068953

戶　　名：五南圖書出版股份有限公司

法律顧問　林勝安律師

出版日期　2020年7月初版一刷
　　　　　2024年3月初版二刷

定　　價　新臺幣520元

全新官方臉書

五南讀書趣

**WUNAN
Books** since1966

經典永恆・名著常在

五十週年的獻禮——經典名著文庫

　　五南，五十年了，半個世紀，人生旅程的一大半，走過來了。
　　思索著，邁向百年的未來歷程，能為知識界、文化學術界作些什麼？
　　在速食文化的生態下，有什麼值得讓人雋永品味的？

歷代經典・當今名著，經過時間的洗禮，千錘百鍊，流傳至今，光芒耀人；
不僅使我們能領悟前人的智慧，同時也增深加廣我們思考的深度與視野。
我們決心投入巨資，有計畫的系統梳選，成立「經典名著文庫」，
希望收入古今中外思想性的、充滿睿智與獨見的經典、名著。
這是一項理想性的、永續性的巨大出版工程。
不在意讀者的眾寡，只考慮它的學術價值，力求完整展現先哲思想的軌跡；
為知識界開啟一片智慧之窗，營造一座百花綻放的世界文明公園，
任君遨遊、取菁吸蜜、嘉惠學子！